A EMERGÊNCIA DA NOVA ECONOMIA: O QUE MUDOU NA AVALIAÇÃO DE EMPRESAS?

ANA PAULA MATIAS GAMA
PROFESSORA AUXILIAR DA UNIVERSIDADE DA BEIRA INTERIOR

A EMERGÊNCIA DA NOVA ECONOMIA: O QUE MUDOU NA AVALIAÇÃO DE EMPRESAS?

A EMERGÊNCIA DA NOVA ECONOMIA: O QUE MUDOU NA AVALIAÇÃO DE EMPRESAS?

AUTORA
ANA PAULA MATIAS GAMA

EDITOR
EDIÇÕES ALMEDINA, SA
Av. Fernão Magalhães, n.º 584, 5.º Andar
3000-174 Coimbra
Tel.: 239 851 904
Fax: 239 851 901
www.almedina.net
editora@almedina.net

PRÉ-IMPRESSÃO | IMPRESSÃO | ACABAMENTO
G.C. – GRÁFICA DE COIMBRA, LDA.
Palheira – Assafarge
3001-453 Coimbra
producao@graficadecoimbra.pt

Junho, 2009

DEPÓSITO LEGAL
295041/09

Os dados e as opiniões inseridos na presente publicação
são da exclusiva responsabilidade do(s) seu(s) autor(es).

Toda a reprodução desta obra, por fotocópia ou outro qualquer
processo, sem prévia autorização escrita do Editor, é ilícita
e passível de procedimento judicial contra o infractor.

Biblioteca Nacional de Portugal – Catalogação na Publicação

GAMA, Ana Paula Matias

A emergência da nova economia : o que mudou
Na avaliação de empresas?
ISBN 978-972-40-3793-6

CDU   336
      658
      330

À memória do meu pai.

Ao meu marido Luís e à minha filha Raquel.

"When you see reference to a new paradigm you should always, under all circumstances, take cover... There was never a paradigm so new and as wonderful as the one that covered John Law and the South Sea Bubble...until the day of disaster".

(J. K. GALBRAITH, The Great Crash, 1955)

PREFÁCIO

As finanças empresariais parecem uma disciplina consolidada. Se isso dá tranquilidade aos seus divulgadores, que sabem o que devem ensinar e aos seus utilizadores, que sabem como buscar a criação de valor, não deixa de gerar a convicção de que se trata de uma disciplina do passado.

O conceito de Valor Actual baseia-se, em grande medida, na influência de Irving Fisher cujas contribuições para a teoria da taxa de juro foram produzidas há quase um século. A relação entre risco e rendibilidade, e o papel da diversificação de carteiras na sua avaliação, também foi apresentada, pela primeira vez, há mais de 50 anos. Mesmo o tema mais recente da avaliação das opções e a sua aplicação aos investimentos reais, uma questão ainda vibrante na investigação e aplicação aos investimentos reais, deve muito ao contributo de Bachelier, no início do século passado.

Poderemos pois concluir que a decisão da Ana Paula Gama, de dedicar os seus inesgotáveis talento e energia às finanças empresariais foi desperdiçada pelo declínio da disciplina? Por que razão a melhor aluna da sua licenciatura decidiu dedicar a sua capacidade de ensino e investigação a um tema já desenvolvido e consolidado?

Desde logo, a análise dos determinantes da estrutura de capitais em Portugal, que estudou na sua tese de mestrado, surpreende para quem reconhece, com Modigliani e Miller, a irrelevância da decisão de financiamento. Porém, isso só acontece em condições de mercado muito específicas que seguramente não se aplicam em Portugal. O enorme debate que o tema da governação empresarial tem vindo a gerar confirma que o financiamento continua a ter importância e que o seu estudo é relevante como é defendido em "The Theory of Corporate Finance" de Jean Tirole. Não surpreende pois que a tese de mestrado tenha sido publicada na série da BVLP, permitindo assim que a identificação dos determinantes do financiamento em Portugal obtenha uma mais ampla identificação. Aliás, face ao predomínio das publicações relativas a mercados de capitais mais desenvolvidos, como o americano e inglês, a publicação de um artigo, em inglês, veio consolidar o conhecimento das decisões de financiamento no contexto, afinal mais comum, de predomínio da intermediação bancária e ajudar investigadores dos mais variados cantos do globo.

A tese de doutoramento debruça-se sobre um tema ainda mais ousado. Será possível que existam empresas cujos prejuízos estão positivamente relacionados com a sua capitalização? Ou seja, que quanto mais negativos os resultados, maior a valorização atribuída pelos mercados? Infelizmente não há muitas bases de dados disponíveis para estudar esta "anomalia", mas as empresas da Internet americanas estão documentadas e permitiram estudar essa relação. Em vez de confirmar que os mercados entraram em irracionalidade extrema, o estudo propõe uma explicação plausível – os prejuízos são motivados pela contabilização, como custos, de despesas com investigação e desenvolvimento e publicidade que os mercados acreditam ter um retorno potencial no futuro. O campo de aplicação é fascinante mas não atípico. Bolhas financeiras semelhantes ocorreram em torno de tecnologias hoje consolidadas como a rádio nos anos 20 ou a televisão nos anos 60, e os picos bolsistas lá estão a demonstrar que os entusiasmos, talvez excessivos, não foram exclusivos dos anos 90, nem devem ficar por aqui. Este trabalho tem pois um contributo fundamental para a compreensão das bolhas financeiras e uma utilidade que transcende largamente o domínio académico: tanto os investidores como os reguladores podem ajudar a temperar euforias, canalizar recursos para áreas com maior retorno, privado e social, e consolidar a confiança nos mercados.

Brealey e Myers, concluem o manual mais difundido com a lista dos temas conhecidos e não conhecidos em finanças empresariais. As 7 ideias mais importantes são confrontadas com 10 relativamente às quais somos ainda basicamente ignorantes. Os temas estudados, nos dois trabalhos realizados constam da lista dos "problemas por resolver". Afinal as Finanças Empresariais estão longe de estar consolidadas, mas podemos estar confiantes que podemos contar com o contributo da Ana Paula para o alargamento da compreensão do universo das finanças.

ISCTE, Outubro de 2008
José Paulo Esperança

INTRODUÇÃO

Enquadramento e objectivo

O valor de uma empresa depende da sua capacidade de criar riqueza, o mesmo é dizer da sua capacidade de gerar fluxos de caixa no futuro. Assim, a dificuldade em avaliar uma empresa reside no estabelecimento de previsões acerca do seu desempenho futuro. Essa dificuldade é acrescida na avaliação de empresas em fase de *start-up*/crescimento, em particular em sectores emergentes, devido à inexistência de um histórico de informação que sustente as previsões dos fluxos de caixa futuros. As empresas da nova economia[1] caracterizam-se ainda pelo facto de terem avançado para o mercado de capitais muito jovens e com registo de prejuízos, o que não impediu a obtenção de elevadas capitalizações bolsistas. Entre 1998 e o primeiro trimestre de 2000 as *net firms* americanas representaram 20% do volume de transacções e 6% da capitalização bolsista do mercado americano (Ofek e Richardson, 2003).

O principal objectivo deste trabalho consiste na análise da aparente anomalia da relação positiva entre o volume de prejuízos e as elevadas capitalização bolsista das empresas da nova economia americanas. Este fenómeno, que ficou conhecido na literatura anglo-saxónica por "*negative pricing of losses*", ou valorização positiva dos prejuízos, é caracterizado por Copeland *et al.* (2000:315) da seguinte forma:

> "*The most common critique one hears about the valuation of Internet Companies is that their values balloon as their losses balloon...*"

---

[1] No ponto 4.3 definimos com rigor o conceito de empresa da Nova Economia, que por brevidade de linguagem passaremos a designar por *net firm*.

Para Schultz e Zaman (2001) esta relação foi favorecida pelo optimismo tanto dos pequenos investidores (*naive investors*), menos bem informados e por conseguinte mais vulneráveis ao efeito rebanho (*spillover effect*), como dos investidores institucionais. O sector do capital de risco foi decisivo no financiamento destas empresas, sendo secundado pelos mais prestigiados bancos de investimento nos processos de IPO – *Initial Public Offering* (Oferta Pública de Venda) que desencadearam.

O sector da nova economia foi parte integrante do crescimento vertiginoso das cotações no final dos anos 90. Fama e French (2002) registam uma taxa anual de rendibilidade do índice *Standards & Poor's 500* de 8,81%, entre 1872 e 2000. Entre 1995 e 1999, o *Centre Research Security Prices* (CRSP) registou uma taxa anual de 24,4%. Smithers e Wright (2000) observam que o rácio de Tobin, no mercado americano, registou capitalizações bolsistas nunca antes verificadas no século XX. Também Shiller (2000) obteve um nível para o múltiplo dos resultados líquidos (P*rice earnings ratio – PER)*, ajustado com base em médias móveis de dez anos, mais elevado de sempre, superior mesmo aos valores relativos a 1901 ou 1929.

As capitalizações bolsistas mais elevadas foram influenciadas pelos meios de comunicação social que criaram um clima de euforia associado à inovação da época (Shiller, 2000). Demers e Lewellen, (2003) chamam ainda a atenção para o impacto das campanhas de marketing associadas aos processos de IPO, em especial das *net firms*.

A expansão das cotações dos anos 90 está associada a um forte crescimento económico. O produto interno bruto americano cresceu 4,9% no período de 1995 a 1999, contra 3,14% no período de 1913 a 1972 e 2,75% entre 1972 e 1995 (Gordon, 2000). Este crescimento foi motivado, segundo este autor, pelo declínio acentuado dos preços dos computadores (14,7% de 1987 a 1995 para 31,21% entre 1996 a 1999). Neste contexto, geraram-se fortes expectativas em torno da Nova Economia, de que o crescimento em tecnologias de informação surgisse como *input* suficiente para que a economia crescesse, de forma sustentada, a taxas elevadas.

Embora o fenómeno da valorização positiva dos prejuízos seja significativo no universo das *net firms,* não é totalmente novo. Amir e Lev (1996) identificaram um comportamento semelhante no sector dos telemóveis, na década de 80. Entre 1984 a 1993 os 14 operadores de telemóveis americanos registaram resultados negativos (prejuízos) em 69% dos trimestres. Esta percentagem foi ainda mais elevada no sector da biotecnologia (72%).

Em presença destes factos, os analistas, profissionais e académicos, bem como a imprensa especializada questionaram a adequabilidade dos métodos tradicionais de avaliação, especialmente no quadro das *net firms*. Proliferaram assim uma multiplicidade de rácios com base nas variáveis *web traffic:* "tempo dispendido na consulta de dado *site*", "número de *sites* visitados", "percentagem de população cibernaútica", sob o argumento que por captarem melhor a cadeia de valor destas empresas, estas variáveis mediam mais facilmente o efeito de *network* potenciado pelo espaço *world wide web* (*www*). Assumia-se, em particular, que o crescimento da população cibernaútica aumentaria o volume de negócios e reduziria o custo fixo unitário, facilitando a previsão das vendas e da rendibilidade de um sector emergente que exibia um elevado nível de prejuízos. Diversos autores contestaram esta perspectiva sublinhando que as fontes de valor podiam ser resumidas a duas variáveis: "crescimento" e "rendibilidade". Nesta linha de raciocínio Schwartz e Moon (2000) utilizando um modelo de opções reais, demonstram que as elevadas cotações das acções das *net firms* se sustentam nas fortes expectativas sobre a taxa de crescimento das vendas e nos elevados padrões de volatilidade, resultantes do risco associado a estas empresas.

Com efeito, desde os trabalhos pioneiros de Ball e Brown (1968) e Beaver (1968) é extensa a literatura que analisa a relação preço/lucros. Contudo, a investigação sobre a relação preço/prejuízos é escassa, e os resultados empíricos até agora obtidos contraditórios. Todavia, e apesar de muito reduzidos os estudos sobre este tópico, a investigação desenvolvida propõe três potenciais explicações para este fenómeno/anomalia.

Uma primeira explicação foi proposta por Hayn (1995). Os prejuízos assumem um carácter transitório, pois em caso de persistência os accionistas exercem a opção de liquidação que detêm sobre os activos da empresa. Assim, num contexto de prejuízos consecutivos, que indiciam uma maior probabilidade de insolvência financeira, a variável "capitais próprios" é mais relevante para efeitos de avaliação, funcionando como *proxy* do valor de liquidação da empresa.

A segunda explicação afirma que, o fenómeno da "valorização positiva dos prejuízos" resulta de uma incorrecta especificação do modelo de avaliação – capitalização dos resultados (*earnings model*) (Collin, Pincus e Xie, 1999). Este estudo inspira-se nos modelos de avaliação de Ohlson (OM) (1995) e de Feltham e Ohlson (FOM) (1995): quando uma variável omissa do modelo (a variável capitais próprios – BVE) está correlacionada positivamente com a variável dependente (o valor de mercado dos capitais próprios – MVE) e negativa (positiva) com a variável independente incluída no modelo (os resultados líquidos), a exclusão desta variável do modelo induz um enviesamento negativo (positivo) do coeficiente estimado da variável independente, residindo aqui a explicação para a anomalia da "valorização positiva dos prejuízos".

A terceira explicação sustenta que os prejuízos registados pelas empresas tecnológicas em fase de *start-up*, são consequência dos elevados investimentos em activos intangíveis, em particular em investigação e desenvolvimento (I&D) e publicidade (Chan, Lakonishok e Sougiannis, 2001). De acordo com os Princípios Contabilísticos Geralmente Aceites (GAAP – *Generally Accepted Accounting Principles*) nos Estados Unidos da América (EUA), os investimentos em activos intangíveis são tratados como custo integral do exercício em que são efectuados.

Diversos estudos têm vindo a analisar empresas com prejuízos, incluindo as não pertencentes ao sector da *Internet* (McCallig, 2004). Esses prejuízos são frequentemente motivados por elevados investimentos em activos intangíveis (Joos e Plesko, 2004). Segundo os modelos de avaliação de Ohlson (OM) (1995) e de Feltham e Ohlson (FOM) (1995) o fenómeno da "valorização positiva dos prejuízos" pode ser explicado pelo efeito de *"conservatism accounting"* que conduz à subavaliação dos activos em resultado da não capitalização dos investimentos em activos intangíveis (I&D e Publicidade)[2].

Assim, assumindo como quadro teórico os modelos de avaliação de OM e de FOM, e face à magnitude que o fenómeno da "valorização positiva dos prejuízos" registou no universo das *net firms*, o objectivo do presente trabalho consiste em analisar a relação entre a capitalização bolsista e os resultados líquidos (prejuízos) reportados por estas empresas ao longo do período da nova economia (conceito que precisamos no ponto 4.2). Mais especificamente, pretendemos analisar como o mercado avalia as empresas que registam prejuízos, em função da sua magnitude e persistência. Em síntese procura-se: i) verificar o efeito do *"conservatism*

---

[2] De acordo com Faria *et al.* (2001) *"conservatism"* pode ser traduzido pelo princípio do conservantismo ou pelo princípio da prudência. A nossa opção foi por não traduzir este conceito (tal como o conceito *unbiased accounting* – ponto 1.3), pois a tradução proposta por Faria *et al.* (2001) não abarca, em nossa opinião, a plenitude do conceito proposto pelos modelos de OM e de FOM.

accounting" sobre a relação entre o valor de mercado dos capitais próprios (MVE) e a informação reportada nas demonstrações financeiras; ii) num contexto de prejuízos sistemáticos, avaliar a relevância dos principais determinantes do valor para o valor de mercado dos capitais próprios destas empresas e, iii) atendendo a que os investimentos em "I&D" e "Publicidade" têm por objectivo gerar uma massa crítica de clientes que permita rentabilizar o efeito *network* potenciado pela Internet, criar uma imagem de marca (veja-se o exemplo da Amazon e da Yahoo); desenvolver *software* e novas plataformas com vista à melhoria de *design*, concepção de *web sites*, alerta de *e-mails* e criar mecanismos de maior segurança nas transacções *on-line*, procuraremos analisar a adequabilidade destas variáveis enquanto *proxies* para as oportunidades de crescimento.

A opção pelos modelos de avaliação de OM e de FOM, justifica-se pelo facto de estes modelos evidenciarem um contributo teórico relevante na área dos modelos de avaliação de empresas, temática de grande relevância no domínio das finanças empresariais. Com base no trabalho pioneiro de Miller e Modigliani (MM) (1961), estes autores modelizam o impacto das oportunidades de crescimento para o valor das empresas. Inovam porém ao introduzirem: i) o efeito da dinâmica de informação ao nível das rendibilidades supranormais e ii) o impacto da informação não financeira, de acordo com a teoria da eficiência dos mercados.

Assim, atendendo à dinâmica de informação, que definem como um processo autoregressivo de primeira ordem, no médio prazo, e dado o efeito concorrência, as rendibilidades supranormais tendem a convergir para a média do sector. O efeito das variáveis não financeiras é relevante, na medida em que evidenciam uma das limitações das demonstrações financeiras, isto é, a sua incapacidade de reportarem em tempo oportuno toda a informação relevante que afecta as expectativas dos investidores (*lack of timeliness*). Essa informação é de imediato incorporada nos preços, mas só posteriormente reflectida nas demonstrações financeiras. Neste contexto, as demonstrações financeiras subavaliam o valor actual das oportunidades de crescimento detidas pela empresa. O impacto destas variáveis é particularmente relevante nos sectores emergentes, como o caso do sector da *Internet*, dado por um lado, tratar-se de um sector com alguma complexidade tecnológica, por outro, ser muito reduzido o histórico de informação, o que potencia a assimetria de informação entre os gestores (*insiders*) e os investidores (*outsiders*).

Atendendo especificamente ao fenómeno em análise, a "valorização positiva dos prejuízos" no universo das empresas da nova economia, estes modelos permitem demonstrar que os prejuízos podem ocorrer nos primeiros estágios do ciclo de vida das empresas, tal como previsto inicialmente por Myers (1977). A justificação assenta no facto de apenas uma parte do investimento realizado, maioritariamente em activos intangíveis, ser capitalizado, sendo o restante considerado como custo do exercício em obediência aos princípios GAAP. Todavia, o mercado identifica este tipo de investimento à probabilidade de existência em carteira de maiores oportunidades de crescimento futuras, o que sustenta as elevadas expectativas de rendibilidades supranormais associadas a estas empresas (sinais positivos). Os modelos de OM e de FOM demonstram que o crescimento pode aumentar o valor esperado dos capitais próprios (MVE) e os resultados líquidos da empresa. Porém, devido ao efeito do *conservatism accounting*, o MVE aumenta mais rapidamente que o valor esperado para os resultados líquidos, o que justifica que os dois indicadores, o múltilo dos resultados (PER) e o múltiplo do valor contabilístico (*P/B market-to--book*) tendam a registar valores elevados, pelo que o *goodwill*, medido pelo diferencial entre o valor de mercado e o valor contabilístico dos capitais próprios, tende a persistir mesmo no médio prazo.

Os resultados obtidos evidenciam que os investidores: i) não concentram a sua atenção para efeitos de avaliação, apenas na variável "resultados", enquanto variável agregada; ii) valorizam positivamente, isto é, como activos as rubricas "I&D" e "Publicidade", que contabilisticamente são tratados como custos, associando a estes investimentos a probabilidade de existência em carteira de maiores oportunidades de crescimento, logo maiores expectativas de rendibilidades supranormais; iii) a variável "capitais próprios – BVE" é particularmente relevante para efeitos de avaliação, registando a empresa prejuízos. Sendo a variável prejuízos pouco expressiva acerca dos resultados futuros, o mercado vê na variável BVE uma *proxy*, tal como previsto pelos modelos de OM e de FOM, para os resultados futuros normais; iv) a variável BVE assume-se ainda como um instrumento que permite minorar os custos de agência, em particular com os credores. Identifica-se assim como *proxy* para os "*recognized assets*", dada a predominância de intangíveis em empresas de base tecnológica e, v) o aumento do investimento nas rubricas "I&D" e "Publicidade", e na linha dos resultados de Hayn (1995), McCallig (2004) e Joos e Pelsko (2004), surge associado a uma alteração do perfil de empresas a operar na década de 90: empresas de pequena dimensão, maioritariamente de base tecnológica a registarem prejuízos, que tendem a assumir maior magnitude e persistência.

Organização

O presente trabalho estrutura-se do seguinte modo. No capítulo I, centramos a análise nos modelos de avaliação de Ohlson (OM) (1995) e Feltham e Ohlson (FOM) (1995), cujas origens remontam ao modelo de Gordon, incorporando ainda os princípios de Modigliani e Miller (1958, 1961). Enfatizamos ainda neste capítulo o impacto do *conservatism accounting* para efeitos de avaliação.

No capítulo II, e dada a escassez de investigações sobre a relação preço/cotação e prejuízos, com resultados empíricos contraditórios, centramos a análise no conteúdo informativo para efeitos de avaliação das duas variáveis principais dos modelos de OM e de FOM: "resultados líquidos" e "capitais próprios", em particular no universo das empresas a registarem prejuízos.

No capítulo III, e dado um dos principais factores potenciadores do efeito *conservatism accounting* residir no investimento em activos intangíveis, começamos por analisar o impacto das rubricas I&D e Publicidade no valor de mercado das acções da empresa. Concluímos este capítulo, relacionando o valor da empresa com o seu potencial de crescimento, com especial ênfase para o universo das empresas da nova economia.

O capítulo IV começa por definir conceitos fundamentais à presente investigação. Assim, após especificarmos o período em análise, período da Nova Economia (NEP – *New Economy Period*), definimos o conceito de empresa de nova economia, que por brevidade de linguagem passamos a designar por *net firms*. De seguida caracterizamos as várias etapas de selecção da amostra, sempre com a preocupação de um adequado controlo do efeito sobrevivência (*survivor bias effect*). Atendendo à euforia gerada à volta destes títulos, período que ficou apelidado de "*dot.com bubble*", seleccionamos ainda uma amostra de controlo – *non net firms* com uma data de IPO contemporânea, com o objectivo de garantir uma maior robustez nos resultados e conclusões a extrair.

No capítulo V, e após uma análise comparativa das duas amostras, começamos por analisar, e recorrendo à análise da tendência, como tem evoluído o padrão de proveitos, resultados e investimentos nas duas amostras, pois, e na linha da teoria do ciclo de vida, as diferentes variáveis assumem diferente relevância ao longo do tempo. De seguida definimos os critérios de subdivisão das amostras. Com o objectivo de analisar a relação entre o valor de mercado das acções destas empresas (MVE) e os prejuízos registados, recorremos ao modelo de OM. Começamos por reespecificar este modelo em função dos resultados líquidos, aplicando posteriormente a metodologia Fama e MacBeth (1973), para averiguar como o mercado avalia as variáveis "resultados líquidos" e "capitais próprios", principais determinantes do valor, de acordo com o quadro teórico de referência, ao longo do tempo. Terminamos este capítulo com a formulação das hipóteses de investigação.

No capítulo VI, e com base na metodologia definida, testamos empiricamente as hipóteses de investigação, procedendo à análise e discussão dos resultados. Atendendo a que o período em análise se caracterizou por uma forte volatilidade na variável a explicar – a capitalização bolsista, o que pode explicar o menor conteúdo informativo com referência às variáveis incluídas no modelo, o que sugere ainda o impacto de outras variáveis relevantes excluídas do modelo (variáveis omissas), submetemos os dados a uma análise segundo uma estrutura em dados de painel. Consideramos em simultâneo os efeitos fixos quer ao nível do indivíduo (empresa) quer ao nível do tempo (ano), com o objectivo de um controlo mais eficiente do efeito de variáveis omissas.

Finalmente apresentamos as principais conclusões da presente investigação, bem como pistas para futuras investigações.

Capítulo I
OS MODELOS DE AVALIAÇÃO DE OHLSON E FELTHAM E OHLSON

1.1 Introdução

Este trabalho analisa o fenómeno da "valorização positiva dos prejuízos" no universo das empresas americanas da nova economia. Como uma das potenciais explicações deste fenómeno reside no facto de estas empresas em fase de *start-up*, maioritariamente de base tecnológica[3], investirem massivamente em activos intangíveis, em especial de investigação e desenvolvimento (I&D) e publicidade (*advertising* na terminologia anglo-saxónica) os quais, e por imposição dos GAAP são considerados como custo na íntegra no exercício em que ocorrem, centramos a atenção neste capítulo nos modelos de avaliação de Ohlson (OM) (1995) e Feltham e Ohlson (FOM) (1995). Feltham e Ohlson (1995) demonstram analiticamente, e recorrendo à dinâmica de informação, que os prejuízos, em particular na fase de *start-up*/crescimento, em empresas de base tecnológica, derivam maioritariamente da contabilização imediata como custos dos investimentos em activos intangíveis, o que gera um efeito de "*conservatism accounting*", isto é, a subavaliação dos activos, consequentemente dos resultados líquidos e dos capitais próprios. Todavia esta situação tende a inverter-se no futuro, pois atendendo ao princípio da racionalidade, a empresa só continua a investir se a este tipo de investimento estiverem associadas expectativas de rendibilidade supranormal.

Assim, começamos por descrever o modelo de Ohlson (OM) (Ohlson, 1995). O modelo OM deriva do RIV – *Residual Income Valuation*

---

[3] Ver quadro 4.5.

Model ou EDO – *Edwards-Bell-Ohlson Model*, modelos já amplamente reconhecidos na literatura. De seguida, demonstra-se que o modelo de Gordon constitui um caso específico do modelo de OM, o qual, e segundo os princípios de Modigliani e Miller (MM) (1958, 1961), assume como irrelevante a política de dividendos para a determinação do valor da empresa, demonstrando que os resultados futuros da empresa dependem apenas da dinâmica de informação que caracteriza os resultados supranormais. Dado o efeito da concorrência, é de esperar que os resultados supranormais rapidamente convirjam para a média do sector/indústria, pelo que no médio e longo prazo (MLP) os resultados esperados (resultados permanentes) são função do "*stock*" de activos detidos pela empresa e da taxa de custo do capital da empresa. Assim, no médio e longo prazo o valor dos capitais próprios (BVE) constitui um estimador não enviesado do valor de mercado dos capitais próprios da empresa (MVE).

Na extensão do modelo de OM, Feltham e Ohlson (FOM) (1995) introduzem na função avaliação o efeito do crescimento e o efeito do "*conservatism accounting*". O modelo de FOM sustenta-se tal como o modelo de OM, no valor actual dos dividendos actualizados (PVED – *present value of expected dividends*) e na irrelevância da política de dividendos. Assume ainda um princípio básico em finanças empresariais, a separação entre as actividades não operacionais e operacionais, sendo estas últimas as únicas susceptíveis de criarem valor, dado não poderem ser replicáveis pelos investidores. O modelo de FOM reconhece agora que o diferencial entre o MVE e o BVE da empresa, o *unrecorded goodwill*, pode subsistir por longos períodos de tempo, sendo reflexo da persistência de rendibilidades supranormais esperadas, do efeito *conservatism accounting* e de outra informação (v_t) que vai chegando ao mercado e é rapidamente incorporada nos preços, mas só posteriormente é reflectida nas demonstrações financeiras (*lack of timeliness*).

Por último, damos especial ênfase ao efeito "*conservatism accounting*", que e de forma abrangente, associamos à subavaliação dos activos da empresa. Este efeito, assume particular relevância na presente investigação, pois um dos factores potenciadores da subavaliação dos activos da empresa é a contabilização imediata como custos dos investimentos em investigação e desenvolvimento (I&D) e em marketing e publicidade (Publicidade), em obediência aos princípios contabilísticos em vigor nos EUA. Dado que as empresas em análise operam maioritariamente em sectores de alta tecnologia (*high tech firms*), o perfil de investimento predominante é em activos intangíveis (I&D e Publicidade), pelo que é particularmente relevante analisar o impacto deste tipo de investimento no MVE das empresas[4].

1.2 O Modelo de Avaliação de Ohlson

Beaver (2002:457) refere: *"The F-O approach [Ohlson, 1995 (OM) e Feltham e Ohlson, 1995 (FOM)] is, in my opinion, one of the most important research developments in the last ten years"*. Com efeito, a mais valia do modelo de Ohlson (OM) reside no facto de definir um quadro conceptual sólido, onde se relaciona o valor de mercado dos capitais próprios da empresa (MVE – *market value of equity*) com a informação financeira passada e previsional da empresa, isto é: i) com os resultados líquidos actuais e previsionais, ii) com os valores dos capitais próprios (BVE – *book value of equity*) e iii) com os dividendos[5].

O quadro teórico de partida é o modelo neoclássico dos dividendos actualizados (PVED – *present value of future expected dividends*), desenvolvido por Williams (1938), mas que ficou a ser conhecido pelo modelo de Gordon [Gordon e Shapiro, (1956) reespecificam o modelo inicial, admitindo o pressuposto de que a taxa de crescimento para os dividendos é constante], que assume uma economia onde as preferências *(beliefs)* dos agentes são homogéneas e estes são neutros ao risco. O modelo PVED vem assim definido:

$$P_t = \sum_{\tau=1}^{\infty} R_f^{-\tau} E_t(d_{t+\tau}) \quad \textbf{(1.1)}$$

onde:

P_t – valor de mercado dos capitais próprios da empresa (MVE), ou o preço da acção no momento t;

d_t – dividendos líquidos pagos na data t. A variável d_t reflecte todas as transacções líquidas efectuadas com os accionistas, tais

---

[4] Ver quadros 5.1 e 5.2.

[5] Brown (1996) caracteriza os artigos citados no SCCI – *Social Sciences Citation Index*, como sendo um clássico, se a média de citações dos mesmos se situar, pelo menos, entre 4.00 e 8.35. De acordo com Lo e Lys (2001), em 1999, e com referência ao modelo de OM, a média de citações era já superior a 9.

como o pagamento de dividendos, emissão de novas acções para o financiamento de novos investimentos e/ou recompra de acções no caso de desinvestimentos. Por simplificação, passamos a designar esta variável apenas por dividendos;

$R_f = (1+r_f)$, onde r_f é a taxa de juro sem risco;

$E_t[.]$ – o operador do valor esperado, condicional à informação disponível na data t.

Neste contexto, e assumindo dois princípios:
i) O princípio "*Clean Surplus Relation*" (CSR), segundo o qual:

$$bv_t = bv_{t-1} + x_t - d_t \quad \textbf{(1.2)}$$

sendo:
bv_t – valor dos capitais próprios no final do período t. Por analogia, bv_{t-1} corresponde ao valor dos capitais próprios no período anterior (t-1);
x_t – os resultados líquidos obtidos no exercício t.

As variáveis "bv_t" e "x_t" são exógenas ao modelo[6].

De acordo com o princípio CSR, quaisquer alterações ao valor dos capitais próprios da empresa (bv_t) resultam dos resultados líquidos gerados e retidos pela empresa, isto é $\Delta bv_t = x_t - d_t$, onde d_t reflecte todas as transacções efectuadas directamente com os sócios/accionistas (distribuição de dividendos, emissão de novas acções para financiamento de novos projectos de investimento e/ou recompra de acções no caso de desinvestimentos). A intuição subjacente a este princípio é de que todas as transacções que afectem o valor dos activos e passivos da empresa, e consequentemente o valor dos capitais próprios, devem estar reflectidas na

---

[6] Holthauasen e Watts (2001) criticam o modelo de OM pelo facto de se tratar de um modelo de equilíbrio parcial, onde as variáveis financeiras utilizadas não são definidas endogenamente pelo modelo. Mas como sustenta Beaver (2002:458), a parcimónia também é uma qualidade muito relevante em qualquer modelo, argumentando que: "*By analogy, the Capital Asset Pricing Model (CAPM) has no demand for financial institutions, yet we observe financial institutions empirically*". Nesta linha de raciocínio, Barth, Beaver e Landsman (2001:90) afirmam: "*To our Knowledge, there is no academic theory of accounting that derives a demand for accounting information as arising from equilibrium forces and provides a mapping of accounting information into shares price*".

demonstração de resultados, e o seu efeito repercutido na variável resultados líquidos. Esta propriedade e segundo Zhang (2000), reconcilia quaisquer alterações no valor do "*stock*" de activos detidos pela empresa com o fluxo de rendimentos gerado pelos mesmos. Deste modo, Ohlson (1995) não "força" a que os novos investimentos a empreender sejam financiados apenas via resultados retidos, contrariamente aos modelos fechados de crescimento auto-sustentado (por exemplo o modelo de Gordon). Assume assim, na linha de Miller e Modigliani (MM) (1961), que o financiamento de novos investimentos por retenção de resultados ou emissão de acções são substitutos perfeitos.

ii) Os dividendos afectam o nível de capitais próprios (bv) em t mas mantêm inalterados os resultados líquidos (x_t)[7]. Algebricamente:

$$\partial bv_t / \partial d_t = -1, \quad \textbf{(1.2a)}$$

$$\partial x_t / \partial d_t = 0 \quad \textbf{(1.2b)}.$$

Saliente-se que $\partial x_t / \partial d_t$ não se obtém directamente na expressão (1.2a), mas é consistente com a mesma pois:

$$\frac{\partial bv_{t-1}}{\partial d_t} = \frac{\partial bv_t}{\partial d_t} + \partial \frac{d_t}{\partial d_t} - \frac{\partial x_t}{\partial d} = -1 + 1 - 0 = 0 \text{ (Ohlson, 1995:667).}$$

Introduzindo ainda a variável resultados supranormais, definida como[8]:

$$x_t^a = x_t - (R_f - 1)bv_{t-1} \quad \textbf{(1.3)}$$

---

[7] Este pressuposto está em consonância com o princípio do mercado de capitais perfeito, pelo que se exclui qualquer efeito sinalizador associado à variável "dividendos". Está temática está ainda envolta em grande controvérsia. Asquith e Mullins (1983), Healy e Palepu (1988), Ahorony e Dotan (1994) obtêm resultados que sustentam o efeito sinalizador associado à variável dividendos. No entanto, Yoon e Starks (1995), DeAngelo, DeAngelo e Skinner (1996) e Benartzi, Michaely e Thaler (1997) obtêm resultados divergentes – ausência de efeito sinalizador.

[8] Dadas as múltiplas designações para o conceito "*abnormal returns*", optamos pela tradução "resultados supranormais", proposta por Neves (2002:215).

em que mede a rendibilidade excedentária, supranormal que a empresa está a auferir, pois os resultados líquidos obtidos excedem o custo do capital. Ohlson (1995) expressa os dividendos na fórmula do modelo PVED, em função dos resultados líquidos e do valor dos capitais próprios. O modelo PVED vem:[9]

$$P_t = \sum_{\tau=1}^{\infty} R_f^{-\tau} E_t (x_{t+\tau}^a - bv_{t+\tau} + R_f bv_{t-1+\tau}) \quad (1.4)$$

expressão que após algumas transformações algébricas, nos permite redefinir o modelo PVED nos seguintes termos:

$$P_t = bv_t + \sum_{\tau=1}^{\infty} R_f^{-\tau} E_t (x_{t+\tau}^a) \quad (1.5).$$ [10]

Este modelo é sobejamente conhecido e divulgado na literatura, assumindo a designação na literatura anglo-saxónica de *Residual Income Valuation Model* (RIV) ou Edwards and Bell Model (1961) (EBO) (White, Soundhi e Fried, 1997;1062)[11].

Como demonstram Lo e Lys (2001), o modelo de Gordon e o modelo RIV são analiticamente equivalentes, pelo que rejeitar o RIV,

---

[9] Expressando os dividendos em função dos resultados líquidos, através do princípio CSR, e substituindo x,, pela expressão obtida para os resultados supranormais, obtém-se $d_t = x_t^a - bv_t + R_f bv_{t-1}$.

[10] Note-se que $R_f^{-\tau} E_t (bv_{t+\tau}) \to 0$ com $\tau \to \infty$, isto é, o valor dos capitais próprios converge para zero, à medida que o horizonte temporal tende para infinito. O modelo assume que os capitais próprios crescem a uma taxa inferior a r_f.

[11] As origens do modelo RIV ou EBO assentam nos trabalhos de Preinreich (1938), Edwards e Bell (1961) e Peasnell (1982). Todavia são vastas as referências à origem deste conceito. Segundo Neves (2002) e Feltham e Ohlson (1995), Canning (1929) referia já o conceito "*excess earnings*", Edey (1957) utilizava a expressão "*super-profits*", Bell (1961) adoptou o conceito "*excess realizable profits*", Anthony e Govindarajan (1ª edição-1965) utilizam expressamente o conceito "*residual income*". Kay em 1976, referia-se ao conceito "*excess income*", Copeland, Koller e Murrin (1990) utilizam o conceito "*economic profit*". Mas é a Stern & Stewart & Co, que em 1991, renomina o conceito para Valor Económico Acrescentado (EVA – *Economic Value Added*) e o regista como propriedade intelectual. Anthony e Govindarajan (1998), na 9.ª edição do seu livro, criticam a Stern & Stewart & Co por terem utilizado uma designação já amplamente conhecida na literatura, registando-a como propriedade intelectual. Ferreira e Sarmento (2004:31) referem igualmente que os modelos EVA e Valor de Mercado Acrescentado (*MVA-Market Value Added*) derivam do RIV.

significa ignorar que os activos financeiros são função do valor actual dos fluxos de caixa futuros esperados.

A inovação de Ohlson (1995) face ao modelo RIV ou EBO, reside no tratamento que dá a estrutura da série temporal dos resultados supranormais (x_t^a). Assim, para definir o processo estocástico que segue a variável x_t^a, Ohlson (1995) introduz a variável v_t – outra informação (*other information*), isto é, uma variável que capta eventos relevantes em termos de conteúdo informativo e que afectam os preços, mas não estão ainda reflectidos nas demonstrações financeiras. Este *lag* de tempo que medeia a ocorrência de determinados eventos, e a sua inclusão nas demonstrações financeiras e que são relevantes para a formulação de expectativas dos agentes económicos (*beliefs*) sobre o crescimento dos resultados supranormais da empresa, é uma das limitações apontadas às demonstrações financeiras, ou melhor à sua capacidade em divulgar toda a informação relevante e em tempo oportuno – *lack of timeliness* (Rayn, 1995, Beaver, 2002). Para colmatar esta lacuna, Ohlson (1995) sustenta o seu modelo na dinâmica de informação, que define como um processo autoregressivo de primeira ordem e, que caracteriza a dinâmica dos resultados supranormais. Analiticamente a dinâmica de informação é definida como:

$$\begin{cases} x_{t+1}^a = w x_t^a + v_t + \varepsilon_{1,t+1} \\ v_{t+1} = \gamma v_t + \varepsilon_{2,t+1} \end{cases} \quad (1.6)$$

em que os parâmetros w e γ são fixos e conhecidos e assumem valores entre]0,1[[12]. Em sentido lato, estes parâmetros exógenos ao modelo são determinados pelo meio envolvente que caracteriza a empresa. Os termos aleatórios $\varepsilon_{1\tau}$, $\varepsilon_{2\tau}$ possuem, $E_t(\varepsilon_{k,t+\tau}) = 0$ com k=1,2 e $\tau \geq 1$. Impõe-se a independência de v_t em relação a x_t^a, pois $E_t[v_{t+\tau}]$ depende apenas de v_t, reflectindo v_t toda a informação relevante (que não apenas a financeira) para a estimação das rendibilidades supranormais, independentemente

---

[12] Os parâmetros w e γ assumem valores maiores que zero, por condições económicas e valores inferiores à unidade, para garantir a estabilidade/estacionaridade do modelo. Esta condição implica que o $E_t(x_{t+\tau}^a) \to 0$ e $E_t(v_{t+\tau}) \to 0$ com $\tau \to \infty$. Com efeito se w=1, tal significa que as oportunidades de crescimento persistiriam indefinidamente, o que não é consistente com a evidência empírica.

dos seus valores passados. Todavia, o seu efeito reflecte-se em x_t^a, que é incorporado na variável bv$_t$, através da propriedade CSR[13]. Esta dinâmica de informação permite que a empresa aufira durante um período de tempo rendibilidades supranormais, cujo efeito é capturado pelo parâmetro w. Todavia, o efeito concorrência fará com que as rendibilidades supranormais sigam um processo de tendência para a média (*mean reverting*), isto é, que a rendibilidade das empresas tenda a convergir para a média da rendibilidade dos sectores e da economia[14].

Conciliando as expressões 1.1 (PVED), 1.2 (princípio CSR) e 1.6 (dinâmica de informação), Ohlson (1995:669) define a função avaliação com base no cálculo do valor esperado para os resultados supranormais, atendendo ao processo autoregressivo que caracteriza os mesmos, garantindo assim, e na linha de MM (1958,1961) a irrelevância da política de dividendos na determinação do valor de mercado dos capitais próprios da empresa. O valor dos capitais próprios da empresa vem então definido como:

$$P_t = bv_t + \alpha_1 x_t^a + \alpha_2 v_t \quad (1.7)$$

em que:

$$\alpha_1 = \frac{w}{R_f - w} \geq 0 \text{ e,}$$

---

[13] O princípio CSR define $bv_t = bv_{t-1} + x_t - d_t$, sendo $x_t^a = x_t - (R_f - 1)bv_{t-1}$, substituindo x_t na expressão que define o princípio CSR, obtém-se $bv_t = x_t^a + R_f bv_{t-1} - d_t$, expressão que demonstra que quaisquer eventos relevantes do ponto de vista informativo, são incorporado no valor dos capitais próprios (bv$_t$) através da própria "dinâmica de informação".

[14] Penman (1991) num estudo efectuado para o período de 1969 a 1985, demonstrou que no médio prazo a rendibilidade dos capitais próprios (*ROE – return on equity*) tende a convergir para a média da economia. Todavia, no curto prazo (cerca de 5 anos), o rácio ROE pode registar valores supranormais. Também Dechow, Hutton e Sloan (1999) concluem, com base no modelo de OM, que as rendibilidades supranormais convergem para a média do sector em 4 anos. Este processo de convergência é ainda mais acelerado para a variável v$_t$.

$$\alpha_2 = \frac{R_f}{(R_f - w)(R_f - \gamma)} > 0.$$

Segundo o modelo de OM, o valor de mercado dos capitais próprios da empresa (MVE ou P_t) é função linear do nível de capitais próprios investidos na empresa (bv_t), dos resultados supranormais (x_t^a) gerados pela empresa e da variável v_t – outra informação que não a financeira, sugerindo Ohlson (2000) que as previsões dos analistas para os resultados futuros a um ano, sejam usadas como *proxy* para a variável v_t. O MVE é tanto mais sensível às variáveis x_t^a e v_t, quanto maiores os parâmetros de persistência w e γ, exógenos ao modelo, sendo portanto $\alpha_1(w)$ e $\alpha_2(\gamma)$ crescentes nos seus determinantes[15].

A expressão 1.7 pode ser reformulada em função dos resultados líquidos (ajustados dos dividendos) e do valor dos capitais próprios (bv_t), em que φ corresponde ao múltiplo dos resultados[16]:

$$P_t = \kappa[\varphi x_t - d_t] + (1 - \kappa)bv_t + \alpha_2 v_t \quad (1.8)$$

com,

$$\begin{cases} \varphi = \dfrac{R_f}{R_f - 1} \\ \kappa = (R_f - 1)\, \alpha_1 = \dfrac{(R_f - 1)w}{R_f - w}. \end{cases}$$

A expressão anterior pode ser interpretada como a média ponderada do modelo de avaliação com base na actualização dos fluxos de rendimentos – os lucros actualizados (*earnings model*), e do modelo de avaliação a partir do "*stock*" de activos necessários para que os fluxos de rendimento sejam gerados – o modelo dos capitais próprios (*book value*

---

[15] Ver anexo 1.1, sobre a derivação da função avaliação do modelo de OM, bem como dos respectivos parâmetros.
[16] Sobre a dedução desta fórmula consultar anexo 1.1.

model)[17]. Com efeito, e se por simplificação assumirmos que $v_t=0$, a expressão (1.8) restringe-se a:

i) Com $\kappa=w=1$

$$P_t = \varphi x_t - d_t \quad (1.9)$$

em que o MVE depende apenas do fluxo de rendimento gerado (lucros) ajustados do valor dos dividendos.

A expressão para a dinâmica de informação corresponde agora a:

$$x_{t+1}^a = wx_t^a + \varepsilon_{1,t+1},$$

vindo os resultados líquidos futuros também expressos em função dos resultados líquidos do exercício corrente corrigidos dos dividendos, sendo estas variáveis suficientes para definir os resultados líquidos futuros[18]:

$$x_{t+1} = R_f x_t - (R_f - 1)d_t + \varepsilon_{1,t+1} \quad (1.10).$$

ii) No outro caso extremo, com $\kappa=w=0$, a função avaliação (modelo dos capitais próprios – *book value model*) restringe-se a:

$$P_t = bv_t \quad (1.11)$$

em que os resultados líquidos futuros são agora definidos como[19]:

$$x_{t+1} = (R_f - 1)bv_t + \varepsilon_{1,t+1} \quad (1.12).$$

---

[17] Em teoria, Ferreira e Sarmento (2004) sustentam que a avaliação patrimonial e a avaliação com base nos fluxos de rendimento actualizados deveriam coincidir. Todavia, empiricamente e dada a existência de *goodwill*, que associam à presença de activos intangíveis e à relevância ou falta de relevância das demonstrações financeiras, que deriva da sua (in)capacidade de em termos oportunos reportarem toda a informação relevante e fiável, as duas ópticas tendem a registar diferenças acentuadas.

[18] Este resultado obtém-se partindo da expressão que define a dinâmica dos resultados supranormais: $x_{t+1}^a = wx_t^a + v_t + \varepsilon_{1,t+1}$ e substituindo os resultados supranormais pela sua definição, aplicando ainda o princípio CSR, no pressuposto que a variável v_t assume valores nulos.

[19] Tal como a função avaliação (expressão 1.8) resulta de uma média ponderada dos resultados líquidos corrigidos dos dividendos e acrescida do valor dos capitais próprios

Neste contexto, o efeito dos dividendos nos resultados líquidos futuros processa-se através da variável capitais próprios (bv$_t$), dado o princípio CSR. Para valores intermédios, isto é, valores pertencentes ao intervalo]0,1[, k assume valores diferentes de w.

1.3 A Relação entre o Modelo de Ohlson e o Modelo de Gordon

O modelo PVED é o modelo precursor do modelo de OM, pelo que o modelo de Gordon, segundo Lo e Lys (2001:351) identifica-se como um caso particular do modelo OM, quando se admite que: i) w=1+g, sendo g a taxa de crescimento dos dividendos (w – parâmetro de persistência dos resultados supranormais no modelo de OM) e ii) a variável v$_t$ assume valores nulos.

Com efeito, o modelo de Gordon assume os seguintes pressupostos:

$$d_{t+\tau} = (1-\phi)x_{t+\tau},$$

$$x_{t+\tau} = \rho b v_{t+\tau-1},$$

em que ρ é a taxa de rendibilidade dos capitais próprios (*ROE – return on equity*) e ϕ a taxa de retenção de lucros (rácio *plowback*). Com base nestes pressupostos, e assumindo que a taxa de crescimento (g) vem definida como $g = \phi\rho$, (isto é, o crescimento depende da parcela de resultados retida e reinvestida e da rendibilidade obtida)[20], é possível estabe-

---

(bv$_t$), também facilmente se demonstra que a média ponderada das expressões 1.10 e 1.12 pelo ponderador w, resulta na expressão geral obtida para a dinâmica dos resultados supranormias: $x_{t+1}^a = wx_t^a + \varepsilon_{1,t+1}$, continuando a admitir-se como pressuposto que v$_t$=0.

[20] Neves (2006:288;289) na análise da taxa de crescimento sustentável (g*) da empresa, admite como pressupostos do modelo: i) a estrutura financeira da empresa não se altera, entendida esta como o rácio entre capitais próprios e capitais alheios, ii) consequentemente, os capitais próprios e capitais alheios crescem à mesma taxa. Admite ainda que não havendo aumentos de capital, o crescimento dos capitais próprios depende apenas da taxa de retenção de lucros (1-d). Neste contexto define $g^* = {RL_1}/{CP_0} * (1-d)$, sendo RL$_1$ os resultados líquidos no final do ano e CP$_0$ os capitais próprios no início do ano. Demonstra assim que g* depende da taxa de rendibilidade dos capitais próprios (ρ) e da taxa de retenção dos lucros (ϕ), resultados em sintonia com os pressupostos por nós definidos no âmbito do modelo de Gordon.

lecer o seguinte padrão de evolução das variáveis capitais próprios (bv_t), resultados líquidos (x_t) e dividendos (d_t):

$$bv_{t+1} = bv_t + x_{t+1} - d_{t+1} = bv_t + \phi x_{t+1} = bv_t + \phi \rho bv_t = (1+g)bv_t \quad \textbf{(1.13)};$$

$$x_{t+1} = \rho bv_t = \rho(1+g)bv_{t-1} = (1+g)x_t \quad \textbf{(1.14)}^{21};$$

$$d_{t+1} = (1-\phi)x_{t+1} = (1-\phi)(1+g)x_t = (1+g)d_t \quad \textbf{(1.15)}.$$

Analisando as expressões 1.13 a 1.15, podemos concluir que o modelo de Gordon, ainda que implicitamente, assume o princípio CSR.

Neste contexto, e continuando a assumir "r" como a taxa de juro sem risco[22], a expressão para o cálculo dos resultados supranormais pode ser definida como:

---

[21] ρ é equivalente à taxa (R_f-1), com R_f=1+r_f, sendo r_f a taxa de juro sem risco no modelo de OM. Note-se que também Gordon e Shapiro (1956) não tratam de forma explícita a incerteza. Na dedução do seu modelo, estes autores recorrem à expressão de valores esperados "...*a corporation is expected to earn a return (ρ) on the book value of common equity*..."(pp.105) (ver expressão 1.1 que define o modelo PVED e expressão 1.5 que expresa o modelo RIV, modelos equivalentes). Também Neves (2002:179) apresenta como limitação do modelo de Gordon o facto de os dividendos não serem certos nem previamente determinados. Neste contexto, Lo e Lys (2001:350) sugerem que o risco seja introduzido na política de distribuição de dividendos pela expressão $E_{t-1}(d_t) = (1-\phi)E_{t-1}(x_t) + \varepsilon_t$. Com efeito, para introduzirem também a incerteza na análise, MM (1961) recorreram ao conceito de "*symmetric market rationality*", sustentando-se no conceito de racionalidade, segundo o qual os investidores preferem mais riqueza a menos, independentemente da forma pela qual a obtêm. Assim, aquando da formação das suas expectativas consideram que os restantes investidores são igualmente racionais e, adoptam de forma simétrica um comportamento idêntico ao seu.

[22] Ohlson (1995) na dedução do seu modelo, assume como quadro conceptual de partida, uma economia onde os agentes possuem preferências homogéneas e são neutros ao risco, condições que permitem que a maximização da riqueza seja suficiente para caracterizar as suas preferências. Uma das sugestões de Ohlson (1995) para introduzir o risco na análise, em particular ao nível dos estudos empíricos, consiste em adicionar um prémio de risco, obtendo-se assim o custo do capital. O modelo de equilíbrio dos activos financeiros (CAPM – *Capital Asset Pricing Model*) é uma das metodologias sugeridas. Todavia, Ohlson (1995) comenta que, apesar desta abordagem não ter qualquer implicação do ponto de vista empírico, não deriva de um quadro conceptual que explique a origem do risco inerente às variáveis utilizadas pelo modelo [x_t, bv_t e d_t]. Com efeito estas variáveis são exógenas ao modelo.

$$x_{t+1}^a = x_{t+1} - rbv_t$$
$$x_{t+1}^a = (1+g)x_t - rbv_t \quad \textbf{(1.16)}.$$

Recorrendo à definição de resultados supranormais em t, e substituindo na expressão anterior obtemos:

$$x_{t+1}^a = (1+g)(x_t^a + rbv_{t-1}) - rbv_t$$
$$x_{t+1}^a = (1+g)x_t^a \quad \textbf{(1.17)}.$$

A expressão obtida para os resultados supranormais (expressão 1.17) é muito semelhante à deduzida por Ohlson (1995) (expressão 1.6), bastando para tal considerar a variável v_t nula e substituir (1+g) pelo parâmetro w, como verificaram Lo e Lys (2001)[23].

Verificamos assim que com base nos pressupostos: i) da política de dividendos, isto é da taxa de retenção dos lucros (1-ϕ), ii) da taxa de rendibilidade dos capitais próprios (ρ) e iii) do princípio CSR, que a fórmula do modelo de Gordon:

$$P_t = \frac{d_{t+1}}{r-g} = \frac{(1+g)d_t}{r-g}$$

pode ser redefina como:

$$P_t = \frac{(1+g)d_t}{r-g} = \frac{(1+g)(1-\phi)x_t}{r-g} \quad \textbf{(1.18)}$$

---

[23] O pressuposto de Ohlson (1995), de que os resultados supranormais tendem a persistir apenas durante um determinado período de tempo, constitui também o fundamento dos modelos que introduziram flexibilidade na taxa de crescimento (g) no modelo de Gordon, ajustando-se assim o padrão de comportamento da taxa de crescimento (g) às várias fases do ciclo de vida das empresas. A título de exemplo referimos o modelo de Malkiel (1963), o modelo H ("half") de Fuller e Hsia (1984) citados em Neves (2002:180,182) e o modelo de Bates citado em Miguel (1998:8).

ou ainda:

$$P_t = \frac{(1+g)d_t}{r-g} = \frac{(1+g)(1-\phi)\rho bv_{t-1}}{r-g} = \frac{(1-\phi)\rho bv_t}{r-g} \quad (1.19).$$

A expressão 1.18 identifica-se com o modelo dos resultados capitalizados (*earnings model*), enquanto a expressão 1.19 corresponde ao modelo baseado no valor dos capitais próprios (*book value model*), coincidindo com os dois casos extremos do OM (expressões 1.9 e 1.11 respectivamente).

Desta análise comparativa pode-se concluir que o modelo de Gordon e o modelo de OM são equivalentes, impondo todavia o modelo de Gordon mais restrições (w=1+g e v_t=0). A principal diferença reside no facto de o modelo de Gordon depender da política de dividendos, isto é, da taxa de retenção dos lucros, enquanto o modelo de Ohlson, e na linha de MM (1958, 1961), assume a irrelevância da política de dividendos, pois o parâmetro w é independente da política de dividendos. Outro factor distintivo resulta do facto do modelo de OM se concentrar na criação de riqueza e não na distribuição da mesma, evidenciando que nenhuma riqueza pode ser criada através de operações de financiamento e ou alterações à política de dividendos[24].

Com efeito, Ohlson define os resultados líquidos futuros apenas em função dos valores correntes dos capitais próprios (bv$_t$), dos resultados

---

[24] Como refere Neves (2002:187), uma das dificuldades da aplicação do modelo dos dividendos ocorre quando se pretende avaliar uma empresa que não distribui dividendos. O facto de a empresa não distribuir dividendos, não significa que não tenha valor. Com efeito, ao não distribuir dividendos a empresa pode estar a reter resultados e a reinvesti-los em investimentos que lhe permitam obter rendibilidades supranormais, o que aumenta o valor residual das acções. Repare-se que o raciocínio de Gordon e Shapiro (1956) era exactamente oposto, isto é, a política de dividendos afecta o valor de mercado dos capitais próprios da empresa (MVE) através da taxa de retenção dos lucros. Os lucros retidos, logo não distribuídos, possuem um nível de risco maior, pelo que os investidores tendem a exigir taxas de rendibilidade mais elevadas. Segundo esta lógica, o efeito da política de dividendos no valor da empresa processava-se via efeito do custo do capital próprio. A falácia deste raciocínio resulta do facto de o nível de risco da empresa depender não da política de distribuição de dividendos adoptada, mas do padrão de sucesso ou insucesso dos projectos de investimento empreendidos.

supranormais (x_t^a) e da variável v_t – outra informação não financeira. Algebricamente (Ohlson, 1995:669):

$$E_t[x_{t+1}] = wx_t^a + v_t + (R_f - 1)bv_t \quad \textbf{(1.20)}.$$

Analisando o impacto dos dividendos nos resultados líquidos futuros, Ohlson (1995) demonstra que os dividendos distribuídos hoje vão reduzir os lucros futuros na proporção da taxa de juro sem risco, isto é, $-(R_f-1)$[25]. Este raciocínio é similar ao de MM (1961), pois a empresa pode pagar dividendos contraindo novos empréstimos. Como estes empréstimos irão implicar o pagamento de juros, os lucros futuros vêm diminuídos do montante dos juros a pagar. Generalizando a análise para um contexto multi-período, e mais uma vez na perspectiva de MM (1961), Ohlson (1995) demonstra que os resultados agregados gerados pela empresa correspondem à expressão:

$$x_{t+2}^a = x_{t+2} - (R_f - 1)bv_{t+1} \Leftrightarrow x_{t+2} = x_{t+2}^a + (R_f - 1)bv_{t+1} \quad \textbf{(1.21)}.$$

Adicionando a ambos os membros $(R_f-1)d_{t+1}$, pois os dividendos distribuídos no período t+1 vão gerar resultados no final do período t+2 (juros capitalizados à taxa de juro sem risco), e após algumas simplificações algébricas, obtém-se a expressão para os resultados líquidos esperados:

$$E_t[x_{t+2} + x_{t+1} + (R_f - 1)d_{t+1}] = x_{t+2}^a + R_f x_{t+1}^a + (R_f^2 - 1)bv_t \quad \textbf{(1.22)}.$$

Atendendo a que $bv_t = bv_{t-1} + x_t - d_t$ (dado o princípio CSR), e derivando a expressão em ordem a d_t, pois o que se pretende medir é o efeito dos dividendos distribuídos nos resultados líquidos futuros, obtêm-se a seguinte expressão:

$$\frac{\partial E_t[x_{t+2} + x_{t+1} + (R_f - 1)d_{t+1}]}{\partial d_{t+1}} = -(R_f^2 - 1) \quad \textbf{(1.23)}.$$

---

[25] Com efeito, $\frac{\partial E_t[x_{t+1}]}{\partial d_t} = -(R_f - 1)$, dada a verificação do princípio CSR, que nos permite reescrever $bv_t = bv_{t-1} + x_t - d_t$.

Um aumento dos dividendos irá provocar uma redução nos resultados líquidos futuros na proporção da taxa de juro sem risco capitalizada dois períodos. Note-se que toda a riqueza que for distribuída aos accionistas deixa de estar compreendida no valor final da acção, podendo o *timing* do dividendo variar sem qualquer penalização para a empresa[26].

Este resultado pode ser obtido pela propriedade *"displacement"*, em que:

$$\frac{\partial P_t}{\partial d_t} = \frac{\partial \left(bv_t + \alpha_1 x_t^a + \alpha_2 v_t\right)}{\partial d} = -1 \quad (1.24)$$

ou seja, o aumento de uma unidade monetária de dividendos reduz o valor de mercado dos caitais próprios (MVE) na mesma proporção, mantendo-se a riqueza inicial dos accionistas inalterada, pois o recebimento dos dividendos por parte dos accionistas deve corresponder a uma redução de igual magnitude no preço, caso contrário criavam-se oportunidades de arbitragem, isto é, seria possível comprar e/ou vender acções com direito ao dividendo efectuando uma operação inversa após cessar o direito ao dividendo[27]. Brennan (1971) demonstra analiticamente este efeito na crítica que faz à falácia de *"Bird-in-the-hand"*.

Neste contexto, e se assumirmos que toda a riqueza gerada pela empresa (x_t – resultados líquidos) é distribuída aos accionistas sobre a forma de dividendos, isto é, $x_t = d_t$, os resultados a médio e longo prazo (MLP), resultados permanentes, dependem apenas dos capitais próprios investidos (bv_t). Assume-se assim, que no médio e longo prazo os activos existentes na empresa geram uma taxa de rendibilidade idêntica ao custo dos capitais próprios investidos na empresa, ou de outra forma, não se

---

[26] A redução dos resultados líquidos futuros, consequência da distribuição de dividendos, deriva do facto de com a distribuição de dividendos se reduzir o *"stock* de activos" necessário para se gerarem os resultados futuros (Ohlson, 1995:681).

[27] De referir que, para que a propriedade *"displacement"* se verifique, para além de se verificar o princípio CSR, é necessário que se assuma como pressuposto que os dividendos distribuídos em t não afectam os resultados líquidos do exercício (isto é, em t), reflectindo-se o seu efeito na variável bv_t – capitais próprios (expressões 1.2a e 1.2b). White, Sondhi e Fried (1997:1062) e Neves (2006:288) apresentam exemplos práticos deste efeito.

prevê qualquer crescimento nos resultados ou variação nos capitais próprios, via retenção de lucros, pois e na ausência de oportunidades de crescimento (a taxa de rendibilidade dos capitais próoprios iguala o custo do capital próprio) os investidores preferem a distribuição de resultados, via dividendos ou recompra de acções, ao seu reinvestimento na empresa. Analiticamente, e segundo Ramakrishnan (1990):

$$x_{t+1} = x_{t+1}^a + (R_f - 1)bv_t$$

pelo que

$$E_t(x_{t+\tau}) = E_t(x_{t+\tau}^a) + (R_f - 1)E_t(bv_{t+\tau}) = (R_f - 1)bv_t \quad (1.25)$$

pois bv$_{t+1}$=bv$_t$, dado o pressuposto CSR.

Ohlson (1995) demonstra ainda que no médio e longo prazo, a variável capitais próprios (bv$_t$) constitui um estimador não enviesado do valor de mercado dos capitais próprios da empresa (MVE), isto é, verifica-se a propriedade de *unbiased accounting*. No curto prazo, admite a existência de *goodwill*, que define como o fluxo de resultados supranormais que a empresa espera auferir, e que derivam das marcas, patentes, localização, fidelização de clientes, investimento em I&D e Publicidade, especificidade do modelo organizacional – activos intangíveis, que constituem fontes potenciais de criação de valor e desenvolvem capacidades de criação de riqueza. Analiticamente:

$$P_t - bv_t = \sum_{\tau=1}^{\infty} R_f^{-\tau} \left(x_{t+\tau}^a\right) \quad (1.26).$$

Com efeito, recorrendo à função avaliação definida (expressão 1.7), demonstra-se que[28]:

$$E_t[P_{t+\tau} - bv_{t+\tau}] = \alpha_1 E_t(x_{t+\tau}^a) + \alpha_2 E_t(v_{t+\tau}) \to 0 \text{ com } \tau \to \infty \quad (1.27)$$

---

[28] Atendendo às restrições impostas aos parâmetros γ e ω, o $E_t = (x_{t+1}^a) \to 0$, com τ→0. Igualmente, o $E_t = (v_{t+1}) \to 0$, com τ→0, pois e segundo os princípios que fundamentam o modelo de OM, o efeito da variável v$_t$ tende a ser um efeito de curto prazo.

isto é, no médio e longo prazo o *goodwill* é nulo, verificando-se a propriedade do *"unbiased accounting"*, pelo que o valor dos capitais próprios (BVE) constitui um estimador não enviesado do valor de mercado dos mesmos (MVE).

1.4 A Extensão do Modelo de Ohlson: O Modelo de Feltham e Ohlson

No trabalho desenvolvido com Feltham (Feltham e Ohlson, 1995) (FOM), os autores introduzem dois novos efeitos: 1.º o efeito *"conservatism accounting"* e, 2.º o crescimento nos activos operacionais. O efeito *"conservatism accounting"* reflecte a persistência do diferencial entre o valor de mercado dos capitais próprios (MVE) e o seu valor contabilístico (BVE), o que origina o *"unrecorded goodwill"*. Este *"unrecorded goodwill"* pode resultar de uma subavaliação dos activos existentes e/ou de uma sobreestimação dos resultados supranormais esperados.

Para demonstração destes dois efeitos, os autores continuam a assumir como referência o modelo neoclássico dos dividendos descontados (PVED) e na linha de MM (1958 e 1961), para além de assumirem a irrelevância da política de dividendos, assumem ainda um princípio básico em finanças empresariais, a separação entre as actividades operacionais e não operacionais. A separação deste tipo de actividades terá efeitos distintos na função avaliação.

As actividades não operacionais incluem activos e passivos perfeitamente individualizados e transaccionáveis em mercados perfeitos, pelo que o valor contabilístico deste tipo de activo tende a igualar o seu valor de mercado, gerando o investimento nestes activos um valor actual líquido (VAL) nulo. Por conseguinte, a avaliação deste tipo de activos não implica quaisquer especificidades, contrariamente aos activos operacionais. As dificuldades de avaliação deste tipo de activos prendem-se com o facto de não serem transaccionáveis em mercados perfeitos e líquidos, dada a sua especificidade (Esperança e Matias, 2005:86)[29].

---

[29] Os mercados financeiros tendem a ser mais eficientes que os mercados de activos reais, pois contam com inúmeros especialistas que recolhem, processam e analisam informação, daí a rapidez com que os fluxos de capitais podem mudar de mãos, a rapidez com que os bancos ajustam as suas taxas de juro à concorrência, ou a velocidade com que os preços se alteram nos mercados cambiais. Estes são apenas alguns exemplos do ajuste

Assumindo a separação entre as actividades operacionais e não operacionais, agregando estas últimas a política de dividendos[30], Feltham e Ohlson (1995) começam por definir um conjunto de variáveis contabilístico-financeiras, a partir das quais reespecificam a função de avaliação.

Assim, considerando um contexto multiperíodo, em que em cada período [t = 0,1,2...] a empresa divulga toda a informação sobre as suas actividades operacionais e não operacionais, sendo esta informação aleatória até à data da sua divulgação, isto é, *"These data are random prior to their disclosure and the probabilistic structure governing their stochastic behaviour is exogenous"* (Zhang, 2000:128); as variáveis consideradas são:

bv_t – valor dos capitais próprios da empresa, na data t;
x_t – resultados líquidos gerados no período [t-1,t];
d_t – dividendos na data t[31];
fa_t – activos não operacionais líquidos (activos não operacionais menos o passivo não operacional), na data t[32];
i_t – resultado obtido a partir das actividades não operacionais, no período [t-1,t];
oa_t – activos operacionais líquidos, isto é, activos operacionais menos os passivos operacionais, à data t[33];
ox_t – resultado operacional obtido no período [t-1,t];
c_t – fluxo de caixa operacional, isto é, o fluxo de caixa gerado pelas actividades operacionais líquido dos investimentos efectuados neste tipo de activos e;
P_t – valor de mercado dos capitais próprios da empresa (MVE) na data t.

---

rápido dos mercados financeiros a nova informação (relevante) quando esta é disponibilizada.

[30] A irrelevância da política financeira e da política de distribuição dos resultados são designadas na literatura pelo teorema da neutralidade.

[31] À semelhança do modelo de OM, esta variável agrega todas as transacções directas que se estabelecem entre a empresa e os accionistas, pelo que esta variável inclui para além dos dividendos distribuídos, a emissão de novas acções para o financiamento de novos projectos de investimento e/ou recompra de acções no caso de desinvestimentos.

[32] Esta variável pode assumir valores negativos quando o passivo não operacional exceder o activo não operacional. Por comodidade de análise, e à semelhança da variável d_t, considera-se $fa_t>0$.

[33] Para uma definição precisa sobre activos operacionais líquidos e activos não operacionais líquidos, de acordo com os GAAP, consultar Moore (2002:132).

Como relações que se estabelecem entre estas variáveis consideram:
i) O princípio CSR (*clean surplus relation*) em sintonia com o modelo de OM, pelo que:
   a) O valor contabilístico dos capitais próprios resulta da agregação dos activos operacionais e não operacionais. Analiticamente, $bv_t = oa_t + fa_t$;
   b) De forma análoga, os resultados líquidos da empresa resultam da adição dos resultados gerados pelos dois tipos de actividades (operacionais – ox_t e não operacionais – i_t), isto é, $x_t = ox_t + i_t$;
   c) Consistente com o modelo de OM, o princípio CSR define que $bv_t = bv_{t-1} + x_t - d_t$;

ii) NIR (*net interest relation*) – resultado gerado pelas actividades não operacionais:

$$i_t = (R_f - 1) fa_{t-1}, \text{ em que } R_f = 1 + r_f \quad (1.28).$$

A taxa considerada é a taxa de juro sem risco (r_f), sendo esta independente da situação financeira da empresa (isto é, se $fa_t > 0$ ou $fa_t < 0$)[34]. Como se assume que os activos e passivos não operacionais são remunerados à taxa de juro sem risco, este tipo de actividade gera um VAL nulo. A intuição de base a este raciocínio assenta no princípio de que os activos e passivos não operacionais são transaccionáveis em mercados perfeitos pelo que, e na linha de Morgenstern (1963) se assemelham a uma conta em numerário (*numeraire asset*), medido sem qualquer risco.

iii) FAR (*financial asset relation*) – Relação entre os activos não operacionais líquidos:

$$fa_t = fa_{t-1} + i_t - [d_t - c_t] \quad (1.29).$$

---

[34] Num contexto de mercados perfeitos, a empresa não pode alterar as taxas de juro. Por outro lado, e atendendo ao conceito de "*homemade*", os investidores individualmente podem imitar as decisões de endividamento da empresa, pelo que um maior ou menor nível de endividamento da empresa não é fonte criadora de valor (MM, 1958 e 1961). De salientar contudo que Feltham e Ohlson, no artigo de 1999, flexibilizam este pressuposto, ao incorporarem na análise a aversão ao risco e a existência de preferências heterogéneas por parte dos investidores.

No início do período, a empresa inicia a sua actividade com um volume de activos não operacionais fa_{t-1}. Durante o período t, estes activos geram um resultado i_t, sendo os dividendos pagos apenas no final do exercício t. O fluxo de caixa gerado pelas actividades operacionais (c_t), também é apurado no final do período. Note-se que a parcela $[d_t-c_t]$ afecta o nível de activos não operacionais no final do exercício, mas não o nível dos resultados gerados no período (i_t)[35]. A variável c_t ganha particular relevância no modelo de FOM, comparativamente ao modelo de OM.

iv) OAR (*operating asset relation*) – Relação entre os activos operacionais líquidos:

$$oa_t = oa_{t-1} + ox_t - c_t \quad (1.30).$$

O raciocínio subjacente a esta relação é similar ao princípio CSR. A empresa inicia a sua actividade com um determinado nível de activos operacionais (oa_{t-1}), que geram no período um resultado (operacional) de ox_t, sendo c_t o fluxo de caixa gerado pelas actividades operacionais e que é transferido para as actividades financeiras[36]. Dada a relação FAR, a transferência de c_t para as actividades não operacionais não gera qualquer ganho ou perda, sendo essa transferência feita a valores de mercado, pelo que, e segundo Feltham e Ohlson (1995), a variável c_t é objectiva, medida independentemente de quaisquer princípios contabilísticos subjacentes à determinação do valor dos activos operacionais líquidos (oa_t).

Atendendo a que o critério de orientação para a tomada de decisão por parte dos gestores deve ser a criação de riqueza, o objectivo de Feltham e Ohlson (1995) é determinar o valor da empresa em função da riqueza criada e não da riqueza distribuída. Assim, tendo como referência

---

[35] Os activos não operacionais variam se a empresa não distribuir todo o resultado gerado, quer pelas actividades operacionais (c_t), quer pelas actividades não operacionais (i_t). Com efeito, se $d_t=c_t+i_t$, recorrendo à relação FAR, obtém-se: $fa_t=fa_{t-1}+i_t-(c_t+i_t-c_t)=fa_{t-1}$. Esta demonstração vai de encontro ao raciocínio de MM (1961), que concluem que havendo restrições ao nível dos fluxos de caixa gerados pela empresa, um aumento dos dividendos terá de ser compensado por uma alteração de igual magnitude, mas de sentido contrário, nos fundos a recolher no exterior.

[36] Se for negativo, então c_t corresponde aos investimentos líquidos efectuados em activos operacionais (oa_t).

o modelo PVED, em que o valor é determinado em função do nível de transferência de riqueza esperada para os accionistas $(d_{t+\tau})$, e considerando as estruturas que sustentam as relações entre as várias variáveis contabilístico-financeiras definidas (CSR, NIR, FAR e OAR), demonstram a equivalência do modelo neoclássico (PVED) com as três expressões seguintes (proposição 1)[37]:

$$P_t = fa_t + \sum_{\tau=1}^{\infty} R_f^{-\tau} E_t(c_{t+\tau}) \quad \textbf{(1.31a)};$$

$$P_t = bv_t + \sum_{\tau=1}^{\infty} R_f^{-\tau} E_t(x_{t+\tau}^a) \quad \textbf{(1.31b)};$$

$$P_t = bv_t + \sum_{\tau=1}^{\infty} R_f^{-\tau} E_t(ox_{t+\tau}^a) \quad \textbf{(1.31c)}.$$

A expressão 1.31*a*, e na linha de MM (1961), sustenta que o factor chave para a determinação do valor reside no valor actual dos fluxos de caixa gerados pelas actividades operacionais e no risco que lhes é inerente. A expressão 1.31b identifica-se com o modelo RIV (expressão 1.5). A expressão 1.31c vem reespecificar que, e dado o princípio de separação entre as actividades operacionais e não operacionais, os resultados supranormais derivam das actividades operacionais. Com efeito, são os investimentos em activos reais que têm maior capacidade para criar valor, dada a existência no mercado de agentes económicos com

---

[37] O facto de o modelo PVED, vulgarmente conhecido como o modelo de Gordon, fazer depender o valor dos capitais próprios dos dividendos, não implica que estes (os dividendos) não sejam importantes, pois os investidores ao comprarem acções pelos dividendos distribuídos, também valorizam a capacidade de a empresa gerar fluxos de caixa, da magnitude e risco desses fluxos de caixa, condição indispensável para o pagamento de dividendos no futuro. Assim, e na opinião de Kaplan e Rubbak (1995), o método dos dividendos deve ser equivalente a qualquer outro que considere outro tipo de fluxo de rendimento por exemplo, os resultados líquidos). Ver anexo 1.2 sobre a dedução da equivalência entre estas três expressões e o modelo PVED.

forte especialização em negócios específicos, com informação privilegiada e competências que lhes permitem via inovação e diferenciação, sustentar as suas vantagens competitivas face à concorrência. De referir ainda que não sendo as decisões de investimento por parte da empresa replicáveis pelos investidores, estas são as únicas susceptíveis de criar valor.

Assim, segundo a terminologia de Feltham e Ohlson (1995), e em consonância com MM (1958 e 1961), o valor da empresa vem: MVE_t = $fa_t + (oa_t + g_t)$. Desta equação deduz-se que o *goodwill* é função apenas do valor esperado para os resultados supranormais operacionais, isto é, depende apenas das actividades operacionais.

A demonstração sustenta-se no princípio CSR, e nas relações NIR e FAR. Assim:

$$P_t = fa_t + oa_t + g_t \Leftrightarrow P_t - fa_t = oa_t + g_t \quad (\mathbf{1.32})$$

recorrendo à expressão 1.31a vêm:

$$ao_t + g_t = \sum_{\tau=1}^{\infty} R_f^{-\tau} E_t(c_{t+\tau}) \quad (\mathbf{1.33}).$$

Pela expressão 1.31c obtém-se[38]:

$$ao_t + g_t = oa_t + \sum_{\tau=1}^{\infty} R_f^{-\tau} E_t\left(ox_{t+\tau}^a\right) \Leftrightarrow$$

$$g_t - \sum_{\tau=1}^{\infty} R_f^{-\tau} E_t\left(ox_{t+\tau}^a\right) \quad (\mathbf{1.34}).$$

Esta expressão permite extrair duas importantes implicações: 1.ª) o *goodwill* (g_t) pode ser diferente de zero, ou seja, o valor dos activos operacionais (oa_t) difere do valor actual dos fluxos de caixa esperados e 2.ª) o enviesamento resultante do diferencial entre o valor de mercado

---

[38] No anexo 1.2 demonstrou-se que $\sum_{\tau=1}^{\infty} R_f^{-\tau} E_t(c_{t+\tau}) = oa_t + \sum_{\tau=1}^{\infty} R_f^{-\tau} E_t\left(ox_{t+\tau}^a\right)$.

dos capitais próprios (MVE) e o seu valor contabilístico (BVE), não só difere no curto prazo (CP), como tende a persistir no médio e longo prazo (MLP). É da persistência deste diferencial que surge a problemática do *"unbiased accounting"* versus *"conservative accounting"*[39].

Neste contexto, Feltham e Ohlson (1995) definem que a propriedade *"unbiased accounting"* se verifica quando o $E_t(g_{t+\tau}) \to 0$ com $\tau \to \infty$. Como negação desta propriedade, surge o *"conservative accounting"*, pelo que o $E_t(g_{t+\tau}) \succ 0$ com $\tau \to \infty$.

Demonstram assim (proposição 2) que a propriedade *"unbiased accounting"* ocorre se:

$$E_t(oa_{t+T}) = E_t\left[\sum_{\tau=1}^{\infty} R_f^{-\tau} E_{t+T}(c_{t+T+\tau})\right] \to 0 \ com \ T \to \infty,$$

ou de forma equivalente,

$$E_t\left[\sum_{\tau=1}^{\infty} R_f^{-\tau} E_{t+T}(ox_{t+T+\tau}^a)\right] \to 0 \ com \ T \to \infty \quad (1.35).$$

Trocando (→0) por (>0) está-se perante o efeito *"conservative accounting"*. Por outras palavras, o *"unbiased accounting"* verifica-se se em média o valor dos activos operacionais (oa$_t$) igualar o valor actual dos fluxos de caixa esperados a partir dos mesmos, ou ainda, o valor esperado dos resultados operacionais supranormais é nulo com $\tau \to \infty$.

---

[39] Para Ohlson (1995), o *unbiased accounting* caracteriza-se por um processo auto correctivo, em que no médio e longo prazo os resultados supranormais tendem para zero e a rendibilidade dos capitais próprios (ROE) converge para r (o custo do capital). Kothari (2001) realça este efeito auto correctivo do modelo de OM, desde que se verifique o princípio CSR, o que torna o modelo de OM "imune" a manipulações das políticas/ /princípios contabilísticos. Exemplifica, demonstrando que quaisquer estratégias no sentido de empolar em t os resultados reflectem-se num aumento dos capitais próprios em t (bv$_t$). No período seguinte, este feito tende a ser compensado por uma redução dos resultados supranormais, pois o custo do capital [(R$_f$-1)* bv$_t$] aumenta. Este raciocínio estende-se ao modelo de FOM, se considerarmos agora os resultados operacionais supranormais. Com efeito, sendo as variáveis x$_t$ e bv$_t$ exógenas ao modelo (quer no modelo de OM quer no modelo de FOM), estes são silenciosos sobre quais as melhores práticas contabilísticas a adoptar pela empresa (Holthausen e Watts, 2001).

A *proposição 2* sugere que o "*conservatism accounting*" tende a subestimar o valor contabilístico dos activos operacionais e/ou a sobreavaliar o valor actual dos resultados operacionais supranormais esperados[40].

Com o objectivo de considerarem para além do efeito da persistência dos resultados supranormais, o efeito "*conservatism accounting*" e o crescimento quer nos activos operacionais (oa_t) quer nos resultados operacionais (ox_t), Feltham e Ohlson (1995) redefinem a dinâmica de informação inicialmente especificada no modelo de OM. Assim, a dinâmica de informação (LIM – *linear information model*) vem agora definida como:

$$\begin{cases} ox^a_{t+1} = w_{11} ox^a_t + w_{12} ao_t + v_{1t} + \varepsilon_{1,t+1} \\ oa_{t+1} = \phantom{w_{11} ox^a_t +} w_{22} oa_t + v_{2t} + \varepsilon_{2,t+1} \\ v_{1,t+1} = \phantom{w_{11} ox^a_t + w_{22} oa_t +} \gamma_1 v_{1t} + \varepsilon_{3,t+1} \\ v_{2,t+1} = \phantom{w_{11} ox^a_t + w_{22} oa_t +} \gamma_2 v_{2t} + \varepsilon_{4,t+1} \end{cases} \quad (1.36)$$

onde $E_t(\varepsilon_{j,t+\tau}) = 0$, com j = 1,2,3 e 4 e $\tau > 0$.

A dinâmica de informação depende agora, não só da persistência dos resultados supranormais, efeito capturado pelo parâmetro w_{11}, como do crescimento resultante dos investimentos em activos operacionais (efeito reflectido no parâmetro w_{22}), como ainda do efeito "*conservatism accounting*" ao nível dos activos operacionais, via parâmetro w_{12}. As variáveis v_{1t} e v_{2t}, e à semelhança do modelo de OM, têm por objectivo capturar toda a informação disponível, que possa alterar as expectativas dos investidores acerca da persistência dos resultados supranormais e do crescimento, resultante de novos investimentos. Assim, o vector (*v*- outra

---

[40] Este efeito é mais facilmente visualizado na expressão:

$$\sum_{\tau=1}^{\infty} R_f^{-\tau} E_t(c_{t+\tau}) = oa_t + \sum_{\tau=1}^{\infty} R_f^{-\tau} E_t\left(ox^a_{t+\tau}\right)$$

(ver anexo 1.2, dedução da expressão 1.31c). Dado a objectividade como é medida a variável c_t, (fluxo de caixa operacional) isto é, independente de quaisquer critérios, políticas contabilísticas, uma subavaliação de oa_t (activos operacionais) terá de ser compensada por uma sobreestimação de ox^a_t (resultados operacionais supranormais), para que o valor da variável c_t permaneça inalterado.

informação) pode ser interpretado, e assumindo o princípio da eficiência na forma semiforte de Fama (1976), de que os preços tendem a reflectir de forma instantânea toda a informação pública disponível (ϕ_t^m). Se subdividirmos (ϕ_t^m) em dois subgrupos: informação económico-financeira $((F\phi_t^m)$ e outra informação $(NF\phi_t^m)$, então o vector $\underline{v}$ identifica-se com este último subgrupo de informação, isto é, outra informação pública não financeira e ainda não incorporada nas demonstrações financeiras. O modelo de FOM enfatiza todavia que o efeito destes parâmetros é limitado ao curto prazo. Neste contexto, a dinâmica de evolução dos fluxos de caixa operacionais caracteriza-se por[41]:

$$c_{t+1} = w_{11}ox_t^a + [(R_f - w_{22}) + w_{12}]oa_t + [v_{1t} - v_{2t}] + [\varepsilon_{1,t+1} - \varepsilon_{2,t+1}] \quad (1.37).$$

A dinâmica dos fluxos de caixa operacionais depende assim dos resultados supranormais correntes (w_{11}), do parâmetro w_{12}, que mede o efeito *conservatism accounting*, do crescimento dos activos operacionais líquidos (w_{22}) e ainda da informação que vai sendo disponibilizada para o mercado ($\underline{v}$).

Como restrições aos parâmetros do modelo de dinâmica de informação (LIM) impõem:

i) $|\gamma_h|<1$, com h = 1,2.
   O objectivo desta restrição é assegurar que os eventos aleatórios, cujo efeito é capturado pelas variáveis v_{1t} e v_{2t}, e ainda não reflectidos nas demonstrações financeiras, não tenha repercussões no médio e longo prazo, isto é, $E_t[v_{h,t+\tau}] \to 0$, com $h = 1,2$ e $\tau \to \infty$.
ii) w_{11}, parâmetro que mede a persistência dos resultados supranormais, assume valores $\varepsilon[0,1[$. Com esta condição pretende-se introduzir restrições à persistência dos resultados supranormais. Assim, $w_{11} \geq 0$ elimina potenciais oscilações que não seriam economicamente aceitáveis. $w_{11}<1$, permite que os resultados

---

[41] Do anexo 1.2, e aquando da dedução da expressão 1.31c, conclui-se que $c_t = ox_t^a + R_f oa_{t-1} - oa_t$. Substituindo ox_{t+1}^a e oa_{t+1}, de acordo com o modelo de dinâmica de informação (LIM), obtém-se:

$$c_{t+1} = (w_{11}ox_t^a + w_{12}oa_t + v_{1t} + \varepsilon_{1,t+1}) + R_f oa_t - (w_{22}oa_t + v_{2t} + \varepsilon_{2,t+1}) \Leftrightarrow$$
$$c_{t+1} = w_{11}ox_t^a + [(R_f - w_{22}) + w_{12}]oa_t + [v_{1t} - v_{2t}] + [\varepsilon_{1,t+1} - \varepsilon_{2,t+1}]$$

supranormais persistam durante algum período de tempo, mas o seu efeito decresce ao longo do tempo, pois a médio prazo a concorrência tende a eliminar rendibilidades supranormais.

iii) O parâmetro w_{22}, que reflecte o efeito do crescimento dos activos operacionais, assume valores pertencentes ao intervalo $[1,R_f[$, com $R_f=(1+r)$. Deste modo introduzem-se restrições ao crescimento dos activos operacionais no longo prazo, com vista a garantir a convergência no cálculo do valor actual dos resultados operacionais supranormais $\left(ox_t^a\right)$ e nos fluxos de caixa operacionais esperados (c_t).

iv) O parâmetro w_{12} permite-nos introduzir na análise a dicotomia "*unbiased accounting*" ($w_{12}=0$) versus "*conservative accounting*" ($w_{12}>0$), isto é a problemática da subavaliação dos activos operacionais.

Dada a reformulação do modelo de dinâmica de informação (LIM) Feltham e Ohlson (1995), e continuando a assumir o quadro neoclássico do PVED, e as relações anteriormente estabelecidas entre as variáveis (CSR, NIR, FAR e OAR), reformulam a função avaliação, que vem agora definida como[42]:

$$P_t = bv_t + \alpha_1 ox_t^a + \alpha_2 oa_t + \beta \bullet v_t \quad (1.38)$$

com,

$$\alpha_1 = \frac{w_{11}}{R_f - w_{11}}$$

$$\alpha_2 = \frac{w_{12} R_f}{(R_f - w_{22})(R_f - w_{11})}$$

$$\beta = (\beta_1, \beta_2) = \left[\frac{R_f}{(R_f - w_{11})(R_f - \gamma_1)}, \frac{\alpha_2}{R_f - \gamma_2}\right].$$

---

[42] A dedução dos parâmetros desta função avaliação consta do anexo 1.3.

Neste contexto, o *goodwill* (g_t) identifica-se com:

$$P_t - bv_t = g_t = \alpha_1 ox_t^a + \alpha_2 oa_t + \beta \bullet v_t \quad (1.39)$$

isto é, o *goodwill* é função crescente dos resultados operacionais supra-normais, cuja persistência vem medida pelo parâmetro w_{11} (quanto maior w_{11}, maior α_1), dos activos operacionais (oa_t) apenas se estes estiverem subavaliados, pois a condição necessária para que $\alpha_2 > 0$ é que $w_{12} > 0$ e da variável v_t ($\underline{v}$). De referir ainda, que em ambos os modelos (modelo de OM e modelo de FOM) é ignorado o efeito fiscal. Contudo, e dado ambos os modelos assumirem um mercado de capitais perfeito (pelo que não se admite igualmente a existência de custos derivados da assimetria de informação, custos de agência e custos de transacção), pressupondo ainda o modelo de FOM que as decisões de financiamento e distribuição de dividendos não criam valor, então o efeito fiscal não terá efeitos relevantes na função avaliação.

1.5 O Efeito da Subavaliação dos Activos: "*Conservatism Accounting Effect*"

O efeito "*conservatism accounting*" pode resultar segundo Richardson e Tinaikar (2004) de a empresa: i) contabilizar como custo o investimento em rubricas como "Investigação e Desenvolvimento" (I&D), campanhas promocionais (Pub – publicidade) [*Advertising* – na terminologia anglo-saxónica]. De acordo com os princípios GAAP, o investimento neste tipo de rubricas deve ser contabilizado de imediato como custo (*ex-ante conservatism*[43]), ii) registar os investimentos ao custo de aquisição/produção, subestimando por conseguinte o valor actual dos fluxos de caixa dos

---

[43] De acordo com Frazen (2000:12), as excepções permitidas pelos GAAP para que os investimentos em I&D sejam capitalizados e não contabilizados como custos no exercício em que ocorrem, vêm definidos nas: i) SFAS (*Statement of Financial Accounting Standards*) #36 e #86, que permite às empresas de *software* capitalizar alguns dos custos incorridos com a investigação e desenvolvimento de *software* e ii) a SFAS #53, que permite capitalizar alguns custos de produção de filmes e vídeo. É ainda permitido que em caso de aquisição deste tipo de empresas, as rubricas supra identificadas sejam contabilizadas como activos, pois os mesmos já estavam individualizados na empresa adquirida.

investimentos efectuados – princípio do custo histórico, iii) adoptar de políticas de amortização agressivas[44] e iv) reconhecer de imediato os prejuízos potenciais (*bad news*) e diferir os ganhos potenciais (*good news*), em respeito pelo princípio da prudência[45].

Atendendo ao perfil de empresa em análise na presente investigação, empresas da nova economia americanas e que passamos a designar sinteticamente como *net firms*[46] e empresas com data de IPO[47] (*Initial Public Offering*) contemporânea – *non net firms*, e que operam maioritariamente em sectores de alta tecnologia (*high tech firms*), iremos centrar a nossa análise no primeiro tipo de "*conservatism accounting (ex-ante)*" identificado por Richardson e Tinaikar (2004) – o impacto da contabilização imediata como custos do investimento em activos intangíveis, tais como "I&D" e "Publicidade" nas variáveis "MVE", "BVE" e "resultados", principais determinantes do valor de acordo com os modelos de OM e de FOM[48].

Feltham e Ohlson (1995) demonstram que empresas em crescimento, em particular empresas tecnológicas, nos primeiros estágios do seu ciclo de vida (em fase de *start-up*), onde predominam os activos incorpóreos (I&D e Publicidade), apresentam regra geral resultados baixos ou até mesmo negativos, dado que apenas uma parcela do seu investimento é capitalizado, sendo o restante reconhecido de imediato como custo na demonstração de resultados. Como consequência, e de acordo com McCrae e Nilsson (2001), para além da subavaliação da variável "resultados líquidos",

---

[44] Sobre a modelação destes dois tipos de "*conservatism accounting*" (contabilização dos investimentos ao custo histórico e adopção de políticas de amortização agressivas) ver Feltham e Ohlson (1996).

[45] São escassas as investigações empíricas que têm por objectivo medir o efeito "*conservatism accounting*". A título exemplificativo referimos Basu (1997) e Beaver e Ryan (2000), cuja preocupação se centrou em medir o efeito do diferimento (*delayed*) no reporte de determinados eventos económicos nas demonstrações financeiras, mas de imediato incorporados nos preços. Por sua vez, Myers (1999) e Ahmed *et al.* (2000) analisam o "*conservatism accounting*" com base na dinâmica de informação dos modelos de OM e de FOM.

[46] No ponto 4.3, definimos de forma precisa o conceito de empresa da nova economia.

[47] Em português "Oferta Pública de Venda" – OPV. Ao longo do texto continuaremos a utilizar a sigla anglo-saxónica – IPO.

[48] Como veremos no ponto 4.5, as amostras em estudo caracterizam-se por serem empresas em fase de *start-up* a operarem em sectores de alta tecnologia (quadro 4.5), onde predominam os investimentos em "I&D" e "Publicidade" (quadros 5.1 e 5.2).

vêm também subavaliadas as variáveis "activos" (*unrecognized assets*) e os "capitais próprios" (BVE), dados os efeitos cumulativos, se persistir no tempo este perfil de investimento. Para melhor evidenciarem este efeito, Feltham e Ohlson (1995) recorrem ao modelo de dinâmica de informação (LIM) à data da sua inicialização.

Assim, considere-se a data t=0, em que o investimento inicial feito pelos accionistas corresponde a (-d_0), e é aplicado em activos não operacionais (fa_0), pelo que – d_0=fa_0=bv_0>0. Então P_0=-d_0, pelo que o *goodwill* a esta data (g_0) é nulo. A empresa na continuação da sua actividade, continua a investir em activos operacionais (oa_t), pelo que via relação OAR (*operating asset relation*), verificamos que c_1<0, consequências dos investimentos efectuados. Atendendo à proposição 2 (expressão 1.35), que define a propriedade "*unbiased accounting*":

$$E_t(oa_{t+T}) = E_t\left[\sum_{\tau=1}^{\infty} R_f^{-\tau} E_{t+T}(c_{t+T+\tau})\right] \text{ com } T\to\infty,$$

ou de forma equivalente,

$$E_t\left[\sum_{\tau=1}^{\infty} R_f^{-\tau} E_{t+T}(ox_{t+T+\tau}^a)\right] \to 0 \text{ com } T\to\infty,$$

é possível que para uma data T ε [0, ∞[, o $\sum_{\tau=1}^{\infty} R_f^{-\tau} E_o(ox_\tau^a)$ <0, o que implica que a empresa pode esperar obter resultados negativos nos primeiros anos de vida, consequência do exercício das elevadas oportunidades de crescimento, em particular se estas estiverem associadas a investimentos em I&D e Publicidade (contabilizados como custos). Todavia, esta situação tende a inverter-se, pois no futuro a empresa só continuará a empreender novos projectos de investimento se aos mesmos estiverem associadas expectativas de rendibilidades supranormais, caso contrário estamos perante o efeito do "*free cash flow*", segundo Jensen (1986), fenómeno todavia mais característico de empresas na fase de maturidade[49].

---

[49] Para Jensen (1986), o conceito de *free cash flow* corresponde à liquidez gerada pela empresa, que se encontra sem emprego, logo excedentária, depois de financiados todos os projectos de investimento rendíveis, isto é, projectos cuja rendibilidade excede o respectivo custo do capital.

Para melhor clarificar a análise, os autores definem na proposição 9, que assume à data 0 um *goodwill* nulo que:

$P_0 = -d_0 = fa_0$ com $oa_0 = ox_0 = 0$ mas o $E_0(oa_1) > 0$ (1.40).

Então num cenário de *"conservative accounting"*:

$$E_0(ox_1^a) = E_0(ox_1) < 0 \quad (1.41).$$

(no contexto de *"unbiased accounting"* obtêm-se uma igualdade).

Com efeito, à data t=0, a função avaliação vêm: $P_0 = fa_0 + \beta_1 v_{10} + \beta_2 v_{20}$, ou ainda $P_0 + d_0 = g_0 = \beta_1 v_{10} + \beta_2 v_{20}$, pelo que as expectativas acerca de novas oportunidades de crescimento à data t=0, dependem apenas de v_{10} e v_{20}. Veja-se a relevância deste raciocínio para os sectores emergente, como o da *Internet*. Num sector totalmente novo, as expectativas sobre as rendibilidades supranormais futuras, sustentaram-se em nossa opinião nas variáveis não financeiras (v_t), cujas *proxies* associamos às variáveis *web traffic*, tais como: "número de visitantes por *site*", "tempo médio dispendido por *site*", "percentagem de população utilizadora da *Internet*" etc...), em sintonia com, Copeland *et al.* (2000), Damodaran (2001) e Tockic (2002), entre outros.

Assim, num cenário de *"unbiased accounting"* e recorrendo ao modelo de dinâmica de informação (LIM):

$E_0(ox_1^a) = E_0(ox_1) = v_{10} = 0$ (dada a proposição 9);
$E_0(oa_1) = v_{20} > 0$ (dada a proposição 9);
$E_0(c_1) = v_{10} - v_{20} = -v_{20}$ (ver expressão 1.37) (1.42).

O valor a investir é v_{20} (valores negativos para a variável c_t, correspondem a investimentos em activos operacionais), o qual é totalmente capitalizado.

Num cenário de *conservatism accounting*, e atendendo igualmente ainda à proposição 9, obtemos:

$E_0(ox_1^a) = E_0(ox_1) = v_{10} < 0$;
$E_0(oa_1) = v_{20} > 0$;
$E_0(c_1) = v_{10} - v_{20}$ (1.43).

Neste contexto, parte do fluxo de caixa operacional é absorvido pelos prejuízos, pois o valor a investir corresponde a v_{20}, mas apenas a parcela $(v_{20}-v_{10})/v_{20}<1$ é capitalizada, sendo o valor restante reconhecido como resultados (negativos) do exercício ($v_{10}<0$).

Feltham e Ohlson (1995) demonstram assim, que e considerando a dinâmica de informação à data da sua inicialização, isto é em t=0, e assumindo que a esta data o *goodwill* é nulo, o efeito *conservatism accounting*, pode explicar que nos primeiros anos de vida a empresa possa registar resultados negativos. Todavia esta situação inverter-se-à, pois a empresa só continua a investir (princípio da racionalidade) se as oportunidades de crescimento gerarem rendibilidades supranormais, isto é, $E_t(ox_t^a) > 0$, pois um dos objectivos centrais da gestão é a maximização do valor da empresa ou de forma equivalente maximizar a selecção de projectos com VAL positivo (Esperança e Matias, 2005:85).

Com efeito, e com referência às empresas em fase de *start-up/crescimento*, em particular empresas/sectores de base tecnológica, os resultados líquidos não constituem uma boa *proxy* para os resultados futuros, pois tendem a incorporar elevados montantes afectos a investimentos em activos intangíveis, contabilizados como custos, como imposto pelos GAAP. Core, Guay e Buskirk (2003) afirmam mesmo, que empresas que organizam um processo IPO ainda com prejuízos, são empresas que detêm em "carteira" elevadas oportunidades de crescimento, pelo que a atenção dos investidores centra-se nas expectativas de crescimento futuras. Com efeito, já Myers (1977) associava a persistência de prejuízos à existência em carteira de elevadas oportunidades de crescimento[50].

Assim, recorrendo ao modelo RIV facilmente se demonstra que os múltiplos, quer do valor contabilístico (P/B) quer dos resultados (PER), tendem a ser elevados para este tipo de empresa, face às expectativas de existência em carteira de elevadas oportunidades de crescimento. Assim, definindo os resultados líquidos (x_t) como $x_t=ROE_t*bv_{t-1}$ (ROE – taxa de rendibilidade dos capitais próprios) e reescrevendo o modelo RIV (expressão 1.5), virá[51]:

---

[50] Neste trabalho definimos, à semelhança de Myers (1977) oportunidade de crescimento, como uma opção de compra, cujo valor depende do valor do investimento futuro discricionário a efectuar pela empresa.

[51] Recorde que o modelo RIV, equivalente ao modelo de Gordon, precursores do modelo de OM, assume um mercado de capitais perfeito, em que os agentes possuem preferências homogéneas e são neutros ao risco, condições que permitem que a maximização da riqueza seja suficiente para definir as suas preferências. Neste contexto r_f corresponde à taxa de juro sem risco.

$$MVE_t = bv_t + \sum_{\tau=1}^{\infty} \frac{E_t(ROE_{t+\tau}bv_{t+\tau-1} - r_f bv_{t+\tau-1})}{(1+r_f)^\tau}.$$

Calculando o múltiplo do valor contabilístico (P/B) obtemos:

$$\frac{MVE_t}{bv_t} = 1 + \sum_{\tau=1}^{\infty} \frac{E_t\lfloor(ROE_{t+\tau}-r_f)bv_{t+\tau-1}\rfloor}{(1+r_f)^\tau bv_t} \quad \textbf{(1.44)}.$$

A expressão 1.44 demonstra que o rácio P/B é função da rendibilidade supranormal esperada $\left(\dfrac{E_t(ROE_{t+\tau} - r_f)}{(1+r_f)^\tau}\right)$ e do crescimento do "*stock*" de activos necessários para que possam ser gerados resultados no futuro $\left(\dfrac{bv_{t+\tau-1}}{bv_t}\right)$. Na ausência de rendibilidades supranormais, o valor deste múltiplo restringe-se à unidade[52].

Calculando agora o múltiplo dos resultados (PER), começamos por adicionar o valor dos dividendos (d_t) ao modelo RIV[53]:

$P_t + d_t = (bv_t + d_t) + \sum_{\tau=1}^{\infty} \dfrac{E_t(x_{t+\tau}^a)}{(1+r_f)^\tau}$. Atendendo à propriedade CSR, podemos definir $bv_t+d_t=bv_{t-1}+x_t$ pelo que substituindo no modelo, vem:

$P_t + d_t = (bv_{t-1} + x_t) + \sum_{\tau=1}^{\infty} \dfrac{E_t(x_{t+\tau}^a)}{(1+r_f)^\tau}$. Calculando agora o múltiplo dos resultados (PER) obtemos[54]:

---

[52] Por simplificação de análise ignora-se o efeito de práticas contabilísticas agressivas (*aggressive accounting*), isto é, que o valor de mercado da empresa posa vir inferior ao seu valor contabilístico.

[53] Por conveniência de análise, assumimos agora o valor P_t, isto é, o valor de cada acção. Ao adicionarmos o valor dos dividendos, pretendemos obter o "*cumulative price of dividends*".

[54] Atendendo à definição de rendibilidade supranormal, podemos definir $bv_{t-1} = \dfrac{x_t}{r_f} - \dfrac{x_t^a}{r_f}$. Substituindo esta expressão no modelo RIV e calculando o rácio PER vem:

$$\frac{P_t+d_t}{x_t} = \frac{x_t}{x_t} + \frac{bv_{t-1}}{x_t} + \frac{1}{x_t}\sum_{\tau=1}^{\infty}\frac{x_{t+\tau}^a}{(1+r_f)^\tau} = 1 + \frac{1}{x_t}(\frac{x_t}{r_f} - \frac{x_t^a}{r_f}) + \frac{1}{x_t}\sum_{\tau=1}^{\infty}\frac{x_{t+\tau}^a}{(1+r_f)^\tau} = \left(\frac{r_f+1}{r_f}\right) + \frac{1}{x_t}\left(\sum_{\tau=1}^{\infty}\frac{x_{t+\tau}^a}{(1+r_f)^\tau} - \frac{x_t^a}{r_f}\right).$$

$$\frac{P_t + d_t}{x_t} = \left(\frac{1+r_f}{r_f}\right) + \frac{1}{x_t}\left[\sum_{\tau=1}^{\infty}\frac{E_t(x^a_{t+\tau})}{(1+r_f)^{\tau}} - \frac{x^a_t}{r_f}\right] \quad (1.45).$$

O múltiplo dos resultados sintetiza assim, que o factor determinante da magnitude deste rácio seja o diferencial entre a rendibilidade supranormal futura [FE^a – *future abnormal earning* - $\sum_{\tau=1}^{\infty}\frac{E_t(x^a_{t+\tau})}{(1+r_f)^{\tau}}$] e a rendibilidade supranormal corrente [CE^a – *current abnormal earnings* -$\frac{x^a_t}{r_f}$]. Graficamente:

Figura 1.1: "A relação entre os múltiplos P/B e PER e a rendibilidade supranormal futura (FE^a) e corrente (CE^a)"

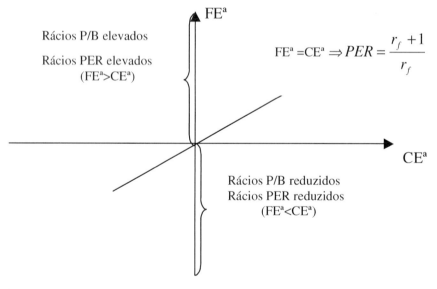

Fonte: White, Sondhi e Fried (1997:1071) adaptado.

Ao longo da linha de 45°, a rendibilidade supranormal esperada (FE^a) iguala a rendibilidade corrente supranormal (CE^a). Neste contexto, os resultados líquidos do exercício constituem um bom indicador da rendibilidade futura. Acima desta linha, o crescimento afecta os rácios PER se a rendibilidade supranormal futura (FE^a) exceder a rendibilidade corrente (CE^a). De referir que, mesmo quando os resultados líquidos são negativos, os rácios PER podem assumir valores elevados. Neste contexto, os resultados negativos são vistos como transitórios, consequência por exemplo dos elevados investimentos em intangíveis, contabilizados como custos, em particular em empresas de base tecnológica na fase de *start-up (conservatism accounting)*, pois o mercado associa a maiores volumes de investimento nas rubricas I&D e Publicidade, à existência em carteira de maiores oportunidades de crescimento futuras.

Este raciocínio é demonstrado por Feltham e Ohlson (1995:710) na sua proposição número 5. Nesta proposição concluem que na presença de crescimento, quer o valor da empresa quer o valor dos resultados (resultados esperados) aumentam, mas e na presença de *"conservatism accounting"*, o valor da empresa (valor esperado) tende a aumentar mais rapidamente, quanto maior a persistência de resultados futuros supranormais positivos (FE^a).

Abaixo da linha de 45°, dado a rendibilidade futura (FE^a) ser inferior à rendibilidade corrente (CE^a), registam-se PER baixos, pois não se esperam rendibilidades supranormais futuras (os valores elevados dos CE^a devem-se à presença de *items* transitórios, os quais não são expectáveis virem a persistir no futuro).

Nesta linha de raciocínio, e recorrendo apenas ao princípio CSR, e assumindo uma análise assimptótica com base nas relações esperadas de longo prazo entre as variáveis MVE, BVE e resultados líquidos (*ex-ante long-term steady-state relation*), Zhang (2000) demonstra que na presença do efeito *conservatism accounting*, o crescimento assume um papel fulcral para a determinação do valor de mercado dos capitais próprios da empresa[55].

---

[55] O objectivo de Zhang (2000) é centrar a análise no resultado médio esperado, evitando assim o efeito de choques idiossincráticos. Exemplificando, em média os investimentos em I&D geram benefícios económicos futuros, ou de outro modo, um VAL positivo. Todavia, para determinadas empresas o investimento em I&D não é gerador de resultados positivos, pelo que neste contexto não podemos falar do efeito *"conservatism accounting"*.

Com efeito, Zhang (2000) sustenta que o crescimento e na presença do *"conservatism accounting,"* afecta a determinação dos ponderadores a atribuir às variáveis "BVE" e "resultados líquidos" no modelo de OM. Demonstra assim, que a ponderação a atribuir aos resultados capitalizados não só é positiva, como maior que a unidade (proposição 2)[56]. Quanto à variável "BVE", o ponderador pode mesmo assumir um valor negativo (corolário 2, expressão 18)[57]. Zhang (2000) interpreta este coeficiente negativo como consequência de um efeito *"conservatism accounting,"* muito acentuado, e que tende a ocorrer em particular na fase de *start-up* e de crescimento da empresa, dada a sua estratégia de maximização do crescimento. Este coeficiente (negativo) evidência os ajustamentos necessários a fazer em termos de investimentos adicionais em activos operacionais, de modo a garantir um fluxo de resultados futuros positivos (resultados permanentes – expressão 1.25).

Em síntese, o *goodwill* medido pelo diferencial entre o valor de mercado dos capitais próprios (MVE) e o seu valor contabilístico (BVE), resulta de um duplo efeito: i) do efeito *conservatism accounting* e, ii) da sobreestimação da rendibilidade supranormal esperada. Estes efeitos são mais acentuados em empresas de base tecnológica, em especial na fase de *start-up/crescimento*, pois e de acordo com o modelo de dinâmica de informação (LIM) de FOM à data de criação da empresa e atendendo ainda à proposição 9 do mesmo modelo, apenas uma parte do investimento, predominante em activos intangíveis, é capitalizado, sendo o restante reconhecido como custo. Todavia, e assumindo o princípio da racionalidade é de esperar que os gestores invistam em novas oportunidades de crescimento se às mesmas estiverem associadas perspectivas de rendibilidades supranormais.

---

[56] Dechow, Hutton e Sloan (1999:24) demonstraram, que os investidores na valiação dos títulos, tendem a sobreestimar os resultados supranormais esperados, comparando a ponderação atribuída à variável "resultados líquidos" (3.88 valor estimado contra 1.39 de acordo com o modelo de OM) com a ponderação atribuída à variável "BVE" (coeficiente estimado de 0.4 face a 0.85 de acordo com o valor previsto pelo modelo de OM). De salientar que a amostra utilizada por estes autores, empresas americanas, cobre o período de 1976 a 1995, não se restringindo por conseguinte apenas a empresas em fase de *start-up/crescimento*.

[57] Vários estudos empíricos haviam já documentado a existência de um coeficiente negativo associado à variável BVE (Amir e Lev, 1996; Penman 1998 e Francis e Schipper, 1999), resultado que segundo estes autores era difícil de interpretar.

Atendendo à especificidade das empresas em análise (*net firms* e empresas com data de IPO contemporânea – *non net firms*), empresas muito jovens, em fase de *start-up/crescimento*, que propõem muitas vezes uma ideia de negócio ainda não testada, "avançando" para o mercado com elevados prejuízos valorizados positivamente pelo mercado, o que originou o fenómeno "*negative pricing of losses*", isto é, a valorização positiva dos prejuízos, a avaliação deste tipo de empresa é particularmente difícil. Assim, no capítulo seguinte, analisamos a relevância em termo de conteúdo informativo das variáveis "resultados" e "capitais próprios – BVE", principais determinantes do valor no contexto dos modelos de OM e de FOM. Damos particular enfoque às investigações que centram o seu objecto de estudo em empresas que registam prejuízos, salientando que a avaliação deste tipo de empresa estará sempre rodeado de grande ruído, devido à incerteza que caracteriza a estimação dos fluxos de caixa futuros. A volatilidade das suas cotações reflecte isso mesmo.

Capítulo II
A RELEVÂNCIA DO CONTEÚDO INFORMATIVO DAS VARIÁVEIS: "RESULTADOS" E "CAPITAIS PRÓPRIOS" PARA EFEITOS DE AVALIAÇÃO

2.1 Introdução

Desde os trabalhos pioneiros de Ball e Brown (1968) e Beaver (1968), é extensa a literatura que analisa a relação entre os preços/cotações dos títulos e os resultados (positivos) reportados pelas empresas. Todavia, a análise da relação preço/prejuízos é escassa, sendo contraditórios os resultados até agora obtidos. Está relação (preço versus prejuízos) ganha relevância na década de 90, com a notoriedade registada pelas empresas da nova economia (Shiller, 2000). Com efeito, é neste universo de empresas que o fenómeno "valorização positiva dos prejuízos" por parte do mercado assume grande magnitude, apesar de não ser um fenómeno totalmente novo. Por exemplo, Amir e Lev (1996) haviam já documentado esta relação no sector dos telemóveis, também com referência ao mercado americano, na década de 80.

De salientar que este efeito da "valorização positiva dos prejuízos", ocorre numa década, onde se assiste ao aumento do número de empresas de pequena dimensão, sobretudo de base tecnológica, a registarem prejuízos (Hayn, 1995; Basu, 1997; Burghstalher e Dichev, 1997; Collins, Maydew e Weiss, 1997; Collins Pincus e Xie, 1999; Chan, Lakonishok e Sougiannis, 2001; McCallig, 2004 e Joos e Plesko, 2004). Verifica-se ainda uma alteração do perfil do ciclo de vida destas empresas. No período anterior à década de 1990, as empresas tendiam a registar prejuízos de pequeno montante e por períodos de tempo reduzidos. Após a década de 90, os prejuízos de maior magnitude, tendem a persistir por períodos de tempo mais longos (McCallig, 2004, Joos e Plesko, 2004). Estes efeitos, o reporte e a persistência de prejuízos ao longo do tempo são particularmente dominantes nas amostras em estudo (ver quadros 4.2 e 4.3).

Assim, neste capítulo começaremos por analisar o conteúdo informativo da variável "resultados" para efeitos de avaliação. De forma sumária, começamos por analisar as investigações que tiveram por objecto de estudo as empresas lucrativas, para depois centrarmos a análise no universo de empresas com prejuízos. De seguida introduziremos na análise a variável "BVE", que juntamente com a variável "resultados líquidos", constituem os principais determinantes do valor segundo os modelos de OM e de FOM, quadro teórico de referência na presente investigação, e com base no qual pretendemos testar empiricamente o fenómeno da "valorização positiva dos prejuízos". Como referem Ohlson e Penman (1992:553):

> *"These two summary measures ("book value of equity" and "earnings") achieve pre-eminent status by serving as primary indictors of a firm's value".*

2.2 A Relevância do Conteúdo Informativo da Variável "Resultados"

A variável resultados líquidos é relevante para efeitos de avaliação, ou dito de outro modo, os investidores vêem na variável resultados uma valiosa fonte de informação, para aferirem o valor da empresa[58]. De acordo com o modelo dos fluxos de caixa actualizados, o valor de uma acção resulta da actualização dos fluxos de caixa futuros (CF), à taxa de actualização que reflicta o custo de oportunidade do capital e o risco inerente ao negócio (r). Assumindo um fluxo de rendimentos constantes e com duração infinita (perpetuidade), tendo por base o princípio da continuidade (*going concern*), o preço (expressão numérica do valor) corresponde a:

$$P_0 = \frac{E_0(CF_1)}{(1+r)} + \frac{E_0(CF_2)}{(1+r)^2} = \ldots = \sum_{t=1}^{\infty} \frac{E_0(CF_t)}{(1+r)^t} = \frac{CF}{r} \quad \textbf{(2.1).}$$

---

[58] Entende-se por valor da empresa a sua capacidade em gerar rendimento, não se pressuponto por conseguinte, a existência nem de um comprador nem de um vendedor específico (Neves, 2002:4).

Considerando os resultados (X), tal como sugerido por Modigliani e Miller (1966) como *proxy* para estimar os fluxos de caixa futuros (não observáveis)[59], o preço virá agora em função dos resultados, isto é,

$$P_0 = \frac{X}{r} \quad (2.2).^{60}$$

Neste contexto, são múltiplos os estudos que pretendem analisar a relação entre os movimentos dos preços e os movimentos registados pelos resultados. Empiricamente é testada a seguinte relação (*price – level regression*):

$$P_i = \alpha + \beta X_i + e_i \quad (2.3).$$

---

[59] De acordo com o FASB (*Financial Accounting Standard Board*) – SFAC (*Statement of Financial Accounting Concepts*), n.º 1, parágrafo 43:
"*Information about enterprise earnings and its components measured by accrual accounting generally provides a better indication of enterprise performance than information about current cash receipts and payments*".
Esta posição assumida pelo FASB, encontra sustento na evidência empírica que documenta que os resultados constituem uma *proxy* mais adequada para estimar os fluxos de caixa futuros, comparativamente aos valores correntes destes (Barth, Cram e Nelson 2001; Dechow, Kothari e Watts 1998). De referir ainda, que no médio prazo, tende a haver sincronia entre os resultados e os fluxos de caixa da empresa. Em empresas de base tecnológica a sincronia é ainda maior (White, Sondhi e Fried, 1997), dado o tratamento contabilístico imposto pelos GAAP às rubricas "I&D" e "Publicidade".

[60] White, Sondhi e Fried (1997:1043) e Ferreira e Sarmento (2004:31) demonstram, pelo menos em teoria, a equivalência entre os modelos baseados na actualização dos fluxos de rendimento e os modelos baseados no "stock" de activos detidos pela empresa, a partir dos quais é gerado o fluxo de rendimentos esperado. Com efeito, se assumirmos que CF = ROE*(BVE) e que no MLP ROE=r, sendo r a taxa de custo do capital e ROE a taxa de rendibilidade dos capitais próprios, então: MVE=CF/r=(ROE*BVE)/r=BVE. Assim, e tal como demonstrado por Ohlson (1995), no MLP, a variável BVE constitui um estimador não enviesado do MVE (*unbiased accounting*).

[61] Com efeito, se os resultados líquidos constituíssem uma *proxy* adequada para os fluxos de caixa futuros, se o custo do capital fosse idêntico para todas as empresas, e assumindo a ausência de crescimento, a variável resultados deveria explicar 100% das variações *cross-section* registadas pela variável preços. Uma análise detalhada deste tópico é feita por Kothari (2001).

Se a variável resultados for relevante para efeitos de avaliação, espera-se que o coeficiente β seja positivo e estatisticamente significativo, pois mede a covariância entre as variáveis preço e resultados, correspondendo ao múltiplo dos resultados (PER=P_0/X=1/r). Porém, os estudos empíricos têm documentado valores muito reduzidos para o coeficiente β, valores que variam entre 1 e 3 (Kormendi e Lipe, 1987), quando teoricamente, e assumindo β como uma estimativa razoável para o rácio PER, os valores deveriam situar-se entre 8 e 20 (Kothari, 2001:129). Assim, e mesmo assumindo como pressuposto que todas as empresas registam lucros, o poder explicativo deste modelo revela já valores muito reduzidos[61].

São várias as explicações apresentadas para sustentar o fraco poder explicativo da variável resultados. Beaver, Lambert e Morse (1980) justificam a falta de sincronia entre os movimentos das variáveis preços e resultados, com base no hiato temporal entre a "chegada" ao mercado de nova informação, incorporada de imediato nos preços, mas só posteriormente reportada pelas demonstrações financeiras [efeito que Ohlson (1995) e Feltham e Ohslon (1995) captam, introduzindo no modelo de avaliação a variável v_t]. Face a este efeito *lack of timeliness* associado à informação financeira, Guimarães (2004) argumenta que são crescentes as "pressões" para um "*reporting* contínuo" de informação por parte da empresa, isto é, que a empresa reporte cada vez mais informação, informação extra financeira, em particular informação relativa ao risco do negócio e em tempo mais oportuno. Neste contexto, Guimarães (2004) sugere que a *Internet* constitui um veículo de divulgação de informação *on-line* muito valioso[62].

A "contaminação" da variável resultados por *items* transitórios, os quais introduzem ruído na variável resultados, é outra das explicações apresentadas por Collins *et al.* (1994) e Ramakrishnan e Thomas (1993)[63].

---

[62] A relevância da normalização do relato financeiro é tal, que a nova linguagem xBRL – *eXTENSIBLE Business Reporting* está a ser usada para a comunicação electrónica dos negócios e dados financeiros, com a versatilidade de poder ser usada em todo o mundo, independentemente da linguagem, tipo de negócio ou do sistema contabilístico adoptado. Por exemplo, a SEC – *Security Exchange Commission* anunciou que se vai envolver directamente no desenvolvimento do relato financeiro a nível global, tal como o IASB – *International Accounting Standard Board*.

[63] Admite-se que a variável resultados (X) agrega três componentes: i) resultados permanentes (X^P), fluxos que se espera que a empresa venha a sustentar no futuro, cuja

Ohlson e Shroff (1992), Kothari e Zimmerman (1995) apontam ainda factores de ordem econométrica, para justificarem o fraco poder explicativo da variável resultados. Demonstram que a opção pela metodologia *price level* (equação 2.3), assumindo como pressuposto de que os resultados seguem um *random walk*[64] e os preços reflectem um conjunto mais vasto e atempado de informação, proporcionam coeficientes não enviesados comparativamente aos *return models* e *differentiated-price models*, que tendem a ser preteridos dada a maior facilidade de se contornarem problemas econométricos, tais como a heterocedasticidade[65]. Todavia, estes autores verificam que as diferentes metodologias continuam a registar para a "constante" valores estatisticamente significativos e diferentes de zero, o que é inconsistente com a teoria. Recomendam pois o uso em simultâneo das várias metodologias, sugerindo que deve ser explorado (quer do ponto de vista empírico quer teórico) a potencial existência de relações não lineares entre os preços e a variável resultados.

"persistência" depende entre outros factores da carteira de clientes detida pela empresa, da fidelidade dos clientes à marca, da qualidade dos produtos etc. ii) *items* transitórios (X^T), potencialmente resultantes de operações de descontinuidade e extraordinárias, e iii) *items* irrelevantes para feitos de avaliação (X^O), por exemplo, efeitos derivados de alterações de políticas contabilísticas. Analiticamente, o preço virá função de $P_i = \alpha + \beta_P X^P + \beta_T X^T + \beta_0 X^O$. Teoricamente, o parâmetro β_T deve assumir o valor um ($\beta_T = 1$), pois espera-se que o impacto de uma unidade monetária de *items* transitórios nos resultados tenha um impacto idêntico nos preços, restringindo-se o seu efeito ao exercício em que são reportados. $\beta_P > \beta_T$, dado que aos resultados permanentes o mercado atribui um múltiplo maior (PER), face à sua persistência, isto é continuidade no futuro. Ao parâmetro β_0, será atribuído um coeficiente nulo, dada a irrelevância desta variável para efeitos de avaliação.

[64] O pressuposto de que os resultados seguem um passeio aleatório (*random walk*) sustenta-se na investigação de Ball e Watts (1972). Todavia, enquanto o pressuposto de que os "preços" seguem um passeio aleatório assenta num corpo teórico sólido – a teoria da eficiência dos mercados, a aplicação deste pressuposto à variável "resultados" é meramente indicativo.

[65] Nos modelos *price level* a variável preços/cotação é explicada em função dos resultados por acção. Nos *return models* a performance é explicada pelos resultados por acção, deflacionados pelo preço no início do período. Por sua vez nos *differentiated-price models*, consideram as variações, quer nas rendibilidades quer nos resultados (Donnelly, 2002). Com efeito, Donnelly (2002) evidencia resultados similares para as três metodologias se os resultados não estiverem "contaminados" por *items* transitórios. Na presença destes *items*, os resultados dos diferentes modelos tendem a divergir acentuadamente, em função da metodologia usada.

Easton, Harris e Ohlson (1992), por sua vez, invocando o princípio *clean surplus*, isto é, de que toda a informação disponível mais cedo ou mais tarde é incorporada na variável resultados, sugerem que na estimação dos *return models* sejam considerados horizontes temporais mais latos, para a medição da variável resultados. O objectivo é reduzir potenciais erros de medição, com referência a esta variável. Os resultados empíricos obtidos por estes autores, confirmam a existência de uma correlação maior entre as variáveis rendibilidades e resultados, dilatando o horizonte de medição da variável resultados.

A existência de uma correlação negativa entre a taxa de juro sem risco e o coeficiente β (PER) é sugerida por Collins e Kothari (1989). Como a taxa de actualização resulta da adição de um prémio de risco à taxa de juro sem risco, o aumento da taxa de juro sem risco *ceteris paribus*, leva a que o coefiente β registe um decréscimo de valor. De referir que esta relação negativa deriva do impacto (não esperado) da inflação na actividade económica: se a variação das taxas de juro sem risco resultar de variações na taxa de inflação, e a empresa fizer reflectir este efeito num acréscimo dos preços dos bens/serviços por si comercializados, não é de esperar a existência de qualquer relação entre a taxa de juro sem risco e o coeficiente β (PER).

Quadro 2.1: "Síntese dos factores justificativos da fraca correlação entre a variável resultados (positivos) e a movimentação dos preços/cotações"

Autores	Factores explicativos
• Beaver, Lambert e Morse (1980)	Efeito "*Lack of timeliness*" associado à informação financeira.
• Ramakrishnan e Thomas (1993) • Collins *et al.* (1994)	O ruído introduzido pelos *items* transitórios (*item* anual 17 da base de dados Compustat) na variável resultados.
• Ohlson e Shroff (1992) • Kothari e Zimmerman (1995) • Donnelly (2002)	Factores de ordem econométrica. As diferentes metodologias (*price level regressions*, *returns model* e *differenced-priced models*) tendem a produzir resultados diferentes se a variável resultados estiver "contaminada" por *items* transitórios.
• Easton, Harris e Ohlson (1992)	Necessidade de se considerarem horizontes temporais mais latos na medição da variável resultados, sob o pressuposto CSR – *Clean surplus relation*.
• Collins e Kothari (1989)	O impacto da taxa de juro sem risco.

Mais recentemente, e face à evidência empírica de que é maior o número de empresas a registarem prejuízos, uma linha de investigação sustenta que o conteúdo informativo da variável resultados para efeito de avaliação é assimétrico, consoante a empresa reporte lucros ou prejuízos[66]. A assimetria deriva da detenção por parte dos accionistas da opção de liquidação da empresa. De salientar que tradicionalmente era usual eliminar dos estudos empíricos as empresas com prejuízos. Referimos a título meramente exemplificativo as investigações de Beaver, Lambert e Morse (1980) e Collins e Kothari, (1989).

Um dos estudos pioneiros neste domínio foi o estudo de Hayn (1995). Hayn (1995) recorrendo ao *returns model*, em que as rendibilidades anuais são explicados em função dos resultados por acção anuais, começa por testar a hipótese de que:

$$\beta \text{ (e o } R^2)_{\text{empresas com prejuízos}} < \beta \text{ (e o } R^2)_{\text{amostra global}} < \beta \text{ (e o } R^2)_{\text{empresas lucrativas}}.$$

Os resultados obtidos para o período de 1963 a 1990 confirmam que o coeficiente β (bem como o R^2) assume valores próximos de zero na amostra das empresas com prejuízos, contrariamente à amostra das empresas lucrativas, onde o coeficiente β assume valores próximo de 3 e o R^2 situa-se nos 17%. Para garantir maior robustez dos resultados, Hayn (1995) cria *portfolios* com base no número de anos consecutivos em que as empresas registam prejuízos. Verifica assim que a probabilidade de uma empresa reportar prejuízos num ano é de 14%, decrescendo esse valor para 8% nas empresas que registam seis (ou mais anos) consecutivos de prejuízos.

Com efeito, à medida que aumenta o número de anos em que as empresas registam prejuízos, o coeficiente β passa a assumir valores negativos (fenómeno da valorização positiva dos prejuízos)[67] e o R^2 regista inclusive um ligeiro acréscimo, que Hayn (1995) justifica com base no facto de não ser sustentável que a empresa venha a permanecer no mercado, registando consecutivamente prejuízos, pois neste contexto os accionistas liquidam a empresa.

---

[66] Hayn (1995) observa um acréscimo de 3% de empresas a registar prejuízos em 1960 para 30% nos finais da década de 80. Collins, Pincus e Xie (1999), por sua vez, verificam que de 1985 a 1992 aumenta de 28% para 31%, o número de empresas constantes da base de dados Compustat com prejuízos. Joos e Plesko (2004) apresentam resultados na mesma linha (15% de empresas americanas a registar prejuízos na década de 70 face a 30% na década de 90).

[67] Este resultado, valorização positiva dos prejuízos, e como veremos mais à frente neste capítulo, é interpretado por Collins, Pincus e Xie (1999) como uma anomalia, e que resulta de uma incorrecta especificação do modelo de avaliação utilizado por Hayn (1995).

Quando uma empresa reporta prejuízos num ano, o preço não decresce necessariamente para zero, nem proporcionalmente à variação ocorrida na variável resultados. A justificação para tal comportamento, segundo Hayn (1995), resulta do facto de o mercado interpretar os prejuízos como sendo transitórios, dada a opção de liquidação detida pelos accionistas. Como os accionistas detêm uma opção de venda (*put option*) sobre os fluxos de caixa futuros da empresa, os accionistas face ao registo de prejuízos (ou de níveis insatisfatórios de resultados), exercem a opção de liquidação vendendo as suas acções a um preço proporcional ao valor de liquidação dos activos.

Assim, e na presença de prejuízos, Hayn (1995) demonstra que para níveis elevados de resultados (X), o valor dos capitais próprios da empresa resulta da capitalização dos resultados (k=PER). Registando a empresa prejuízos, ou níveis insatisfatórios de resultados, o valor da empresa vem V=L, sendo L o valor de liquidação da empresa. X*=L/k, corresponde ao nível de resultados abaixo do qual é preferível aos accionistas exercerem a opção de liquidação (ver figura 2.1)[68].

Figura 2.1: "A relação entre o valor dos capitais próprios da empresa e os resultados, dada a opção de liquidação detida pelos accionistas"

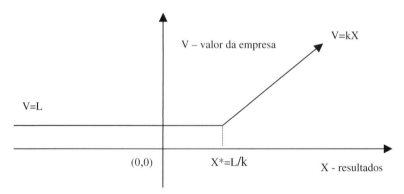

Fonte: Hayn (1995:133).

---

[68] Empiricamente Hayn (1995) define duas *proxies* para o valor de liquidação. A primeira *proxy* identifica-se com o risco de crédito (*rating*) atribuído à empresa, segundo a metodologia da *Standard & Poor's*. A segunda *proxy* vem definida do seguinte modo [(P-L)/PE$_{IND}$]/σ$_{PER}$ em que: P corresponde ao valor de mercado dos capitais próprios da empresa, L ao valor de liquidação da empresa, PE$_{IND}$ é a média do rácio PER para a

Hayn (1995) demonstra assim que para empresas lucrativas (X>X*), a evolução dos preços está fortemente correlacionada com os resultados, triplicando o múltiplo atribuído pelo mercado a este tipo de empresas, pois vê nesta variável, e tal como sustentado por MM (1966), uma *proxy* adequada para os fluxos de rendimento futuros esperados. Neste contexto, é pouco provável que a opção de liquidação seja exercida. Para empresas a reportar prejuízos (ou com níveis insatisfatórios de resultados: X<X* – *temporally depressed firms*), não parece haver qualquer correlação entre o preço e os resultados (prejuízos), pois a persistirem os prejuízos, os accionistas optam pela liquidação da empresa. Estes resultados estão em sintonia com a existência de uma relação não linear entre as variáveis preço e resultados, quando esta última atinge variações extremas.

Numa perspectiva similar, isto é, registando a empresa prejuízos, estes tendem a ser transitórios, logo irrelevantes para efeitos de avaliação, Subramanyam e Wild (1996), documentam uma relação inversa entre a probabilidade de insolvência e a persistência da variável resultados, isto é, o período de tempo que se espera que os resultados perdurem no futuro. Os autores começam por estimar as rendibilidades obtidas pelos investidores em função das "surpresas" registadas ao nível dos resultados (*unexpected earnings*)[69]. Posteriormente introduzem na análise a probabilidade de insolvência, calculada com base na metodologia proposta por Altman (1968) como variável interactiva (isto é calculando o seu produto

---

indústria e, σ_{PER} corresponde ao desvio padrão do rácio PER da empresa. O numerador tem por função expressar o excesso de valor de mercado dos capitais próprios da empresa numa base de resultados. O denominador permite medir a magnitude do decréscimo necessário para que o valor dos capitais próprios se situe ao nível do seu valor de liquidação.

[69] Aquando do anúncio dos resultados, se estes excederem as previsões dos analistas (*good news*), os preços tendem a subir (*drift* positivo), proporcionando aos investidores uma rendibilidade positiva. Se pelo contrário, os resultados ficarem aquém das estimativas, os preços são reajustados (*drift* negativo), pelo que as rendibilidades são agora negativas. Analiticamente: $P_t - P_{t-1} = \left[X_t - E_{t-1}(X_t)\right] + \sum_{k=1}^{\infty} \frac{\Delta E_t(X_{t+k})}{(1+r)^k}$, em que $\left[X_t - E_{t-1}(X_t)\right]$ mede a surpresa por parte do mercado face aos resultados líquidos reportados. $\sum_{k=1}^{\infty} \frac{\Delta E_t(X_{t+k})}{(1+r)^k}$, por sua vez, reflecte o reajustamento das expectativas dos investidores (agregadas) acerca dos lucros futuros.

pela variável surpresas ao nível dos resultados)[70]. Tal como esperado, o conteúdo informativo da variável resultados decresce à medida que os prejuízos se tornam persistentes, dada a maior probabilidade de insolvência a que passam a incorrer estas empresas. Os resultados obtidos para o período de 1981 a 1990 parecem robustos à introdução das variáveis de controlo que visam captar: o efeito do incumprimento do serviço da dívida, a variabilidade da variável resultados (risco) e a correlação entre o aumento do número de prejuízos e a probabilidade de insolvência.

Chambers (1997) apresenta resultados similares a Subramanyam e Wild (1996), isto é, a variável resultados quando negativa (isto é registando prejuízos), é irrelevante para efeitos de avaliação. O argumento de Chambers (1997) para o fraco poder explicativo da variável prejuízos, depende do grau de persistência dos mesmos (medido pelo quociente entre o valor actual dos prejuízos acumulados e o prejuízo inicial). Subdividindo a amostra em vários grupos em função do nível de persistência dos prejuízos, Chambers (1997) verifica que para os grupos em que os prejuízos tendem a ser mais persistentes, o conteúdo informativo da variável prejuízos iniciais é mais significativo. Estes resultados comprovam que a registarem-se prejuízos e tendendo estes a persistir, os investidores incorporam de imediato o maior grau de insolvência a que passam a incorrer estas empresas, facto que segundo Chambers (1997) justifica o fraco poder explicativo associado à variável resultados, quando esta regista prejuízos sucessivos para efeitos de avaliação, pois neste contexto está eminente o exercício da opção de liquidação.[71]

---

[70] A probabilidade de insolvência (Z_{it}) calculada com base na metodologia de Altman (1968) vem definida como: $Z_{it}=1,2\ X_{1,it}+1,4X_{2,it}+3,3X_{3,it}+0.6X_{4,it}+1.0X_{5,it}$, em que ($X_1$) é medido pelo quociente da diferença entre o valor dos activos circulantes e dívidas circulantes pelo total do activo, (X_2) reflecte a proporção dos resultados retidos em função do total do activo, (X_3) mede os resultados antes da função financeira e impostos face ao total dos activos, (X_4) corresponde ao quociente entre o valor de mercado das acções ordinárias e preferenciais e o valor contabilístico das dívidas totais assumidas pela empresa e (X_5) resulta do quociente entre o total das vendas e o valor dos activos. Sendo Z_{it} uma variável contínua, quanto menor o valor de Z_{it} maior a probabilidade de insolvência da empresa.

[71] De referir que Chambers (1997) exclui da amostra de trabalho, e para o período de 1976 a 1992, empresas na fase de *start-up*, para evitar potenciais enviesamentos dos resultados, resultantes do efeito crescimento.

Basu (1997) assume na linha de investigação de Hayn (1995), Subramanyam e Wild (1996) e Chambers (1997) a existência de uma relação assimétrica entre os movimentos da variável preços e as variações ocorridas na variável resultados. Contudo a fundamentação teórica é distinta.

Para Basu (1997) a assimetria no conteúdo informativo da variável resultados é consequência do efeito do princípio da prudência [um dos quatro tipos de *conservatism accounting* identificados por Richardson e Tinaikar (2004), ponto 1.5]. A aplicação do princípio da prudência sustenta que aquando da elaboração das demonstrações financeiras, os custos e perdas efectivas e potenciais devem ser reconhecidas de imediato, enquanto que os ganhos potenciais são diferidos, isto é, só são mensurados quando realizados, se susceptíveis de serem medidos com objectividade. Como consequência, a variável resultados regista em tempo mais oportuno as perdas comparativamente aos ganhos. Para medir empiricamente este efeito, adopta uma metodologia contrária à de Hayn (1995). Assim, e na linha de Beaver, Lambert e Morse (1980), e dado os preços reflectirem um conjunto mais vasto de informação que não a financeira e em tempo mais oportuno, adoptam a metodologia *"reverse regression"*, em que os resultados anuais por acção são agora explicados em função das rendibilidades anuais. Assumindo como pressuposto que o mercado de capitais é perfeito, a variável rendibilidade funciona como *proxy* para as boas e más notícias[72]. Tal como esperado, o coeficiente associado às rendibilidades negativas regista valores superiores e estatisticamente significativos, comparativamente à variável rendibilidade quando esta assume valores positivos. Basu (1997) conclui assim que ao serem reconhecidos de imediato, o efeito dos prejuízos se restringe ao período em que ocorrem, estando os resultados futuros "protegidos" das más notícias

---

[72] O modelo empírico estimado por Basu (1997) corresponde a: $X_{it}/P_{i,t-1} = \alpha_0 + \alpha_1 DR_{it} + \alpha_2 R_{it} + \alpha_3 R_{it} * DR_{it}$, em que X_{it} corresponde aos resultados da empresa i para o período t, $P_{i,t-1}$ corresponde à cotação das acções da empresa i no início do período t (final de t-1), DR é uma variável *dummy* que assume o valor 1 sempre que a empresa regista uma rendibilidade negativa (má notícia), zero caso contrário. Segundo Basu (1997), considerando a variável preço/cotação, com base na qual se calculam as rendibilidades (R), como variável independente, e dado esta variável reflectir em tempo mais oportuno toda a informação disponível, as estimativas proporcionadas pelo método *Ordinary Least Squares* (OLS) são mais precisas.

correntes. Por oposição, os lucros tendem a ser mais persistentes e duradoiros ao longo do tempo, pois os mesmos só são reconhecidos quando efectivos.

Estabelecendo uma análise gráfica comparativa com os resultados de Hayn (1995) (figura 2.2B), Basu (1997) conclui que a figura 2.2A (de sua autoria) se identifica com a figura 2.2B de Hayn (1995) ao longo de uma linha de 45.º invertida. Na figura 2.2A, e recorrendo à metodologia "*reverse regression*", o coeficiente β é maior para empresas que registam prejuízos, pois e de acordo com o princípio da prudência, os prejuízos efectivos e/ou potenciais são de imediato reconhecidos, enquanto os lucros (potenciais) são diferidos. Recorrendo à metodologia tradicional, em que os resultados (*unexpected earnings*) constituem a variável explicativa, esta apresenta maior magnitude para o coeficiente β (figura 2.2B), confirmando que para efeitos de avaliação, o mercado atribui múltiplos mais expressivos aos resultados (positivos), pois vê nestes uma *proxy* consistente para os resultados futuros. Quanto à constante, Basu (1997) sustenta e contrariamente a Hayn (1995), que os valores positivos constituem o reflexo das boas notícias de períodos anteriores, mas cujos ganhos foram diferidos e só agora (quando efectivos) são reconhecidos.

Figura 2.2A: "Relação entre as variáveis resultados líquidos e rendibilidade, segundo o princípio da prudência"

Figura 2.2B: "Relação entre as variáveis resultados líquidos e rendibilidade, dada a existência da opção liquidação"

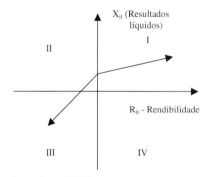
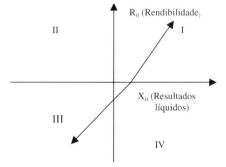

Fonte: Basu (1997:12). Fonte: Basu (1997:31).

Neste contexto, Basu (1997) tal como Hayn (1995), Collins, Maydew e Weiss (1997), Collins, Pincus e Xie (1999), McCallig (2004) e Joos e Plesko (2004) reconhecem que no período de 1963 a 1990 é crescente o número de empresas a reportarem prejuízos. Sustenta ainda que o acréscimo de prejuízos deriva de um duplo efeito: i) de um maior grau de *conservatism accounting* no reporte da informação financeira e ii) do acréscimo da responsabilidade legal dos auditores.

Com efeito, em cumprimento com o princípio da prudência, a auditoria às contas constitui uma forma de controlo e vigilância por parte dos accionistas sobre o comportamento dos gestores. Num contexto de incerteza, os gestores possuem informação privilegiada acerca das perspectivas futuras da empresa. Se o sistema de incentivos dos gestores estiver indexado aos resultados, estes são estimulados à adopção de políticas contabilísticas (contabilidade criativa) que potenciem o acréscimo dos resultados líquidos de curto prazo. Os credores também reivindicam um reporte mais atempado dos prejuízos (efectivos e potenciais), pois o valor da opção que detêm sobre a empresa (*short put*) é mais sensível ao decréscimo que ao acréscimo do seu valor. Estas exigências são particularmente relevantes em empresas de base tecnológica, cujo valor se concentra sobretudo nos activos intangíveis. Em caso de insucesso empresarial, este tipo de activos chega a perder a totalidade do seu valor. Os credores vêm assim na adopção do princípio da prudência, uma estratégia para minorar os custos contratuais (*monitoring costs*) modelizados por Jensen e Meckling (1976).

O acréscimo da responsabilidade legal dos auditores, em particular face aos recentes escândalos contabilísticos, é outro factor que tem potenciado um maior grau de conservadorismo (*conservatism accounting*) no reporte da informação financeira[73]. Basu (1997) refere ainda factores de natureza fiscal e a adopção de políticas reguladoras, como factores que

---

[73] A este propósito referimos o estudo de Kothari *et al.* (1989), que documenta que a responsabilidade legal dos auditores têm variado ao longo do tempo. Assim, no período anterior a 1966, eram praticamente inexistentes quaisquer responsabilidades de carácter legal impostas aos auditores. Esta situação altera-se entre o período de 1966 a 1975. O período de 1975 a 1982 volta a caracterizar por maior flexibilidade em termos de responsabilidades legais impostas aos auditores. Após 1982, as exigências legais voltam a reforçar-se.

visam a uniformização de práticas e procedimentos contabilísticos, com vista a tornar comparáveis as demonstrações financeiras[74].

Em síntese, e tendo como base os estudos citados, podemos concluir que os prejuízos são irrelevantes para estimar os fluxos de rendimento futuros da empresa, ou o valor de mercado dos capitais próprios (MVE), pois, a existirem, tendem a ser transitórios. Se persistirem, os accionistas exercem a opção de liquidação que detêm sobre os activos da empresa. Questiona-se assim a relação homogénea que até aqui se pressupunha entre o movimento das variáveis "preços/cotações" e os "resultados"[75], revelando-se neste contexto os "capitais próprios (BVE)" valiosos para efeitos de avaliação. Introduzimos assim de seguida na análise a variável "BVE", o segundo determinante do valor no âmbito dos modelos de OM e de FOM.

2.3 A Relevância do Conteúdo Informativo da Variável "Capitias Próprios"

Para Collins, Pincus e Xie (1999) a relevância da variável "BVE" para efeitos de avaliação é sustentada em três factores: i) econométricos, pois a omissão desta variável induz um enviesamento do coeficiente estimado para a variável "resultados líquidos", permitindo ainda a variável "BVE" controlar o efeito escala/dimensão nos modelos *"price level"* (expressão 2.3), como demonstraram Barth e Kallapur (1996), ii) tendo como referência o modelo de OM, a variável "BVE" constitui ainda uma *proxy* para os resultados futuros (normais) esperados e, iii) o "BVE" constitui igualmente uma *proxy* relevante para o valor de liquidação da empresa, quando a empresa se encontra numa situação de *"stress*

---

[74] Esta tendência de uniformização de práticas e políticas contabilísticas assume uma tendência mundial. A título de exemplo referimos o Regulamento da Comunidade Europeia (CE) n.º1606/2002 do Parlamento e do Conselho de 19 de Julho de 2002, relativo à aplicação de das Normas Internacionais de Contabilidade (NIC), com o objectivo de assegurar um maior grau de transparência e de comparabilidade das demonstrações financeiras, com vista a um funcionamento mais eficiente do mercado de capitais, cada vez mais global.

[75] Com efeito, Hayn (1995) verifica igualmente que o múltiplo dos resultados (PER), mesmo para o grupo das empresas lucrativas, tem vindo a decrescer ao longo do tempo, não sugerindo nenhuma explicação para este efeito.

financeiro", por exemplo, de reporte contínuo de prejuízos, aspecto estudado por Hayn (1995), Berger, Ofek e Swary (1996), Burgstahler e Dichev (1997), Schnusenberg e Skantz (1998) e Barth, Beaver e Landsman (1998).

Com efeito, o "BVE" é particularmente relevante para efeitos de avaliação num contexto em que a empresa regista prejuízos. Neste caso, esta variável (prejuízos) é pouco relevante para prever a rendibilidade futura da empresa. Como os prejuízos não são sustentáveis indefinidamente, então e segundo o princípio da continuidade (*going concern*), o BVE assume-se como *proxy* para o valor actual dos resultados futuros normais, pois, e na linha do modelo de OM espera-se, a médio prazo, que a empresa gere uma taxa de rendibilidade sobre os capitais próprios (ROE) que iguale o custo do capital (ver expressão 1.25). Porém, persistindo os prejuízos, o que segundo Hayn (1995), Chambers (1997) e Subramanyam e Wild (1996) aumenta a probabilidade de insolvência, o "BVE" assume agora relevância como *proxy* para o valor de liquidação/abandono da empresa. Neste sentido, a teoria tem demonstrado que a relevância da variável BVE para efeitos de avaliação está inversamente relacionada com a saúde financeira da empresa (Beaver, 2002).

Nesta perspectiva, Burgstahler e Dichev (1997) verificam que quer os "resultados", quer o "BVE" são relevantes para efeitos de avaliação. Todavia, e contrariamente ao modelo de OM, sustentam uma relação convexa entre as variáveis "MVE", "BVE" e "resultados". Medindo o "BVE" o nível de recursos detidos pela empresa, estes funcionam como *proxy* para o valor de *adaptação* da empresa[76]. Os "resultados" por sua vez funcionam como *proxy* para o *"recursion value"*, isto é, para o valor

---

[76] Burgstahler e Dichev (1997) optam pela opção de "adaptação", dado que apenas 1% das empresas constantes da base de dados Compustat são liquidadas. Burgstahler e Dichev (1997) sustentam assim que em situação de má performance, as empresas optam por reconverter os seus recursos, linha(s) de negócio a actividades mais lucrativas, procedendo a: reestruturações, desinvestimentos ou investimentos em novas linhas de negócio, fusões e aquisições (F&A), *takeovers* (aquisição de uma empresa por outra), *spin-off* (segregação parcial de uma actividade), *management buyout* (MBO) (aquisição de acções pelos administradores), *selling off* (expressão atribuída a um mercado ou segmento de mercado cujas cotações num dado momento, se encontram em tendência descendente, normalmente em resultado de uma escassez de ordens de compra), opções que incluem tal como sugerido por Wysocki (1998), a opção de explorar novas oportunidades de crescimento.

actual dos fluxos de caixa esperados. Neste contexto, o valor da opção de adaptação/liquidação depende do *"recursion value"* e vice-versa. Assim, sempre que os "resultados" atinjam níveis satisfatórios (rendibilidade dos capitias próprios superior ao custo do capital) os "resultados" constituem a variável determinante para efeitos de avaliação. À medida que a rendibilidade se "degrada", isto é a taxa ROE se situa a níveis insatisfatórios [neste caso estamos perante as *"temporarily depressed firms"* identificadas por Hayn, (1995:145)], os accionistas, atribuem maior ponderação ao BVE para efeitos de avaliação, sendo agora mais valiosa a opção de adaptação[77]. Neste cenário, a empresa opta por adaptar a(s) sua(s) linha(s) de negócio(s) a actividades alternativas mais rentáveis, que segundo Jensen e Ruback (1983) possuem um efeito *ex post* no valor da empresa.

Assumindo igualmente uma relação inversa entre a relevância do BVE e a saúde financeira da empresa, Barth, Beaver e Landsman (1998) sustentam que o poder explicativo do "BVE" é incremental à medida que a saúde financeira da empresa se degrada. Num cenário de boa *performance,* entendida como bom desempenho por parte da empresa, o principal determinante do valor da empresa são os "resultados". O modelo de avaliação proposto por estes autores engloba igualmente quer o "BVE" quer os "resultados", no entanto a sustentação teórica afasta-se do modelo de OM, dados os pressupostos restritivos deste modelo (o processo autoregressivo assumido para a variável resultados, o modelo de dinâmica de informação, o princípio da neutralidade ao risco), todavia os resultados obtidos são consistentes com os do modelo de OM.

Assim, o valor de mercado da empresa passa a ser função das variáveis "BVE" e "resultados". O "BVE" proporciona informação útil sobre

---

[77] Analiticamente, e assumindo que a variável X_t corresponde à variável resultados líquidos, os autores mostram que para dado nível de capitais próprios (BVE), o MVE é uma função convexa dos resultados. Analiticamente:

$$MVE_t/BVE_{t-1} = \gamma_1 BVE_{t-1}/BVE_{t-1} + \gamma_2 X_t/BVE_{t-1} + \varepsilon^* \Leftrightarrow MVE_t/BVE_{t-1} = \gamma_1 + \gamma_2 ROE_t + \varepsilon^*$$

(com $\varepsilon^* = \varepsilon/BVE_{t-1}$). Se a taxa ROE se situar a níveis pouco satisfatórios, (γ_2) é irrelevante para efeitos de avaliação (aproxima-se do valor nulo) e (γ_1) assume valor próximos de um (não atingirá o valor um devido ao efeito *"conservatism accounting"*, por exemplo, os activos estão contabilizados ao custos histórico e não ao justo valor), assumindo-se o "BVE" como a variável determinante para efeitos de avaliação, pois neste contexto é valiosa a opção de adaptação. Raciocínio análogo se obtém, se se fixar agora o nível de resultados líquidos (X_t).

a capacidade (adicional) de endividamento da empresa, constituindo um instrumento valioso através do qual os credores podem controlar a conduta dos gestores e accionistas, pois os primeiros actuam em prol dos interesses destes, funcionando por conseguinte como *proxy* para o valor dos activos reconhecidos no balanço (*recognized assets*)[78]. Os "resultados" assumem-se como variável determinante para efeitos de avaliação, num cenário de boa saúde financeira, constituindo uma *proxy* para o valor dos activos ainda não reconhecidos, não reflectidos no balanço (*unrecognized assets*). A título de exemplo, Barth, Beaver e Landsman (1998) referem os "investimentos" em activos intangíveis, tais como "I&D", "Publicidade", as competências tecnológicas detidas pela empresa, o capital humano, a carteira de clientes, dada a sua contabilização como custos na íntegra no exercício em que ocorrem, em respeito pelos GAAP. Reconhecem deste modo, e na linha dos modelos de OM e de FOM o efeito "*conservatism accounting*" quer na variável "resultados líquidos" quer na variável "BVE".

A sustentação teórica dos autores deriva do facto de ao empreender um projecto de investimento, e admitindo que são racionais na sua tomada de decisão, os gestores só empreendem novos projectos de investimento se aos mesmos estiverem associadas expectativas de rendibilidade supranormal, ou seja um VAL positivo. Como à data da aquisição, os activos são registados ao custo histórico, o excedente (fluxo de caixa*)* esperado à data da aquisição será reflectido na variável "resultados líquidos" nos exercícios seguintes, e subsequentemente, e tal como previsto pelos modelos de OM e de FOM, via propriedade CSR, na variável BVE. Assim, em períodos de boa performance, o principal determinante do valor das empresas assenta nos "*unrecognized assets*". Todavia quando a saúde financeira da empresa se deteriora, e dado estes activos (activos

---

[78] De referir, que se assume à priori que os interesses entre as diversas partes (accionistas, credores, gestores e *stakeholders* em geral) não são facilmente conciliáveis entre si, gerando custos de agência [custos de controlo –"*monitoring costs*" e os custos de justificação – "*bonding costs*" (Jensen e Meckling, 1976)]. Assim, para controlarem os custos de agência, em particular os custos de vigilância, à data da negociação dos contratos, os credores exigem taxas de remuneração mais elevadas, o que aumenta o custo do capital com reflexos no valor da empresa, e impõem cláusulas restritivas quer quanto à política de investimentos, quer quanto à política de dividendos, os chamados contratos de clausulas "miudinhas".

intangíveis) por si só não possuírem valor, o qual é dependente do valor global da empresa, o seu valor tende para zero. Por conseguinte o investimento neste tipo de activos é muito arriscado (predominante em empresas de base tecnológica).

De facto, como refere Damodaran (2001), uma combinação deste perfil de investimento – investimento em activos intangíveis, em particular em empresas na fase de *start-up*, onde se privilegia uma estratégia de maximização do crescimento, com um aumento do endividamento, resulta numa combinação explosiva, que aumenta de forma significativa a probabilidade de insolvência da empresa, cujos resultados, nesta fase tendem a ser negativos. Neste contexto, o aumento do endividamento incita os detentores do capital a investir suboptimamente e a tomar decisões destruidoras de valor, o que aumentem o risco da empresa e dos capitais próprios e uma diminuição do valor da dívida (Myers, 1977). Ao investir em projectos com altas taxas de rendibilidade e risco muito elevado, os accionistas estão a apostar essencialmente o dinheiro dos credores. Se o investimento se mostrar rentável, os accionistas arrecadam uma fatia significativa dos ganhos; se o(s) projecto(s) fracassar, são os credores que suportam os custos.

Com efeito, e inspirando-se no trabalho pioneiro de Balck e Scholes (1973:649), Berger, Ofek e Swary (1996) sustentam que os accionistas detêm uma opção *put* (americana, pois pode ser exercida ao longo do tempo) sobre os fluxos de caixa futuros da empresa. Se em determinado período, os fluxos de caixa ficarem aquém das expectativas dos accionistas, estes exercem a opção de venda, e liquidam os activos da empresa[79]. Tal como, Barth, Beaver e Landsman (1998), Berger, Ofek e Swary (1996) reconhecem que é particularmente difícil determinar o valor desta opção *put,* pois o valor de liquidação dos activos varia ao longo do tempo, em função das condições económicas e, da especificidade dos mesmos. Propõem assim como *proxy* para o valor da opção *put* o valor de liquidação dos activos – "*exit value*", definido em função das seguintes variáveis:

---

[79] Berger, Ofek e Swary (1996) contrariamente a Burgstahler e Dichev (1997), optam pela opção de liquidação. Em nosso entender, em ambas as investigações o exercício da opção de adaptação ou liquidação depende das circunstâncias específicas de cada empresa.

Exit value = 1,00 (caixa e títulos negociáveis) + 0,72 (clientes) + 0,55
            (existências) + 0,54 (activos fixos) – 1,00 (passivo de curto   **(2.4)**
            prazo) – 1,00 (passivo de médio e longo prazo)

Segundo Myers e Majd (1990) e Shleifer e Vishny (1992), o valor de liquidação é função do tipo de activos detidos pela empresa. Quanto mais generalistas e líquidos os activos, maior o valor de liquidação dos mesmos, logo maior é a probabilidade de exercício da opção de abandono, a qual também é muito sensível à saúde financeira da empresa, medida pelo Z-score proposto por Altman (1968)[80]. É neste contexto, que Berger, Ofek e Swary (1996) tal como Barth, Beaver e Landsman (1998) sustentam o incremento do poder explicativo do "BVE" (*proxy* para o valor de liquidação) à medida que se degrada a saúde financeira da empresa.

Nesta linha de investigação, são interessantes os resultados reportados por Schnusenberg e Skantz (1998). Estes autores adoptando igualmente o modelo de OM, documentam um acréscimo do poder explicativo do "BVE", não só para as empresas em *stress* financeiro, empresas que chegam a reportar prejuízos durante dez anos consecutivos e não vão à falência nem são liquidadas, como no grupo de empresas que apesar de registarem uma boa performance (lucros sucessivos), optam por um processo de liquidação voluntário. Neste contexto, o "BVE" é particularmente relevante para efeitos de avaliação, pois ao liquidarem a empresa os accionistas, vendem voluntariamente a terceiros os activos que detêm, pagando a dívida (se existir) e repartindo o remanescente pelos accionistas. As rendibilidades supranormais registadas por estas empresas reflectem o facto de o mercado não ter antecipado esta decisão por parte dos accionistas[81]. A título de exemplo, os autores referem a liquidação voluntária por parte dos accionistas, como uma resposta a uma ameaça de *takeover* (tomada de controlo de uma empresa através da aquisição da maioria ou da totalidade das acções da empresa).

---

[80] O Z-Score de Altman (1968) também é utilizado por Subramanyam e Wild (1996) como *proxy* para a probabilidade de falência (ver ponto 2.2).
[81] Tal como Burgstahler e Dichev (1997), reconhecem que o coeficiente da variável BVE vem inferior ao seu valor teórico (a unidade), devido ao efeito "*conservatism accounting*".

Com efeito, a literatura, em particular Francis e Schipper (1999) cujo período de análise se estende de 1952 a 1994, tem documentado um decréscimo do poder explicativo da variável "resultados líquidos" face à variável "BVE", não registando o modelo em si (o modelo de OM) um decréscimo do poder explicativo. Segundo Collins, Maydew e Weiss (1997), este acréscimo do poder explicativo do "BVE" face aos "resultados" com base numa amostra de empresas norte americanas para o período de 1953 a 1993, sustenta-se em quatro factores fundamentais: i) o aumento do número de empresas a reportar um maior volume de *items* transitórios (*item* anual 17, na base de dados Compustat) e/ou rubricas extraordinárias (a título de exemplo os autores referem: custos resultantes de reestruturações, adaptação de linhas de negócio), ii) a par deste efeito, regista-se igualmente um aumento do volume de investimentos em activos intangíveis (por exemplo: I&D e Publicidade), iii) consequentemente, e atendendo aos GAAP, verifica-se em simultâneo um aumento do número de empresas a reportar prejuízos (*conservatism accounting*) e, iv) estes efeitos ocorrem num contexto, tal como identificado por Hayn (1995), que se caracteriza pela alteração do perfil de empresas a operar no mercado: empresas de pequena dimensão, maioritariamente de base tecnológica, cuja probabilidade de insolvência aumenta de forma acentuada, face ao reporte de um maior volume de prejuízos e por períodos mais longos, onde tende a predominar o investimento em activos intangíveis. Assim e com base nestes resultados, parece ver-se reforçado o poder explicativo do "BVE" enquanto *proxy* para o valor de liquidação da empresa.

Todavia, e atendendo já aos resultados obtidos por Collins, Pincus e Xie (1999), quando avaliam o poder explicativo da variável "BVE" enquanto *proxy* para os resultados futuros que, e de acordo com o modelo de OM, definiram como FTUX=r*BVE_{t-1}[82] ou como *proxy* para o valor de liquidação, cujo cálculo se baseou no valor de liquidação (*exit value*) proposto por Berger, Ofek e Swary (1996) (expressão 2.4), verificam que não é clara a predominância em termos de poder explicativo da variável

---

[82] Ao calcularem a variável FTUX, que definem como *proxy* para os resultados futuros, Collins, Pincus e Xie (1999) na estimação da taxa de custo do capital, consideraram como prémio de risco o valor de 8,67%, à semelhança de Berger, Ofek e Swary (1996).

EXIT como *proxy* para o valor de liquidação sobre a variável "FTUX – resultados futuros", mesmo nas empresas com prejuízos sucessivos, logo com maior probabilidade de falência.

Resultados similares são reportados por Tan (2004), quando analisa o poder explicativo (incremental) das variáveis "BVE" e "resultados", no contexto do modelo de OM, para dois grupos de empresas (ambos em situação de *stress* financeiro): empresas que faliram e empresas que optaram por uma processo de Fusão & Aquisição (F&A).

Para Tan (2004), e tal como sugerido por Burgstahler e Dichev (1997), o processo de F&A constitui uma opção (de adaptação) valiosa para empresas com má performance financeira, isto é, a registando prejuízos sucessivos.

Myers (1977) sugere que o registo de prejuízos e sendo estes persistentes estão associados a elevadas oportunidades de crescimento e/ou elevada proporção de investimento em activos intangíveis. Para Berger, Ofek e Swary (1996), o seu valor de liquidação (*exit value*) será muito reduzido, devido à sua especificidade, e ao facto de o valor dos intangíveis ser preservado apenas enquanto a empresa se mantiver em actividade como um todo[83]. Neste contexto, e como demonstrou Tan (2004), a estratégia de F&A permite preservar o valor da empresa, o que se reflecte no incremento da riqueza dos accionistas. Assim, e para estas empresas, os "resultados" revelam uma forte associação ao preço/cotação. Quanto ao conteúdo informativo da variável "BVE", e na linha do modelo de OM, parece ser mais relevante enquanto *proxy* para os resultados futuros (normais) esperados, logo mais expressiva para a amostra de empresas que optaram por processos de F&A[84]. Tan (2004) conclui mesmo que o "BVE" não revela um acréscimo de poder explicativo expressivo significativo para o grupo de empresas a registar prejuízos, o que em parte contraria os resultados até então obtidos por outras investigações

---

[83] Por exemplo, Ramsey e Shapiro (2001) proporcionam evidência empírica neste sentido para a indústria aeroespacial. Dada a especificidade dos seus activos, estes tendem a ser vendidos a baixo valor, em caso de liquidação.

[84] Tan (2004) para determinar a probabilidade de F&A recorreu à *proxy* definida por Pestana e Ruland (1986), em que a probabilidade de F&A versus falência vem definida em função da percentagem e acções detidas pelos gestores, do nível de endividamento, da dimensão, da magnitude dos prejuízos fiscais susceptíveis de serem deduzidos em exercícios futuros.

(Collins, Maydew e Weiss, 1997; Barth, Beaver e Landsman, 1998 e Francis e Schipper, 1999). A explicação avançada por Tan (2004) assenta no carácter restritivo da sua amostra: empresas que faliram ou optaram por um processo de F&A.

Barth, Beaver e Landsman (1998) observaram que as empresas de base tecnológica investem massivamente em activos intangíveis, não sendo clara a fronteira entre os "*recognized assets*" medidos pelo "BVE" e os "*unrecognized assets*", cuja *proxy* são os "resultados líquidos". Verificam ainda que em consequência de um "*conservatism accounting*" acentuado, estas empresas tendem a registar valores negativos para o BVE. Com efeito, e para a amostra que faliu, os autores verificam que 20% das empresas registavam valores negativos para o BVE no ano antes da falência. Perante estes resultados, é questionada a adequabilidade da variável BVE como *proxy* para o valor de liquidação.

Ao analisar as propriedades dos coeficientes estimados para as variáveis "BVE" e "resultados líquidos" no modelo de avaliação (modelo de OM), Penman (1998) verificou que para 12 subgrupos, a mediana da variável "BVE" assumia valores negativos, resultados que sustentaram de difícil interpretação, à semelhança de Amir e Lev (1996), Francis e Schipper (1999) e Frazen (2000), que para alguns anos, também reportam coeficientes negativos para a variável "BVE". Zhang (2000) demonstra analiticamente que estes resultados são consequência de um efeito de "*conservatism accounting*" muito acentuado, em particular em empresas de base tecnológica na fase de *start-up*, reflectindo os ajustamentos necessários a fazer em termos de investimentos adicionais em activos operacionais, de modo a garantir um fluxo de resultados líquidos (positivos) no futuro.

O aumento acentuado de empresas a reportar prejuízos, em particular após a década de 90 foi amplamente reportado (Hayn, 1995; Collins, Maydew e Weiss, 1997; Collins, Pincus e Xie, 1999; Frazen, 2000; Chan, Lakonishok e Sougiannis, 2001; Joos e Plesko, 2004 entre outros). Com o objectivo de analisar o desempenho do modelo de OM para este tipo de empresas, McCallig (2004) começa por dividir a amostra em função de: 1º) registo de lucros ou prejuízos e, 2.º) natureza dos resultados transitados (positivos ou negativos). Identifica assim quatro grupos de empresas: grupo I – empresas lucrativas com resultados transitados positivos, que classifica como empresas na maturidade; grupo II – empresas com resultados já positivos, mas com prejuízos acumulados (resultados transitados negativos), empresas em crescimento; grupo III – empresas a reportar prejuízos e resultados transitados positivos, que revelam uma deterioração das condições económicas, tornando-se candidatas a sair do mercado e finalmente um quarto grupo (IV) – empresas que reportam prejuízos, sendo os resultados transitados igualmente negativos, grupo que designou por "*revenue investment firms*[85]".

Esquematicamente:

Resultados transitados	Resultados do período	
	Lucros	Prejuízos
Positivos	Empresas em maturidade. (I)	Empresas candidatas a saírem do mercado. (III)
Negativos	Empresas em crescimento. (II)	*Revenue investment firms*. (IV)

Centrando a análise neste último grupo de empresas (grupo IV), McCallig (2004) sustenta que os prejuízos são reflexo de uma estratégia de investimentos agressiva na rubrica I&D. Dada a persistência deste perfil de investimentos, e na linha de Zhang (2000), quer a variável "resultados líquidos" quer o "BVE", ficam sujeitas a um efeito "*conservatism accounting*" muito acentuado, em particular o "BVE", dados os efeitos cumulativos no tempo desta estratégia de investimento. Neste contexto, o "BVE", e tal como sugerido pelo modelo de OM, não constitui uma *proxy* adequada para os resultados futuros normais.

Empiricamente e tendo como referência o modelo de OM, McCallig (2004) desagrega o "BVE" com o objectivo de isolar os resultados transitados (negativos) que reflectem os investimentos em activos intangíveis feitos no passado. A evidência empírica obtida confirma o efeito da "valorização positiva dos prejuízos" (quer para as variáveis "prejuízos" e "resultados tansitados – negativos") face aos coeficientes estimados negativos e estatisticamente significativos. Quanto ao "BVE", depois de isolado o efeito dos resultados transitados, assume agora e tal como esperado (quer pelo modelo de OM quer pelo modelo de FOM), um coeficiente positivo e estatisticamente significativo. McCallig (2004) acrescenta mesmo, e citando a título de exemplo a investigação de

---

[85] À semelhança da nossa investigação (ver ponto 3.3), a variável "resultados" funciona como *proxy* para a fase do ciclo de vida da empresa.

Burgstahler e Dichev (1997), que a relação não linear entre as variáveis MVE e BVE, resulta do forte *"conservatism accounting"* a que esta última fica sujeita, em particular em empresas de base tecnológica em faz de *start-up*/crescimento, que classificou como *"revenue investment firms"*.

McCalig (2004) conclui assim, que a este grupo de empresas (*revenue investment firms*), estão associadas empresas mais jovens (média de idade de 7 anos), de pequena dimensão, com maior especificidade de activos, medida pelo rácio activos fixos sobre os capitais próprios e com elevadas oportunidades de crescimento, a avaliar pelos avultados investimentos em "I&D" e "Publicidade". O autor sugere mesmo que enquanto na década de 70, as empresas tendiam a registar prejuízos de pequeno montante e por períodos de tempo reduzidos; pós década de 90, os prejuízos tendem a perdurar por períodos mais longos, assumindo maior magnitude, o que na opinião de McCallig (2004) justifica a *persistência* do fenómeno "valorização positiva dos prejuízos pelo mercado".

Com a investigação de McCallig (2004) reconhece-se o fenómeno da valorização positiva dos prejuízos por parte do mercado, até aqui identificado como um fenómeno "anómalo", apesar de serem várias as investigações que já haviam detectado este fenómeno que não apenas no universo das empresas da nova economia.

Com efeito, Collins, Pincus e Xie (1999) e referindo-se à investigação de Hayn (1995), demonstram que o efeito *"valorização positiva dos prejuízos"* detectado por Hayn se deve a uma incorrecta especificação do modelo de capitalização dos resultados (*earnings capitalization model*) utilizado por esta. Citando Greene (2000), Collins, Pincus e Xie (1999) sustentam que quando uma variável relevante omissa do modelo, a variável BVE, está correlacionada positivamente com a variável dependente (MVE) e negativa (positiva) com a variável independente incluída no modelo (resultados), a exclusão dessa variável do modelo induz num enviesamento negativo (positivo) do coeficiente estimado da variável independente. Neste contexto, é relevante a inclusão da variável "BVE" nos modelos de avaliação, ou seja, sustentam que o efeito da *"valorização positiva dos prejuízos"* se deve à omissão da variável BVE do modelo de avaliação.

Numa clara contradição deste resultado, mas em sintonia com McCallig (2004), Joos e Plesko (2004) vão ainda mais longe, e designam o fenómeno *"valorização positiva dos prejuízos"* como um fenómeno novo. Com efeito, numa replicação do estudo de Hayn (1995), os autores documentam uma reacção favorável do preço aos prejuízos, quando estes tendem a reverter rapidamente para uma posição lucrativa (em clara consonância com a literatura até então vigente), mas o preço/cotação reage igualmente de forma favorável a empresas que reportam prejuízos sucessivos, o que contraria a teoria da opção de abandono, que sustenta o exercício da opção de liquidação por parte dos accionistas num contexto de prejuízos persistentes e/ou níveis insatisfatórios de rendibilidades (Hayn, 1995; Berger, Ofek e Swary, 1996; Burgstahler e Dichev, 1997 entre outros).

Com efeito, os autores demonstram que os prejuízos sistemáticos registados para a segunda amostra, cujo período de análise compreende 1990 a 2000, resultam dos sucessivos investimentos em "I&D" e "Publicidade" (activos intangíveis). Neste contexto, os investidores tendem a não avaliar a variável resultados líquidos "agregada", mas as várias rubricas constituintes da mesma, em particular a rubrica "I&D", que os autores identificam à semelhança de outras investigações, como *proxy* para as oportunidades de crescimento futuras.

Joos e Plesko (2004) concluem assim, que a persistência dos prejuízos está associada a investimentos massivos em "I&D" e "Publicidade", em particular pós década de 90 (na amostra de empresas de 1970 a 1990 a percentagem de empresas a reportar prejuízos era de 15%, valor que duplica para o período de 1990 a 2000). Esta persistência dos prejuízos, leva a que estes deixem de constituir uma *proxy* adequada para a maior probabilidade de liquidação, fenómeno que tende a persistir mesmo após o controlo de observações extremas, via aplicação do método *rank regressions*.

No quadro seguinte (quadro 2.2) sintetizamos a corrente de investigação que vê nos prejuízos, ou melhor na sua persistência, uma *proxy* para o exercício da opção de liquidação detida pelos accionistas. Neste contexto, o "BVE" é relevante como indicador para o valor de liquidação. De salientar que estas investigações tendem a concentrar a sua análise no período anterior a 1996, período que na nossa investigação é identificado com o início do NEP (*new economy period*)[86]. Inventariamos ainda investigações cujo período amostral tende já a cobrir toda a década de 90, e

---

[86] Ver ponto 4.2, onde definimos o conceito *New Economy Period* (NEP).

que documentam que os prejuízos de maior magnitude, tendem a persistir por períodos mais longos. Para este universo de empresas, que não apenas as empresas da nova economia (objecto de estudo), em geral empresas mais jovens, de pequena dimensão, de base tecnológica, com maior especificidade de activos e avultados investimentos em "I&D", o efeito da "valorização positiva dos prejuízos" é estatisticamente significativo, isto é, quanto maior o volume de prejuízos maior é a capitalização bolsista da empresa. A sustentação teórica para este facto, e tal como demonstrado pelos modelos de OM e de FOM, resulta do efeito *"conservatism accounting"*, em que os prejuízos são consequência dos elevados investimentos em activos intangíveis (I&D e Publicidade), contabilizados como custos na íntegra no exercício em que ocorrem, em obediência aos princípios GAAP, mas que para o mercado sinalizam a probabilidade de existência em carteira de maiores oportunidades de crescimento (veja-se o impacto dos resultados supranormais futuros esperados (FE[a]) nos rácios P/B e PER – figura 1.1).

No próximo capítulo, e face à maior magnitude que os investimentos em "I&D" e "Publicidade" vêm assumindo, e que constituem segundo Richardson e Tinaikar (2004) a principal causa do efeito *"conservatism accounting"* modelizado pelos modelos de OM e de FOM, em especial em empresas de base tecnológica em fase de *start-up*, começamos por analisar o impacto destes investimentos no valor de mercado da empresa. No ponto 3.3 avaliamos o efeito do crescimento no valor de mercado dos capitais próprios da empresa, com particular enfoque no sector da Internet, realçando que o potencial de crescimento deste sector esteve/ está a associado a investimentos massivos em activos intangíveis – "I&D e "Publicidade".

Cap. II – A Relevância do Conteúdo Informativo das Variáveis: "Resultados" ... 83

Quadro 2.2: "Quadro resumo dos vários estudos sobre o conteúdo informativo das variáveis: "Resultados" e "Capitais próprios", para efeitos de avaliação"

Os prejuízos a existirem tendem a ser transitórios, logo irrelevantes para efeitos de avaliação. A persistirem, os accionistas exercem a opção de liquidação que detêm sobre os activos da empresa. Neste contexto, a variável BVE constitui uma *proxy* para o exercício da opção de liquidação da empresa. O fenómeno "valorização positiva dos prejuízos" a ocorrer, é visto como uma anomalia. Var (BVE) = *Proxy* para o valor de liquidação da empresa.	Face ao aumento de empresas a reportar prejuízos (em particular pós década de 90), os quais são explicados em parte pelos elevados investimentos em *items* como "I&D" e "Pub", contabilizados como custos no exercício em que ocorrem, em sintonia com os GAAP, os prejuízos deixam de constituir uma *proxy* consistente para o exercício da opção de liquidação. O fenómeno "valorização positiva dos prejuízos" tende a surgir associado a empresas de base tecnológica, em fase de *start-up*, consequência do efeito "*conservatism accounting*". Assim, para efeitos de avaliação importa desagregar a variável resultados líquidos nos seus constituintes. ? Var (BVE) = *Proxy* para o valor de liquidação da empresa.

Autores	Modelo(s)	Período	Autores	Modelo(s)	Período
Non Net Firms[1]:			**Non Net Firms[1]:**		
Hayn (1995)	Returns	1963 a 1990	Frazen (2000)[8]	OM	1980 a 1998
Subramanyam e Wild (1996)	Returns	1981 a 1990	Collins. Pincus e Xie (1999)[9]	OM	1975 a 1992
Chambers (1997)[2]	Returns	1976 a 1992	McCallig (2004)	OM	1980 a 1997
Basu (1997)[3]	Reverse regression	1963 a 1990	Core, Guay e Buskirk (2003)[10]	Modelo	1975 a 1999
Berger, Ofek e Swary (1996)[4]	Modelo	1984 a 1990	Tan (2004)[11]	OM	1985 a 1997
Collins, Maydew e Weiss (1997)	OM	1953 a 1993	Joos e Plesko (2004)	OM Returns	1ª Amostra: 1970 a 1990
Burgstahler e Dichev (1997)	OM	1976 a 1994			2.ª Amostra: 1990 a 2000
Barth, Beaver e Landsman (1998)[5]	OM	1974 a 1993	**Net Firms[12])**		
Schnusenberg e Skantz (1998)	OM	1975 a 1994	Trueman, Wong e Zhang (2000)	OM	1998Q1 a 2000Q2
Collins, Pincus e Xie (1999)	OM	1975 a 1992	Hand (2001b)[13]	OM	1997Q1 a 2000Q3
Francis e Schipper (1999)	OM	1952 a 1994	Demers e Lev (2001)[14]	Modelo	3 datas: -3/12/1999; -28/2/2000; -31/05/2000.
Amir e Lev (1996)[6]	OM e outros	1988-1993	Knauff e Goot (2001)[15]	Modelo	1998-2000
Kothari e Zimmerman (1995)[7]	Price and Return Models	1952-1989	Kozberg (2002)	OM	02/1999 a 05/2001
			Tockic (2002)	Modelo de MM (1961)	1996 a 2000
			Martínez e Clemente (2002)	OM	1996Q1 a 2001Q2
			Hand (2003)	OM (adaptado)	1997Q1 a 2000Q3

1) A designação de *Non Net Firms* não se restringe aqui ao conceito da amostra de controlo por nós utilizada (ver ponto 5.4.2).
2) De salientar que Chambers (1997) exclui da análise, empresas em fase de *start-up*.
3) O objectivo de Basu (1997) consistiu em avaliar o impacto do *"conservatism accounting"* no β (PER). A conclusão a que chegou demonstra que, a existirem, os prejuízos (efectivos e potenciais) são transitórios, restringindo-se o seu efeito a um único exercício, em obediência ao princípio da prudência.
4) Os autores adoptam modelos de regressão linear múltipla, onde explicam quer o MVE em função de variáveis tais como, o "logaritmo do valor actual dos fluxos de caixa esperados", do *"exit value"*, *"excess book value"* = BVE-*exist value"* entre outras. Explicam igualmente o valor da opção de abandono em função do tipo de activos. Não evidenciamos aqui de forma exaustiva todas as variáveis explicativas utilizadas.
5) Os autores adoptam o modelo de OM, mas sob uma sustentação teórica distinta, para "evitar" os pressupostos restritivos em que assenta o OM (por exemplo: o processo autoregressivo para os resultados supranormais, a neutralidade face ao risco). As conclusões obtidas são todavia consistentes com o modelo de OM.
6) Estes autores detectam o efeito da "valorização positiva dos prejuízos" (tabela 2, pp.11). A justificação apresentada, e dado tratar-se de um sector também ele emergente na altura e em franco crescimento (empresas de telemóveis), sustentou-se no reduzido histórico em termos de informação financeira. É uma das primeiras investigações a sugerir a introdução nos modelos de avaliação de variáveis não financeiras, por exemplo: a percentagem de população já coberta pela rede de telemóveis, o número de clientes.
7) Estes autores detectam já na tabela 5 (pp.176) o efeito da "valorização positiva dos prejuízos", mas não proporcionam qualquer explicação para o mesmo.
8) Frazen (2000) avalia o poder explicativo do modelo de OM aplicado a quatro grupos de empresas a reportarem prejuízos: 1.º empresas que reportam prejuízos num único exercício, 2.º empresas que reportam prejuízos sucessivos e estão envolvidas num processo de recuperação/adaptação, 3.º empresas em liquidação/falência e por último 4.º *"investment losses firms"*, que à semelhança de McCallig (2004) são empresas que investem massivamente em activos intangíveis, encontrando-se ainda numa fase de *start-up*/crescimento.
9) Para estes autores não ficou claro a predominância em termos de poder explicativo da variável EXIT, calculada tal como proposto por Berger, Ofek e Sawary (1996), como *proxy* para o valor de liquidação face à variável FUTX=r*BVE$_{t-1}$, como sugerido pelo modelo de OM, enquanto *proxy* para os resultados futuros, mesmo nas empresas em *stress* financeiro, isto é, a reportarem prejuízos sucessivos, logo candidatas a saírem do mercado.
10) Não adoptam um modelo teórico específico (por exemplo o OM), porém detectam o fenómeno da "valorização positiva dos prejuízos" (tabela 2, pp.55) quando introduzem no modelo como variável independente, a variável resultados quando esta assume valores negativos. Os autores referem explicitamente que para o ano de 1999 a amostra com prejuízos inclui 214 empresas da nova economia, atendendo aos critérios de selecção adoptados por Hand (2001a).
11) Tan (2004) centrou a sua investigação apenas em empresas que faliram ou optaram por um processo de F&A.

[12] De seguida inventariamos (ainda que de forma não exaustiva) investigações que incidem sobre as *net firms*, nosso objecto de análise. De referir que dado o *carácter emergente deste sector,* os dados foram obtidos numa base trimestral (Q).
[13] Adopta o modelo de OM, introduzindo à semelhança de Amir e Lev (1996) variáveis não financeiras – variáveis *web traffic* (número de visitantes por página – *visitors*, número de horas dispendidas na consulta de dado *site* – *hours*, número de página visitadas – *page views* e percentagem da população utilizadora da Internet – *reach).*
[14] Não adoptaram nenhum modelo de avaliação formal. Assim a par das variáveis *web traffic* (não financeiras) seleccionadas com base na análise factorial, verificam o efeito da "valorização positiva dos prejuízos" para a variável fluxo de caixa operacional.
[15] A particularidade desta investigação é que versa sobre IPO de empresas europeias, cotadas no índice EURO.NM. Com o objectivo de explicar o rácio MVE/BVE à data do IPO, os autores verificam que quer para as variáveis "resultados", "fluxo de caixa operacional" e "resultados antes de *items* extraordinários", consideradas isoladamente para evitar os efeitos da multicolinearidade, regista-se o efeito da "valorização positiva dos prejuízos".

Capítulo III

O IMPACTO DO INVESTIMENTO EM ACTIVOS INTANGÍVEIS NO VALOR DE MERCADO DAS EMPRESAS

3.1 Introdução

Como foi apresentado no segundo capítulo, o modelo de FOM sustenta analiticamente que o *goodwill*, medido pelo diferencial entre o valor de mercado dos capitais próprios da empresa (MVE) e o seu valor contabilístico (BVE) resulta de três factores: i) persistência de resultados supranormais futuros; ii) outra informação não financeira que vai chegando ao mercado, que é incorporada de imediato nos preços e só posteriormente reconhecida nas demonstrações financeiras (*lack of timeliness*) e iii) efeito de subavaliação dos activos operacionais (*conservatism accounting*), pois e com referência aos activos não operacionais, dada a existência de mercados mais líquidos, o seu valor contabilístico tende a coincidir com o seu valor de mercado.

O efeito da subavaliação dos activos ganha relevância com o desenvolvimento de empresas de base tecnológica (*high tech firms*). Neste tipo de empresa os investimentos tendem a concentrar-se nas rubricas "I&D" e na promoção da imagem da empresa/serviços/produtos (marketing e publicidade). Dada a inexistência de critérios objectivos susceptíveis de serem utilizados para a mensuração dos benefícios futuros associados a este tipo de investimento (a existirem), os princípios contabilísticos GAAP impõem o seu tratamento como custos na íntegra no exercício em que ocorrem[87]. Estes procedimentos tendem a subavaliar os resultados líquidos,

---

[87] No Reino Unido o tratamento contabilístico para as rubricas "I&D", "*Marketing*" e "*Publicidade*" é similar ao previsto pelos GAAP. Contudo, no Reino Unido é maior a

o valor dos activos e o valor dos capitais próprios, em particular em empresas em fase de crescimento, o que provoca uma forte distorção na informação veiculada pelas demonstrações financeiras.

Neste sentido, no capítulo II, a nossa análise incidiu sobre o conteúdo informativo para efeitos de avaliação das variáveis "resultados líquidos" e "BVE", principais determinantes do valor segundo os modelos de OM e de FOM, dando particular ênfase ao universo de empresas que registam prejuizos. Com base na revisão da literatura verifica-se que o fenómeno da "valorização positiva dos prejuízos" é recente (ganha relevância na década de 90), surgindo associado a empresas jovens, de base tecnológica, com elevadas oportunidades de crescimento. Para empresas em crescimento, é importante desagregar os "resultados líquidos" nos seus constituintes, em particular nas rubricas "I&D" e "Publicidade", pois contabilisticamente são considerados como custos, mas o mercado tende a avaliá-los como activos.

Com efeito, a dimensão dos activos incorpóreos[88] incluindo o investimento em "I&D", "Publicidade", capital intelectual, parcerias estratégicas, carteira de clientes, contratos estabelecidos, trespasses, localização, marcas e patentes etc, tornam-se determinantes para que as empresas inovem, diferenciem produtos e serviços, fidelizem clientes, em suma, criem valor. Assim, face à relevância deste tipo de investimento, e constituindo este, e segundo Richardson e Tinaikar (2004) o principal factor do *conservatism accounting* nas empresas de base tecnologia, este capítulo começa por analisar o impacto deste tipo de investimento sobre o valor de mercado dos capitais próprios (MVE) das empresas. No ponto seguinte, e atendendo ao carácter emergente do sector da Internet/*net firms*, focamos a atenção no seu potencial de crescimento para efeitos de avaliação, pois e de acordo com Copeland *et al.* (2000), Damodaran (2001), Jorion e Talmor (2006), entre outros, nesta fase, as empresas em

---

flexibilidade de abandono do princípio do custo histórico, com referências às *trademarks* (*brand* no Reino Unido). Com referência aos activos intangíveis desenvolvidos internamente, a tendência contabilística e na linha dos GAAP, tende a tornar-se mais conservadora. De acordo com o *Financial Reporting Standard* (FRS) n.º 10 (*Goodwill and Intangible Assets*): "*An internally developed intangible asset may be capitalised only if it has a readily ascertainable market value*".

[88] A designação de activos incorpóreos advém do facto de estes activos não terem substância física, pelo que são também designados por intangíveis.

geral (não apenas as empresas da nova economia) tendem a adoptar uma estratégia de maximização do crescimento. Dado o seu perfil, empresas de base tecnológica, o crescimento surge associado a investimentos massivos em activos intangíveis – "I&D" e "Publicidade".

3.2 O Impacto do Investimento em Activos Intangíveis no Valor de Mercado das Empresas

O valor de uma empresa deve reflectir o valor dos seus activos líquidos. Numa economia moderna que, segundo Lev e Sougiannis (1996) e Chan, Lakonishok e Sougiannis (2001) se caracteriza pela emergência de novos sectores, sectores baseados no conhecimento (*knowledge based industries*), no software, sectores ligados à biotecnologia e às telecomunicações, o valor destas empresas, vulgarmente designadas por empresas de base tecnológica (*high tech firms*) está maioritariamente associado aos activos incorpóreos que detêm. Como principais intangíveis, estes autores referem as rubricas "I&D" e campanhas promocionais e de marketing (Publicidade), na tradição dos estudos oriundos da economia industrial[89].

A predominância deste tipo de activos torna particularmente complexa a tarefa de avaliação deste tipo de empresa, dado que o reconhecimento de um activo incorpóreo não é uma questão linear, pois para que o activo exista o mesmo tem de ser identificado, ainda que sem substância física. Neste sentido, os custos de pesquisa, investigação e desenvolvimento não podem ser associados aos activos incorpóreos, pois o bem ainda não existe. Acontece todavia, que a fase de pesquisa é muitas vezes longa e infrutífera. Segundo o FASB, é este elevado grau de incerteza quanto aos benefícios económicos futuros, que justifica que este tipo de investimento não seja capitalizado[90].

---

[89] A relevância destas variáveis é tal, que a base de dados Compustat recolhe informação com referência à variável "I&D" numa base trimestral (*item* número 4) e numa base anual (*item* número 46). A variável *"Publicidade"* é divulgada apenas numa base anual (*item* número 45).

[90] Não constitui objectivo do presente trabalho analisar a adequabilidade ou não dos GAAP actualmente em vigor nos EUA. Os principais argumentos apresentados para sustentar a contabilização como custos (e não a sua capitalização) dos intangíveis "I&D" e "Publicidade", são: i) a assimetria de informação entre os gestores e os accionistas e os

Atendendo a estas práticas contabilísticas (contabilização como custos dos investimentos em "I&D" e "Publicidade"), White, Sondhi e Fried (1997), Copeland *et al.* (2000), Damodaran (2001), Chan Lakonishok e Sougiannis (2001) entre outros, argumentam que as métricas tradicionais de avaliação, tais como o múltiplo dos resultados (*PER*) e o múltiplo do valor contabilístico (P/B) sofrem grande distorção e volatilidade. Assim as empresas de base tecnológica podem apresentar múltiplos elevados, dadas as fortes expectativas de crescimento que lhe estão associadas, a avaliar pela magnitude dos valores investidos nas rubricas "I&D" e "Publicidade"[91].

Com efeito, Chan Lakonishok e Sougiannis (2001) documentam para o período entre 1975 e 1995, e tendo como referência as empresas americanas cotadas no NYSE – *New York Stock Exchange*, AMEX – *American Stock Exchange* e NASDAQ – *National Association of Security Dealers´ Active Quotation*, que os rácios I&D sobre as vendas e sobre o BVE, rácios que medem a intensidade dos investimentos em activos intangíveis, passaram de 1,7 e 4,13 em 1975 para 3,75 e 10,88 em 1995, respectivamente. Este efeito parece ser mais acentuado para determinados sectores, que por ordem de magnitude e, face ao rácio I&D sobre as vendas são: "737 – *Computer Programming, Software, & Services*", "283 *Drugs & Pharmaceuticals*", "357 – *Computers & Office Equipment*", "38 – *Measuring Instruments*", "36 – *Electrical Equipment Excluding Computers*", "48 *Communications*" e "37 *Transportation Equipment*".

Lev e Sougiannis (1996) observam igualmente um elevado crescimento das rubricas "I&D" e "Publicidade", em particular nos últimos 20 anos, como consequência da emergência de novos sectores. Evidência empírica similar é proporcionada por Damodaran (2001:9), incluindo já

---

consequentes custos de agência que daqui derivam, não só entre gestores e accionistas, como também entre estes últimos e os credores; ii) os custos contratuais entre as partes, dada mais uma vez a posição privilegiada dos gestores no acesso à informação interna da empresa, iii) aspectos fiscais, iv) restringir a possibilidade de uma gestão discricionária dos resultados por parte dos gestores (contabilidade criativa) e ainda, iv) o aumento da responsabilidade legal dos auditores, face aos actuais escândalos contabilísticos que se têm verificado (Basu, 1997; Kothari *et al.*, 2002; Hand, 2003).

[91] Na figura 1.1, e recorrendo-se ao modelo RIV, ficou demonstrado que os elevados múltiplos para este tipo de empresa se sustentam na expectativa de existência em carteira de elevadas oportunidades de crescimento.

este autor na sua análise comparativa, o sector da *Internet*. Assim, e face à magnitude das empresas de base tecnológica na economia actual, importa analisar o impacto do valor do investimento em activos intangíveis (I&D e Publicidade) no MVE destas empresas.

Num mercado eficiente não seria de esperar qualquer relação entre as variáveis "MVE", "I&D" e "Publicidade", pois os preços tendem a reflectir toda a informação pública disponível. Porém o funcionamento do mercado caracteriza-se por um conjunto de imperfeições, desde o efeito da fiscalidade, aos custos de transacção, à assimetria de informação e aos custos de agência (Quintart e Zisswiller, 1994), pelo que é pertinente a análise da relação (estatística) entre estas variáveis.

Neste contexto, a corrente baseada na metodologia dos estudos de eventos (*event studies*), procura avaliar a reacção do mercado ao anúncio de novos projectos de investimento em I&D, por parte das empresas. A investigação de Wooldridge (1988) foi pioneira neste domínio, tendo o autor registado uma reacção positiva por parte do mercado ao anúncio de novos projectos de investimento em "I&D". Adoptando uma metodologia similar, e com o mesmo objectivo Chan *et al.* (1990), e Zantout e Tsetsekos (1994) registam rendibilidades positivas e significativamente estatísticas para o grupo das empresas de base tecnológica (*high tech firms*), contrariamente aos resultados obtidos para o grupo de empresas de baixa tecnologia (*low-tech firms).* Face a estes resultados, Szewczyk *et al.* (1996), e com vista a garantir uma maior robustez dos resultados, recorrem ao rácio de Tobin (pois permite-lhes um maior controlo do efeito indústria), para analisarem a reacção do mercado ao anúncio de novos projectos de investimento em "I&D"[92]. Os resultados obtidos confirmam os resultados registados em 1994, isto é, o mercado avalia positivamente os investimentos em "I&D" e "Publicidade" nas empresas de base tecnológica. Na opinião dos autores, estes resultados reflectem as percepções por parte dos investidores de uma maior probabilidade de existência em carteira para este tipo de empresas, de novas oportunidades de crescimento, confirmando-se assim e segundo os autores a "*investment opportunity hypothesis*". As rendibilidades negativas, logo uma diminuição

---

[92] No estudo desenvolvido em 1994, Zantout e Tsetsekos haviam utilizado uma variável *dummy* para diferenciar os dois grupos de empresas: empresas de alta tecnologia e empresas de baixa tecnologia.

do valor dos capitais próprios registado para o grupo de empresas de baixa tecnologia, são justificáveis pelos autores, à luz dos conflitos de agência derivados do *free cash flow*.

Com efeito, como postulado por Jensen (1986), o anúncio de novos investimentos em "I&D" e "Publicidade" em empresas com elevado *free cash flow*, em geral empresas na maturidade, intensifica os conflitos de agência entre gestores e accionistas[93]. Os gestores preferem sempre investir mais, mesmo em projectos de baixa rendibilidade ou mesmo de rendibilidades negativas, pois associam ao crescimento, logo à gestão de um maior volume de recursos, mais poder. Neste contexto, os accionistas preferem a distribuição da liquidez excedentária, quer sobre a forma de dividendos e/ou recompra de acções, ao reinvestimento dos lucros.

A par das investigações baseadas nos estudos de eventos, uma outra corrente (mais extensa) sustentada em estudos *cross section* e/ou *pooled regressions* analisa a existência de relações estatísticas (significativas) entre o valor de mercado dos capitais próprios da empresa (MVE) e as variáveis "I&D" e "Publicidade".

Assim, já Weiss (1969) sustentava que os investimentos em "I&D" e "Publicidade" deveriam ser capitalizados em detrimento da sua contabilização imediata como custos, como sustentam os GAAP. É certo que a evidência empírica na década de 70 apresentava resultados pouco conclusivos, detectando Peles (1971) uma significância estatística positiva para os investimentos em "I&D" para os sectores da cerveja e do tabaco, revelando-se contudo esta variável não significativa no sector automóvel. Abdel-Khalik (1975) regista uma significância estatística para a variável "I&D" no âmbito da indústria alimentar e de cosméticos, perdendo a variável significância estatística para o sector do tabaco, contrariando assim os resultados de Peles (1971). Picconi (1977), não detecta nenhuma relação estatística entre as variáveis "I&D", "vendas" e "MVE". Para Sougiannis (1994) esta contradição em termos de resultados empíricos, e com referência à década de 70, justifica-se devido à reduzida dimensão das amostras utilizadas e alguma limitação computacional em termos de tratamento econométrico. A partir de meados da

---

[93] Em empresas em crescimento é pouco provável a existência de conflitos de agência derivados do *free cash flow*. Bem pelo contrário, este tipo de empresa tende é a sofrer constrangimentos de liquidez, dado o elevado volume de fundos necessários ao financiamento do seu crescimento.

década de 80, os resultados obtidos parecem ser mais sólidos, confirmando que as rubricas "I&D" e "Publicidade" são relevantes para a determinação do valor das empresas.

Dukes (1976) analisou as percepções dos investidores à informação veiculada pelas variáveis "I&D" e "Publicidade", tendo concluído que os investidores ponderam estas variáveis na formulação das suas expectativas acerca do valor das empresas, ajustando os resultados líquidos reportados pelas empresas ao valor destas variáveis. Ben-Zion (1978), constatou que o diferencial entre o "MVE" e o "BVE" (o *unrecorded goodwill* segundo os modelos de OM e de FOM), está positivamente correlacionado com o rácio "I&D sobre as vendas".

Nesta linha de investigação, Hirschey (1982) sustenta que o MVE depende de vários sinais que chegam ao mercado acerca das perspectivas de rendibilidade futura da empresa. Neste sentido, as rubricas "I&D" e "Publicidade" constituem potenciais indicadores dessa rendibilidade. No estudo que desenvolvem, mostram que o rácio MVE sobre o seu valor contabilístico (*proxy* para o rácio de Tobin) é explicado em função dos resultados obtidos pela empresa e respectiva volatilidade, do grau de concentração da indústria, medido pelo peso das vendas das quatro maiores empresas da indústria nas vendas totais do sector, da taxa de crescimento das vendas e das variáveis "I&D" e "Publicidade". Tal como esperado, às variáveis "I&D" e "Publicidade" estão associados coeficientes positivos e estatisticamente significativos, concluindo os autores que estas variáveis são relevantes para a determinação do valor da empresa.

Numa extensão deste trabalho, em 1984, e em co-autoria com Connolly, os autores sustentam que o diferencial entre o MVE e o valor contabilístico dos activos corpóreos (*Book value* – BV)[94], que definem como valor excedentário (*excess value*), que mais uma vez identificamos com o conceito "*unrecorded goodwill*" definido pelo modelo de FOM, é explicado pelas variáveis "I&D", "Publicidade" e o grau de concentração da indústria. Analiticamente:

$$\frac{Valor\ excedentário\ (unrecorded\ goodwill)}{Vendas} = \left[\frac{MVE}{vendas} - \frac{BV}{vendas}\right] = f(I\&D, Pub, Concentração) \quad \textbf{(3.1)}.$$

---

[94] Os autores assumem todavia, que o valor contabilístico dos activos corpóreos é uma *proxy* imperfeita para o valor de mercado dos mesmos.

A significância estatística associada aos coeficientes (positivos) estimados para estas variáveis, validam os resultados obtidos em 1982. Os autores interpretam este resultado, como uma antecipação por parte do mercado do VAL associado a este tipo de investimentos. Este efeito é reforçado, segundo Connolly e Hirschey (1984), se a empresa assumir uma posição dominante no sector. Esta posição dominante, associada a investimentos sucessivos em activos intangíveis, permite à empresa criar barreiras à entrada e perpetuar as suas vantagens competitivas, garantindo assim a permanência de extracção de rendas económicas.

Com o objectivo de introduzir, em simultâneo, o efeito indústria e o efeito dimensão na análise, no pressuposto de que a variável "I&D" é mais efectiva na diferenciação entre empresas industriais e não industriais, em 1993 Chauvin e Hirschey estimam o modelo em que o rácio MVE sobre as vendas é explicado em função dos fluxos de caixa gerados pela empresa, da taxa de crescimento das vendas, do risco, da quota de mercado da empresa e das variáveis "I&D" e "Publicidade"[95]. O modelo é estimado para os dois grupos de empresas, empresas industriais onde a variável "I&D" ganha relevância e empresas não industriais, onde tende a predominar a rubrica "Publicidade". O modelo considera ainda o efeito dimensão, ao desagregar a amostra em grandes, médias e pequenas empresas. Os resultados apontam para uma forte significância estatística para as variáveis "I&D" e "Publicidade", quer nas empresas industriais quer não industriais. Os resultados são robustos, confirmando uma valorização positiva e significativa do ponto de vista estatístico, independentemente da dimensão das empresas. Os autores concluem pois, que as variáveis "I&D" e "Publicidade" são úteis aos investidores na formulação das suas expectativas acerca da magnitude dos fluxos de caixa futuros e do nível de risco associado aos mesmos. No quadro 3.1 sistematizamos os principais resultados obtidos por Hirschey (1982, 1984 e 1993).

---

[95] A variável vendas é utilizada como variável normalizadora à semelhança do modelo utilizado em 1984 por Connolly e Hirschey (1984). A preferência por esta variável é justificada pelo facto de não ser tão influenciada pelas práticas contabilísticas adoptadas pela empresa. Esta variável foi também muito utilizada no universo das *net firms* (por exemplo: Demers e Lev, 2001). Todavia, práticas como "*barter revenue*" e "*grossed up*" (ver ponto 5.4), inflacionaram o valor desta variável, o que em nosso entender lhe retira relevância, enquanto variável normalizadora no estudo deste universo de empresas.

Em síntese, neste ponto concluímos quer com base nos resultados obtidos pela corrente baseada na metodologia dos estudos de eventos (Wooldridge, 1988, Chan et al., 1990, Zantout e Tsetsekos, 1994, Szewczyk et al., 1996), quer com base nos resultados baseados nos estudos *cross section* e/ou *pooled regression* (Hirschey, 1982; Connolly e Hirchey, 1984; Chauvin e Hirschey, 1993), que o mercado valoriza positivamente o investimento nos *items* "I&D" e "Publicidade" por parte da empresa. Esta valorização positiva reflecte as expectativas do mercado acerca das oportunidades de crescimento detidas por este tipo de empresa, e que derivam da existência de licenças, patentes, *Know-How* específico, inovação, capacidade de conquista de quotas de mercado significativas, que exigem investimentos continuados em "I&D" e "Publicidade".

Neste contexto, o mercado parece estar a avaliar as empresas em função do seu potencial de crescimento, devendo os investidores pagar um prémio pelas oportunidades de crescimento detidas pela empresa. Assim, no ponto seguinte atendendo ao carácter emergente do sector da Internet/*net firms,* focamos atenção no seu potencial de crescimento. Iniciamos a análise com os modelos clássicos de MM (1961) e Malkiel (1973), estabelecendo uma analogia aos modelos de OM e de FOM, com o objectivo de avaliarmos o impacto do crescimento para efeitos de avaliação. Evidenciamos de seguida que o potencial de crescimento das *net firms* esteve, está associado a fortes investimentos nos activos intangíveis– "I&D" e "Publicidade". A racionalidade desta estratégia de investimento, popularizada pelo conceito *"winner-takes-all"*, sustenta-se nas fortes expectativas de rendimentos crescentes à escala, potenciados pelo efeito de *network* gerado pela *Internet*.

Quadro 3.1: "Relação (estatística) entre o valor de mercado dos capitais próprios (MVE) e os investimentos em activos intangíveis: I&D e Publicidade"

Autor / Variáveis	Hirschey (1982)	(Coef. Estimado)	Connolly e Hirschey (1984)	(Coef.estimado)	Chauvin e Hirschey (1993)	(Coef.estimado)
Variável dependente	MVE/BV		(MVE-BV)/Vendas (*unrecorded goodwill*)		MVE/Vendas	
Variáveis independentes	Resultados/BV	Positivo(*)			Fluxos de caixa/Vendas	- Positivo (G, M e P) (*) v); - Positivo (I&D, Pub) (*) vi)
	Grau de concentração da indústria (GC) i)	Negativo	Grau de concentração da indústria (GC) i)	Negativo(*)	Quota de mercado	- Positivo (G e M); - Positivo (I&D) (*); - Positivo (Pub) (*);
	Crescimento das vendas	Positivo	Crescimento das vendas	Positivo(*)	Crescimento das vendas	- Negativo (G e M); - Positivo (I&D) (*); - Positivo (Pub);
	Risco (volatilidade dos resultados)	Negativo(*)	Risco (volatilidade dos resultados)	Negativo(*)	Risco iv)	- Negativo (G, M); - Negativo (I&D e Pub);
	I&D/BV	Positivo(*)	I&D/Vendas	Positivo(*)	I&D/Vendas	- Positivo (G, M e P) (*).
	Publicidade/BV	Positivo(*)	Publicidade/vendas	Positivo(*)	Publicidade/vendas	- Positivo (G, M e P) (*).
			Efeito não linear do grau de concentração da indústria [(GC)²] ii)	Positivo(*)		
			Diversificação da indústria			
			I&D/Vendas * GC iii)	Negativo(*)		
			Pub/Vendas * GC iii)	Positivo(*)		
			Cres. Vendas * GC iii)			

i) O grau de concentração da indústria resulta do quociente das vendas das quatro maiores empresas do sector sobre o total das vendas da indústria;
ii) O efeito não linear do grau de concentração da indústria obtém-se elevando ao quadrado a variável "grau de concentração da indústria", isto é, (GC)²;
iii) Variáveis interactivas;
iv) A variável risco é medida segundo a metodologia de Garman e Klass (1980), isto é, o logaritmo entre o preço mais alto e mais baixo, para um horizonte temporal de 52 semanas;
v) G – grande empresa, M – média empresa e P – pequena empresa;
vi) I&D – identifica o grupo de empresas que investem intensivamente neste *item*, que os autores associam ao sector industrial; *Pub*– empresas que investem massivamente em marketing e publicidade (empresas não industriais);
(*) – Variável estatisticamente significativa.

3.3 O Valor das Empresas e o seu Potencial de Crescimento

Segundo MM (1961), o valor de uma empresa em crescimento (*growth stock*[96]) obtém-se, adicionando o valor actual dos fluxos de caixa gerados a partir dos activos existentes o valor actual das oportunidades de crescimento detidas pela empresa. Analiticamente:

$$V_0 = \frac{X}{r} + \left[\frac{k-r}{r}\right]\left(\frac{bX}{r}\right) \quad \textbf{(3.2)}$$

em que:
- X – corresponde aos resultados líquidos gerados pela empresa, em função do "*stock*" de activos existentes;
- k – taxa de rendibilidade esperada para os novos investimentos (k>r, dada a presença de oportunidades de investimento);
- r – custo do capital próprio e;
- b – rácio de retenção, isto é, a percentagem de resultados retidos pela empresa para financiamento dos novos investimentos.

Assumindo que a empresa retêm a totalidade dos resultados gerados (b=1), condição que segundo MM (1961) é um pressuposto racional, dada a fase de crescimento da empresa, obtém-se:

$$V_0 = \frac{X}{r} + \left[\frac{k-r}{r}\right]\left(\frac{X}{r}\right) = \frac{X}{r}\frac{k}{r} = \frac{X}{r}m \quad \textbf{(3.3)}$$

sendo m (m=k/r) um múltiplo de rendibilidade[97]. À medida que a empresa caminha para a maturidade, as oportunidades de crescimento tendem a

---

[96] Barreto (1996:123) define "*growth stock*" como as acções de uma empresa que possui oportunidades de investimento futuras, suficientemente rentáveis para serem aceites pela mesma, atendendo ao custo do capital.

[97] Neves (2002:199) para calcular o valor de uma acção de uma empresa em crescimento (*growth stock*), e à semelhança de MM (1961), adiciona à capitalização dos resultados líquidos gerados pelos activos existentes o VAOC – valor actual das oportunidades de crescimento, cujo efeito desagrega em "qualidade" e "quantidade". Analiticamente, e de acordo com a terminologia deste autor, $VAOC = \frac{RCP - k_e}{k_e} * \frac{RPA_{T+1}(1-d)}{k_e - g}$, em

desvanecer-se, pelo que r=k, e o valor da empresa passa a ser função da capitalização dos resultados gerados pelo *stock* de activos existentes, modelo equivalente ao nosso já familiar modelo de Gordon (caso específico do modelo de OM) e consequentemente também equivalente ao modelo RIV, como demonstraram Lo e Lys (2001).

Malkiel (1963) observou o decréscimo acentuado verificado nos preços em 1962, demonstrando que o múltiplo de rendibilidade (m) pode ser definido como:

$$m = \overline{m} \frac{(1+g)^N}{(1+r)^N} \quad (3.4).$$

Onde:

$\overline{m}$ – Corresponde ao múltiplo de rendibilidade de uma empresa na maturidade;
g – Mede a taxa de crescimento;
r – Identifica o custo do capital próprio, assumindo-se por conseguinte g>r (dada a existência de oportunidades de crescimento) e;
N – Corresponde ao número de períodos durante os quais se espera obter rendibilidades supranormais.

Malkiel (1963) demonstra assim três propriedades associadas a empresas em crescimento: i) o múltiplo de uma empresa em crescimento (m) é superior a uma empresa na maturidade ($\overline{m}$), pelo que $PER_{(m)}$ > $PER_{(\overline{m})}$, (tal como havíamos já demonstrado na figura 1.1 com base no modelo RIV); ii) o múltiplo é função do crescimento esperado (g) e do

---

que a primeira parcela mede a "qualidade" do investimento, isto é, a rendibilidade supranormal que se espera obter (RCP – mede a rendibilidade dos capitais próprios e k_e corresponde ao custo dos capitais próprios). A "quantidade" identifica-se com a parcela $\dfrac{RPA_{T+1}(1-d)}{k_e - g}$, evidenciando que só interessa reter resultados se aos mesmos estiverem associados oportunidades de investimento criadoras de valor (RPA – mede o resultado por acção, d – os dividendos e g – a taxa de crescimento).

número de períodos em que espera um crescimento supranormal (N) [PER = f (g,N)] e iii) a volatilidade do múltiplo depende igualmente quer da taxa de crescimento (g), quer do número de períodos para o qual se estima um crescimento supranormal (N) [volatilidade = f (g,N)]. Conclui assim que a cotação deste tipo de títulos tende a ser muito mais volátil [isto é, volatilidade$_{(m)}$ > volatilidade$_{(\overline{m})}$]^{98}.

Comparando o modelo de MM (1961) com o modelo de OM, concluímos que ambos dependem do valor do *stock* de activos existentes (BVE) e das oportunidades de crescimento detidas pela empresa. Contudo, o modelo de OM diverge do modelo de MM (1961), que assume b=1 (b – rácio de retenção), logo que o crescimento é permanente. No modelo de OM as rendibilidades supranormais, que dependem de um processo autoregressivo independente da variável BVE, incorporando choques provenientes de outras fontes de informação não financeiras, via a variável v$_t$, tendem a convergir rapidamente para a média do sector/indústria face à pressão da concorrência. Saliente-se que já Mao (1966) e Taylor (1974) incorporavam o conceito de ciclo de vida para flexibilizar o pressuposto de crescimento constante subjacente ao modelo de MM (1961). Assim, num primeiro estádio a empresa cresce/investe a uma taxa exponencial, enquanto num segundo estádio a empresa cresce a uma taxa constante. No estádio final, em que a(s) oportunidade(s) de crescimento(s) já desapareceram, os investimentos restringem-se à reposição dos activos existentes.

Desta análise comparativa entre o modelo de MM (1961) e o modelo de OM é de referir que ambos os modelos assumem o financiamento de novos projectos de investimento por retenção de resultados e a emissão de novas acções como substitutos perfeitos. Na maturidade, a taxa de rendibilidade dos capitais próprios (ROE) tende a igualar o custo do capital, como evidencia a expressão 1.25, que define os resultados permanentes.

---

[98] Relativamente à questão que motivou o estudo, isto é, analisar a razão do decréscimo acentuado dos preços dos títulos em 1962, o autor concluiu que o maior decréscimo das cotações se registou nos "*growth stock*", consequência da forte volatilidade que também caracterizou este tipo de títulos. Ofek e Richardson (2002, 2003) reportam resultados similares para o grupo das *net firms*, com referência ao *crash* ocorrido na Primavera de 2000 (Março de 2000). Com efeito, foram estes títulos que maiores quebras registaram, mas foram também aqueles que evidenciaram um maior padrão de volatilidade.

Feltham e Ohlson (1995) na extensão ao modelo inicial de Ohlson (1995), em consonância com Malkiel (1963), demonstram que o múltiplo dos resultados das empresas em crescimento é superior ao múltiplo das empresas em maturidade, dado não só: i) ao efeito da persistência dos resultados supranormais, medido pelo parâmetro w_{11} que incorpora o efeito crescimento (g) e período de duração do crescimento supranormal (N), de acordo com a terminologia de Malkiel (1963); ii) bem como do volume de investimentos efectuados (crescimento dos activos operacionais), captado pelo parâmetro w_{22}, e iii) ainda do efeito *"conservative accounting"*, reflectido no parâmetro w_{12}, consequência da subavaliação dos activos operacionais. Este efeito é muito acentuado na faz de *start-up*, em particular de empresas de base tecnológica dada a predominância de activos intangíveis[99].

Com efeito, na avaliação de uma empresa deve ser tido em conta a fase do ciclo de vida em que se encontra (Copeland *et al.*, 2000 e Damodaran, 2001). Jorion e Talmor *(2006)* aplicam este ponto de vista às empresas da nova economia (objecto de estudo), sustentando que, na fase de *start-up*/crescimento, estas empresas investiram maioritariamente em activos intangíveis, em particular nos *items* "I&D" e "Publicidade".

Assim, atendendo por um lado, ao aumento crescente dos sectores de base tecnológica, incluindo o sector da Internet, tal como documentado por Lev e Sougiannis, (1996), Chan, Lakonishok e Sougiannis, (2001), Damodaran (2001), McCallig, (2004) e Joos e Plesko, (2004), entre outros, e o facto de os investimentos neste tipo de empresa tenderem a concentrar-se em activo intangíveis, e atendendo à revisão da literatura que conduziu à elaboração do quadro 2.2, constata-se que as empresas a reportarem prejuízos não podem ser avaliadas de forma homogénea. Questiona-se assim a corrente que vê nos prejuízos sucessivos, uma *proxy* para o valor de liquidação – teoria da opção de abandono.

O suporte teórico para esta constatação deriva de aos investimentos em activos intangíveis estar associado um duplo efeito, isto é, um efeito de curto prazo e um efeito de médio longo prazo. No curto prazo, os investimentos em intangíveis (I&D e Publicidade) aumentam os custos

---

[99] Este efeito é demonstrado analiticamente por Feltham e Ohlson (1995:711) na proposição número 5. Sugerimos a consulta do capítulo I, ponto 1.5, onde Feltham e Ohlson (1995) demonstram o impacto do *"conservatism accounting"* no MVE, consequência do investimento em activos intangíveis, à data de inicialização do modelo de dinâmica de informação (*Linear Information Model*- LIM*)*.

da empresa (dada a exigência da sua contabilização imediata como custos segundo os GAAP). No médio e longo prazo, os investimentos efectuados no passado começam a gera fluxos de caixa, reflectindo-se o seu efeito no volume de vendas, cuja repercussão se estende aos resultados.

Perante este duplo efeito, sugere-se como *proxy* para diferenciar as diferentes fases do ciclo de vida das empresas, a variável "resultados líquidos". Assim, resultados positivos estão associados a empresas que atingiram já a maturidade, ou pelo menos um crescimento estável, enquanto os prejuízos estão associados a empresas mais jovens, na fase de *start-up*, onde predomina uma estratégia de maximização do crescimento.

Com efeito, McCallig (2004) e face à magnitude do reporte de prejuízos por parte das empresas (americanas) na década de 90, recorre igualmente à variável "resultados líquidos" enquanto *proxy* para identificar a fase do ciclo de vida em que a empresa se encontra. Os resultados obtidos demonstram que para o grupo de empresas a reportar prejuízos e com resultados transitados negativos, que designou por "*revenue investment firms*", os prejuízos (do exercício e acumulados) derivam de um efeito "*conservatism accounting*" muito acentuado, pois neste tipo de empresas predomina o efeito de curto prazo associado aos investimentos em intangíveis.

Sougiannis (1994) e Lev e Sougiannis (1996) apresentam evidência empírica sobre a dualidade do efeito de curto e médio longo prazo associado aos investimentos em activos intangíveis. Sougiannis (1994) demonstrou que aos investimentos em I&D está associado um múltiplo dos resultados líquidos do exercício, que reflecte os benefícios dos investimentos efectuados no passado. A este efeito há ainda que adicionar o conteúdo informacional que os investidores atribuem aos investimentos correntes neste *item*. Os resultados obtidos são conclusivos, confirmando que o mercado avalia positivamente os investimentos correntes em I&D, que designa pelo efeito directo. O efeito indirecto resulta da capitalização dos resultados gerados pelos investimentos efectuados no passado. O autor documenta um resultado mais forte para o efeito indirecto, verificando que em média o investimento de um dólar em "I&D" proporciona um acréscimo nos resultados líquidos superior a dois dólares num prazo de 2 a 7 anos[100]. De salientar que a maior expressividade em termos

---

[100] Sougiannis (1994) obtém este resultado recorrendo à metodologia dos modelos autorregressivos com variáveis desfasadas. O autor utiliza a estrutura de *lags* de Almond

estatísticos do efeito indirecto, é consequência, do facto de Sougiannis (1994) ter utilizado uma amostra de empresas na fase de maturidade[101]. Lev e Sougiannis (1996) apontam um hiato temporal de 5 a 9 anos para que os investimentos em "I&D" e "Publicidade" comecem a gerar fluxos de caixa positivos.

Todavia, apesar da extensa literatura que documenta uma valorização positiva por parte do mercado dos *items* "I&D" e "Publicidade" (ver ponto 3.2, quadro 3.1), Moore (2002), sugere que tais relações estatísticas carecem de um suporte teórico sólido[102]. O modelo de FOM é susceptível de constituir um quadro teórico que permita explicar o *"unrecorded goodwill"*, isto é, o diferencial entre o valor de mercado dos capitais próprios e o seu valor contabilístico, o qual reflecte o valor actual das oportunidades de crescimento detidas pela empresa mas ainda não reconhecido nas demonstrações financeiras. Recorde-se que segundo o modelo de FOM, o *unrecorded goodwill* é função da persistência dos resultados supranormais, de informação, que não a financeira que vai chegando ao mercado e é incorporada de imediato nos preços e do efeito *"conservative accounting"* (expressão 1.39), efeitos muito persistentes em empresas de base tecnológica, na fase de *start-up*, como é o caso das *net firms*.

O MVE das empresas mais jovens, não reflecte o efeito "reputação", um activo potencialmente valioso detido pelas empresas mais antigas (Diamond, 1989). O cumprimento por parte da empresa das suas obrigações, tende a sinalizar o mercado das boas perspectivas de crescimento que detêm, através das variáveis "I&D" e "Publicidade". A implementação de tais investimentos pela empresa pode ser entendida pelo mercado, e na

---

e a técnica de Hatanaka e Wallace (1980), que se caracteriza pela não imposição de nenhuma restrição à estrutura dos *lags*. De referir que à variável "Publicidade", na linha de Bublitz e Ettredge (1989), Sougiannis (1994) associa um impacto quer no MVE, quer nos resultados líquidos de curto prazo, pelo que esta variável é introduzida nos modelos apenas a valores correntes (isto é, não se considera qualquer desfasamento – *lag*).

[101] Como critério de selecção da amostra, o autor impôs que as empresas possuíssem onze anos consecutivos de investimentos em "I&D".

[102] A título de exemplo, Moore (2002) refere como arbitrário o método no cálculo das amortizações adoptado por Chan, Lakonishok e Sougiannis (2001) nos ajustamentos que fazem, quer ao valor dos activos quer ao valor dos resultados líquidos, resultantes da capitalização dos investimentos em "I&D" e "Publicidade", quando se propõem analisar o impacto do investimento em I&D no MVE das empresas de base tecnológica na fase de *start-up*/crescimento.

linha de raciocínio de Moore (2002), como o exercício de uma opção de compra (*call option*), com vista à implementação das oportunidades de crescimento detidas pela empresa.

Assim, esta opção de compra pode ser definida como:

$$PVGO_{(I\&D, Pub)} = Max\ [E_t\ (X) - C,\ 0]\quad (3.5)$$

em que:
- $PVGO_{(I\&D, Pub)}$ corresponde ao valor actual das oportunidades de crescimento;
- C corresponde ao investimento actual a realizar (preço de exercício);
- O activo subjacente identifica-se com o próprio projecto de investimento e;
- $E_t(X)$ corresponde ao valor dos fluxos de caixa esperados.

A estimação do valor desta variável [$E_t(X)$], reveste-se de grande complexidade. Assim, dada a inexistência de critérios objectivos susceptíveis de medirem com objectividade os benefícios associados a estes projectos de investimento, esta variável não surge reflectida nas demonstrações financeiras das empresas[103]. Todavia, e assumindo-se o princípio da racionalidade, é de esperar que os gestores implementem apenas opções *in-the-money*, isto é, invistam em projectos com expectativas de rendibilidades supranormais (VAL positivo), ou de outro modo, espera-se que uma unidade monetária investida gere em média uma taxa de rendibilidade superior à unidade nos capitais próprios investidos (Graham e Harvey, 2001).

Com efeito, a estratégia de investimento das *net firms* passou por investimentos massivos em "I&D" e "Publicidade". Por exemplo, Hand (2003;258) documenta valores médios para o rácio "I&D" sobre as vendas de 10% nas empresas com lucros. Nas empresas a registam prejuízos, o rácio ascende a 39%. Para o rácio agregado despesas de investigação e desenvolvimento e publicidade sobre as vendas obtêm-se valores médios

---

[103] Atendendo aos GAAP todo o investimento em I&D e Publicidade é considerado como custo. Assim, o excedente esperado à data do empreendimento do investimento (t=0) só será reflectido na variável resultados nos exercícios seguintes. O seu efeito por sua vez será repercutido na variável "BVE" via a propriedade CSR.

de 37% para as empresas com lucros, situando-se este rácio em 154% nas empresas com prejuízos. Estes dados, referem-se ao período de 1997 a 2000 (3.º trimestre). Face a estes dados, Trueman, Wong e Zhang (2000:147) acrescentam mesmo *"As these statistics confirm investors are clearly paying for growth rather than current performance"*.

Os investimentos em *"Publicidade"* têm por objectivo atrair a atenção dos investidores, com vista a dar reputação e visibilidade à empresa e assim: i) incrementar o *web traffic* com o objectivo de potenciar as vendas futuras (quer as vendas *on-line*, quer as receitas provenientes de serviços prestados, cedência de espaços publicitários nas *web pages, etc*....). Para medir o *web traffic* são múltiplas as variáveis utilizadas. Por exemplo, Trueman Wong e Zhang (2000) utilizaram: "número de visitantes" (*unique visitors*), "número de páginas consultadas" (*page views*) e "tempo dispendido" (*minutes spent*). Hand (2001b) utilizou ainda a variável percentagem de população coberta pelo serviço da Internet (*reach*)[104]; ii) quanto maior o interesse dos investidores, mais elevadas as cotações dos títulos, o que permite à empresa obter fundos adicionais para empreender as oportunidades de crescimento em carteira e, iii) quanto maior a dimensão, maior a "confiança" dos investidores na empresa.

Os investimentos em *"I&D"* destinam-se essencialmente à concepção de *web sites*, ao desenvolvimento de *software* e de plataformas informáticas, de modo a facilitar a navegação nos *web sites*, a garantir a segurança e simplificação do processo de transacção *on-line* e a criar *software* interactivo (por exemplo *e-mails alerts*) com vista a fidelizar clientes.

A racionalidade desta estratégia de investimento deriva das expectativas de rendimentos crescentes associados ao efeito de *networking* da *Internet*, potenciado pelo facto de os utilizadores estarem conectados a uma rede de dimensão mundial (Lev, 2001)[105]. Kozberg (2002:85) sustenta

---

[104] De referir que com o desenvolvimento do sector da Internet, apareceram no mercado empresas especializadas na recolha, tratamento e divulgação da informação sobre o *web traffic*. A título de exemplo referimos a Media Metrix, a PC Data e a Nielsen/Netratings. Os primeiros dados recolhidos referem-se a Fevereiro de 1999.

[105] Uma breve nota histórica. A origem da Internet remonta a 1969, quando o Departamento de Defesa Norte-Americano através da *Advance Research Projects Agency* (ARPA) criou a primeira rede experimental de troca de informação. Em 1982 a ARPnet alia-se à MILnet (rede militar), à NFSnet (rede científica da *National Science Foundation*) e às redes baseadas em BBS (como a BITNET – *Because It´s Time to Network*),

o impacto do investimento corrente neste tipo de activos (I&D e Publicidade), na rendibilidade futura da empresa na figura seguinte.

Figura 3.1: "O impacto do investimento corrente em activos intangíveis (I&D e Publicidade) na rendibilidade futura, atendendo ao efeito de *networking* potenciado pela Internet"

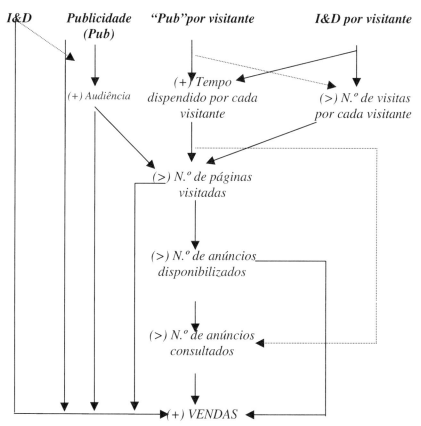

FONTE: Kozberg (2002:85) adaptado.

tornando-se na maior rede electrónica mundial, que liga milhares de pequenas redes de utilizadores, possibilitando assim o acesso a um vasto conjunto de serviços: correio electrónico, *newsgroups* (fóruns de discussão temáticos), FTP (transferência electrónica de dados), *Telnet* (porta de entrada num sistema remoto) e finalmente a famosa *World Wide Web* (www). A www é a versão em ambiente gráfico da auto-estrada da informação, constituindo uma teia de *sites* ligados entre si por uma estrutura física e uma forma de comunicação comum, permitindo o suporte de textos gráficos, sons e vídeo (Kettell, 2002).

Noe e Parker (2006) demonstram analiticamente que uma empresa que queira participar no espaço *wide world web* (www) deve adoptar uma estratégia agressiva, investindo massivamente em intangíveis, com o objectivo de criar fortes barreiras à entrada de novos concorrentes. Todavia, esta estratégia que reage a uma situação de *"winner-takes-all"* caracteriza-se por uma distribuição de rendibilidades muito assimétrica (*highly positively skewed*) de acordo com a distribuição de Pareto. Neste contexto, este tipo de empresa tende a registar elevadas probabilidades de falência. Porém, a sobreviver usufruirão de rendibilidades crescentes à escala. De salientar que Connolly e Hirschey (1984) apresentavam já evidência empírica neste sentido, ao concluírem que a significância estatística das variáveis "I&D" e "Publicidade" vem reforçada se a empresa assumir uma posição dominante no sector. Esta posição dominante permite à empresa efectuar investimentos continuados em activos intangíveis, criando fortes barreiras à entrada, perpetuando assim as suas oportunidades de crescimento.

Neste contexto, Kotha (1998) sustenta que o valor de um *web site* é tanto maior quanto maior a comunidade virtual, pois tal torna o *web site* mais atractivo, quer para o visitante quer para a empresa. Quanto maior a comunidade virtual, maior a procura, logo maior o potencial de receitas futuras e menor o custo fixo unitário e marginal, o que se reflecte num aumento substancial da rendibilidade da empresa. Neste sentido, o *web traffic* potenciado pela Internet constitui um activo (intangível) valioso para a empresa[106].

Para medir o impacto deste activo intangível no MVE das *net firms*, Rajgopal *et al.* (2003:137) operacionalizam o conceito de *network* com base na *Metcalfe's Law*. De acordo com a *Metcalfe's Law*, se N pessoas estiverem conectadas a uma rede, o valor dessa rede virá igual a N x (N-1) = N^2 – N. Para operacionalizar esta variável, os autores utilizaram a variável número de visitantes (*unique visitors*). A variável *network* vem assim definida: network = (número de visitantes)^2 – (número de visitantes). Os autores concluem que é significativo o poder explicativo da variável *network*, pois ao incluírem esta variável no modelo de OM (que

---

[106] São impressionantes os números acerca do crescimento mundial da população cibernaútica. Shiller (2000), apontava para um valor de 100 milhões de utilizadores em 1999, elevando-se as projecções (à data de 2000) para 2003 para 177 milhões, um crescimento estimado de 77%.

implicitamente assumem como uma *proxy* para a variável v_t), registam um incremento significativo do valor do R^2. Apresentam ainda evidência empírica de que a variável *network* está positiva e significativamente associada aos lucros e vendas futuros (cujas *proxies* foram as estimativas dos analistas), resultado que na opinião dos autores sustenta a existência de rendimentos crescentes à escala associados aos investimentos em "I&D" e "Publicidade".

Estes resultados não são todavia consensuais. Recorrendo à metodologia dos *lags* de Almond e de Koyck, Hand (2001a), conclui que grande parte dos investimentos em "I&D" e "Publicidade" não foram criadores de valor, pois o VAL associado a estes projectos foi negativo. A criação de valor identifica-se apenas com o grupo de empresas classificadas nos percentis mais elevados com referência ao rácio I&D sobre as vendas, empresas pioneiras e de maior dimensão que investiram agressivamente em intangíveis, em clara concordância com o modelo de Noe e Parker (2006).

Resultados similares são apresentados por Hendershott (2001). Hendershott (2001) sustenta que as *net firms* criaram valor, registando o rácio rendibilidade dos capitais próprios (ROE) o valor de 21% para o período de 1997 a 2000. Contudo, numa perspectiva de médio e longo prazo, a maior fatia de valor criado identifica-se com as empresas pioneiras neste sector (o rácio *ROE* sobe para 27%, quando se estende o período de análise de 1995 a 2000)[107], resultados em sintonia com a ideia de que o sector da *Internet* tende a seguir uma estrutura de forte concentração.

Com efeito, o "ruído" que tipifica a avaliação deste tipo de projecto/ empresa deriva da forte incerteza associada à estimação dos fluxos de caixa futuros (expressão 3.5). Na maioria dos casos está-se perante empresas muito jovens, com alguma sofisticação tecnológica, que avançam para o mercado de capitais apesar de registarem prejuízos (fenómeno da valorização positiva dos prejuízos) com uma ideia nova, ainda não testada, sendo-lhe exigidos investimentos iniciais elevados, pelo que os resultados potenciais (a existirem) estão longe de estarem garantidos.

A par desta incerteza, e como argumentam White, Sondhi e Fried (1997) e Abbody e Lev (2000) é ainda de referir a forte assimetria de

---

[107] Rajgopal *et al.* (2003) haviam já reconhecido que as empresas pioneiras foram as mais bem sucedidas. Esta evidência é documentada quando na extensão ao modelo inicial, introduzem a variável interactiva "*nertwork**Amazon", empresa que Copeland *et al.* (2000) consideram o símbolo da nova economia.

informação entre *insiders* (gestores) e *outsiders* (investidores), com os consequentes custos de agência, dado o perfil de investimentos que caracteriza este tipo de empresa – investimentos em activos intangíveis (I&D e Publicidade). A assimetria de informação deriva fundamentalmente de três factores: i) da especificidade deste tipo de investimento, que dificulta a comparabilidade entre empresas; ii) da inexistência de mercados organizados para transacção deste tipo de activo (excepto para as patentes e licenças) e iii) dado estes investimentos serem tratados como custos no exercício em que ocorrem, não estão sujeitos a testes de imparidade (isto é, comparação entre o seu custo de aquisição/ produção e o seu valor de mercado), pelo que não é disponibilizada informação posterior adicional aos investidores sobre estes investimentos.

Como consequência (do ruído na estimação dos fluxos de caixa futuros e assimetria de informação) é grande a divergência das expectativas dos investidores acerca do valor criado por este tipo de empresa. É esta divergência de expectativas que justifica o comportamento aparentemente paradoxal do mercado, sustentando alguns autores que as empresas de base tecnológica tendem a ser subavaliadas pelo mercado, enquanto outros sustentam a posição oposta, da sobreavaliação deste tipo de títulos.

Para a *"functional fixation hypothesis"* (Hall, 1993; Hall e Hall, 1993) o mercado tende a subavaliar este tipo de empresa, pois os investidores não incorporarem nas suas expectativas, dado o seu horizonte temporal de curto prazo, todos os benefícios futuros associados aos investimentos empreendidos por estas empresas, maioritariamente em intangíveis. Para esta corrente, o "ruído" na avaliação deste tipo de empresa deriva não só da forte incerteza associada à estimação dos fluxos de caixa futuros (reflectida na forte volatilidade dos títulos desta empresas), bem como da distorção veiculada pela informação constante nas demonstrações financeiras acerca da rendibilidade destas empresas, dado o tratamento como custos das variáveis I&D e Publicidade.

Procurando analisar a volatilidade das rendibilidades registadas pelas empresas de base tecnológica, Chan Lakonishok e Sougiannis (2001) obtêm um coeficiente positivo e estatisticamente significativo para a variável "I&D/vendas". Com efeito, estes autores verificam que as empresas com um rácio de I&D sobre as vendas mais elevado e com pior performance nos últimos três anos (período de análise dos *portfolios* criados – *past losers*), são também aquelas que registam maiores taxas de crescimento nos resultados líquidos e proporcionam aos investidores rendibilidades supranormais (*abnormal returns*), na linha dos resultados obtidos por Lakonishok *et al.* (1994) e Fama e French (1992), que designam estas empresas como "*glamour stocks*" (empresas com rácios "I&D//vendas" elevados e rácios "BVE/MVE" e "vendas/MVE" reduzidos).

Ikenberry *et al.* (1995), Loughran e Ritter (1995) e Lakonishok e Lee (2001) justificam ainda estas rendibilidades supranormais com base no facto de o mercado tender a "ignorar" estas empresas, dada a sua fraca performance (o tratamento como custos dos investimentos em intangíveis subavalia no curto prazo a sua rendibilidade), o que para Chan, Lakonishok e Sougiannis (2001) reflecte a existência de um efeito clientela associado a este tipo de empresa. Sustentam pois que os investimentos sucessivos em "I&D" e "Publicidade" por parte dos gestores constituem um voto de confiança na rendibilidade futura associada a estes investimentos. Este voto de confiança é tanto mais sinalizador, quanto maior a pressão para redução do investimento nestes *items*, dados os seus reflexos imediatos nos lucros de curto prazo.

Lev e Sougiannis (1996), Chambers *et al.* (2002) sustentam ainda que as rendibilidades supranormais proporcionadas por estas empresas constituem também um prémio adicional, face ao maior nível de risco que lhes é inerente. Kothari *et al.* (2002) proporcionam evidência empírica neste sentido. Da investigação desenvolvida, em que pretendem explicar os resultados obtidos pelas empresas de base tecnológica em função dos investimentos em activos tangíveis e intangíveis, introduzindo como variáveis controlo as variáveis: "endividamento", "dimensão", "sector de actividade" e "crescimento", concluem que os resultados esperados a partir dos investimentos efectuados em intangíveis são muito mais incertos que os resultados esperados a partir dos investimentos em activos fixos. O coeficiente estimado para os activos intangíveis excede em cerca de quatro vezes o valor do coeficiente estimado dos activos fixos. Segundo os autores, esta incerteza acentua os custos de agência entre gestores/accionistas (*insiders*) e os credores (*outsiders*), pois em caso de insolvência os activos intangíveis, dada a sua especificidade e inexistência de mercados organizados para a sua transacção, tendem a perder todo o seu valor. Contudo, a literatura não é consensual sobre o perfil de comportamento dos investidores com referência a este universo de empresas.

Com efeito, Jensen (1993) assume uma posição contrária, sustentando que os investidores tendem a sobrestimar os resultados supranormais futuros das empresas de base tecnológica, em particular quando reportam prejuízos, citando o exemplo das empresas de biotecnologia. Veja-se o caso específico das fortes expectativas criadas, pelo anúncio de uma potencial cura para um tipo de cancro.

Centrando a análise no universo das *net firms*, e na linha de Jensen (1993), assistiu-se a uma sobrestimação da cotação dos títulos destas empresas[108]. Para a sobreavaliação deste tipo de títulos, muito contribuiu: i) o efeito *"public impression"*, isto é, a cobertura dos media, em particular nos anos 90, com forte impacto junto do público, como documentado por Shiller (2000); ii) o facto de a imprensa tender a focar a sua atenção nas empresas pioneiras bem sucedidas (por exemplo: a Yahoo e a eBay) e iii) as intensas campanhas de marketing que envolveram os IPO, em particular no universo das *net firms* (Demers e Lewellen, 2003; Ducharme *et al.*, 2001). Jorion e Talmor (2006:3) sugerem que a percepção das elevadas oportunidades de crescimento criadas pela Internet, levou os investidores a extrapolar para o conjunto das *net firms* fortes expectativas de crescimento, com base no sucesso de um número reduzido de empresas pioneiras bem sucedidas, receando "perder o comboio das oportunidades"[109]. Com efeito, como demonstraram Hugonnier, Morellec e Sundaresan (2005) através de um modelo de investimento de equilíbrio geral, a opção de diferimento de dado tipo de investimento, como é o caso do investimento em tecnologias de informação pode "corroer" o valor deste tipo de investimento, mesmo num cenário de aversão moderada ao risco.

Em síntese, para efeitos de avaliação a literatura é consensual, realçando que é determinante ter em atenção a fase do ciclo de vida da empresa. Citando Anthony e Ramesh (1992:204) *"At each stage of growth in an entity's life cycle, different measures of financial performance takes on varying degrees of importance"*.

---

[108] Para uma análise do valor fundamental dos títulos das *net firms*, veja-se Ofek e Richardson (2002, 2003).

[109] De acordo com a teoria das bolhas racionais (*rational bubbles*) (Blanchard e Watson, 1982 e Froot e Obstfeld, 1991), em determinados momentos os preços atingem cotações elevadas, porque os investidores satisfazem apenas a sua condição de primeira ordem e, sabem que os preços reflectem os fluxos de caixa actualizados, mas para um horizonte de tempo longínquo, pois têm expectativas de que os preços possam subir ainda mais.

Assim, atendendo ao carácter emergente do sector Internet/*net firms*, verificamos que a estratégia destas empresas passou por uma maximização do seu crescimento. Dado o seu perfil, empresas de base tecnológica, os investimentos concentram-se em activos intangíveis: "I&D" e "Publicidade". Atendendo aos procedimentos impostos pelos GAAP, os prejuízos são consequência do efeito *"conservatism accounting"*. Neste âmbito, o *unrecorded goodwill* (diferencial entre o MVE e o BVE) reflecte o valor actual (VA) das oportunidades de crescimento detidas por estas empresas e potenciadas pelo efeito de *network* criado pelo espaço *world wide web* (www), e ainda não reflectido nas demonstrações financeiras (*lack of timeliness*). Segundo o princípio da racionalidade é de esperar que os gestores empreendam apenas projectos de investimento, aos quais estão associados expectativas de rendibilidades supranormais.

No capítulo seguinte iniciamos o estudo empírico. Dada a magnitude e persistência dos prejuízos reportados pelas *net firms*, o nosso objectivo consiste em analisar a avaliação destas empresas pelo mercado, ou mais especificamente, qual a relação estatística entre a capitalização bolsista e os resultados líquidos – prejuízos registados.

CAPÍTULO IV

DEFINIÇÃO DO PERÍODO A ANALISAR, DOS CRITÉRIOS DE SELECÇÃO DAS AMOSTRAS E DEFINIÇÃO DAS VARIÁVEIS

4.1 Introdução

Este capítulo identifica os conceitos centrais da componente do estudo empírico. Assim, e face ao carácter emergente do sector da Internet, começamos por especificar qual o período a investigar, que designamos por Período da Nova Economia (NEP – *New Economy Period*), para e de seguida, definirmos o conceito de empresa da nova economia. Por questões de brevidade de linguagem, passaremos a designar estas empresas por *net firms*. Inventariamos ainda os critérios de selecção quer da amostra das *net firms*, quer de uma amostra de controlo (*mach sample*), que designamos por *non net firms*, com data de IPO contemporânea das *net firms*. Com a selecção desta amostra pretendemos: i) controlar o efeito moda (*fad*) associado às *net firms* e documentado por Lee (2001) e Cooper, Dimitrov e Rau (2001) e ii) ainda a comparação de resultados entre as duas amostras, com vista a garantirmos maior robustez dos resultados e conclusões, pois e de acordo com a investigação de Bartov, Mohanram e Seethmaraju (2002), o fenómeno da "valorização positiva dos prejuízos" parece ter assumido maior relevância no universo das *net firms*.

Seleccionadas as duas amostras de trabalho, procedemos a uma análise comparativa entre ambas, atendendo em particular ao número de IPO por ano, partição das empresas em função dos resultados registados, lucros ou prejuízos, movimentos de entradas e saídas no mercado. Com surpresa, constatamos que a taxa de falências em ambas as amostras foi muito reduzida, por oposição à taxa F&A, superior a 80%. Realçamos ainda a comparação em termos de sector de actividade, mercado onde estão cotadas, para finalizarmos com a definição das variáveis a utilizar na presente investigação e base de dados utilizada – Compustat.

4.2 Definição do Período da "Nova Economia"

Um dos aspectos mais relevantes da presente investigação, consiste em identificar o período da Nova Economia (*New Economy Period* – NEP) e, consequentemente, definir o objecto de estudo – empresas da nova economia, que por questões de brevidade de linguagem passaremos a designar por *net firms*[110].

Com efeito, é difícil identificar o início do período NEP. Core, Guay e Buskirk (2003:54) referem que o conceito NEP surge pela primeira vez no *Dow Jones News Service*, quando este cita que: em 1994, o Banco Nova Scotia previa para a "velha economia" (*old economy*), uma taxa de crescimento de 3%. Em 9/5/2000, o vice-presidente da Reserva Federal Americana comentava que o crescimento económico havia acelerado no período da nova economia. É também em 1995 que surge o primeiro *browser* com a Netscape Communications, referindo Copeland *et al.* (2000:317) que a Amazon se tornou o símbolo da nova economia. Damodaran (2001) argumenta mesmo, que anteriormente a 1996 dificilmente se identificaria uma *net firm*. A título de exemplo refere a consultora *Value Line* que não possuía nenhuma empresa classificada como *net firm* antes de 1996. Em 2000, o número de empresas classificadas nesta categoria ascendia já a 304 empresas.

Assim, inspirando-nos nas investigações de Schultz e Zaman (2001), Tokic (2002), Bartov, Mohanram e Seethmaraju (2002), Ljungqvist e Wilhelm (2003) e Core, Guay e Buskirk (2003), identificamos o início do período da nova economia (NEP) com o ano de 1996. Delimitamos assim o período da presente investigação aos anos de 1996 a 2003.

---

[110] A própria designação não é consensual. Por exemplo, Neves (2002:XVI) prefere a designação de "Economia Digital". No prefácio a este mesmo livro, Brealey, opta pelo conceito "Nova Economia". Na presente investigação optamos pelo conceito "Nova Economia", que designamos pela sigla NEP – *New Economy Period*, dado ter sido o conceito com maior generalização (Copeland *et al.*, 2000; Damodaran, 2001; Penman, 2001; Jorion e Talmor, 2006; Kaplan, 2002; Core, Guay e Buskirk, 2003).

4.3 Definição das Empresas da Nova Economia: "*Net Firms*"

A definição de empresa da nova economia – *Net Firm* – também se revela complexa. O recurso ao sector de actividade (*SIC – Standard Digital Code*) revela-se de pouca utilidade, pois este tipo de empresa tende a operar em diferentes sectores de actividade, havendo mesmo uma grande arbitrariedade de critérios de organismos para organismo. Todavia, Hand (2001) na sua primeira versão do *working paper*: "*Profits, Losses and the Non-Linear Pricing of Internet Stocks*", definia como *net firm* uma empresa cujo volume de negócios fosse obtido em mais de 50% através da Internet. Com esta definição, Hand pretende enfatizar que a existência destas empresas depende exclusivamente da Internet. Definição similar foi usada por Demers e Lev (2001), Martinez e Clemente (2002) entre outros. Frazen (2000) prefere definir as *net firms* como "*investment loss firms*", assumindo e na linha dos modelos de OM e de FOM, que os prejuízos das *net firms* são consequência dos elevados investimentos em "I&D" e "Publicidade", que tipificam uma empresa em fase de *start-up*/crescimento. Tokic (2002) por sua vez, opta pela definição de empresa em crescimento (*growth stock*), isto é, empresas que possuem oportunidades de crescimento futuras suficientemente rentáveis para serem aceites/adquiridas, atendendo ao custo do seu capital.

Com efeito, a própria base de dados Compustat possui a variável "*value/growth stock*" (cujo *ticker* corresponde a *VALGROW*). Assim, determinado título é classificado como empresa em crescimento se o rácio MVE/BVE for superior à mediana para o respectivo sector. A mediana deste rácio é calculada com base em todas as empresas americanas "activas" e com informação disponível na base de dados Compustat[111].

Com base neste critério, 29,90% das *net firms* constantes da nossa amostra de trabalho são classificadas como empresas em crescimento. A percentagem de empresas para as quais não se dispõe de informação ascende a 47,27%, cerca de metade da amostra. Assim, em nosso entender, a adopção deste critério subavalia a percentagem de *net firms* susceptíveis de serem classificadas como empresas em crescimento.

---

[111] Em Abril de 2004, o número de empresas activas na base de dados Compustat era de 9.820 ($ C CS Active). O número de empresas inactivas ascendia a 12.516 ($ R CS Research).

Todavia, a dificuldade de definir uma *net firm* é ultrapassada com a criação de índices bolsistas específicos para estas empresas. Assim, e para esta investigação consideramos *net firms*, as empresas cotadas no índice *Internet Stock List (ISDEX)*[112]. Contudo a identificação das *net firms* com base apenas neste índice coloca-nos o problema de incluirmos na amostra em estudo, apenas as empresas sobreviventes (*survivor bias effect*). Consequentemente este efeito deverá ser tido em atenção, na selecção das empresas a incluir na amostra de trabalho.

4.4 Critérios de Selecção das Amostras

4.4.1 Empresas da Nova Economia: *"Net Firms"*

Com o objectivo de contornar o problema do efeito de sobrevivência, começamos por seleccionar a amostra de *net firms* cotadas no índice *ISDEX*, a 27 de Junho de 2003. A esta data obtivemos uma lista de 242 empresas. De seguida, analisamos os relatórios da Morgan & Stanley: i) *"The Technology IPO Yearbook – 8th edition"* com uma lista de 286 *net firms* cotadas a 6 de Março de 2002; ii) *"The Technology IPO Yearbook – 7th edition"* com 382 empresas cotadas a 21/2/2001; iii) *"The B2B Internet Report "*, também da Morgan & Stanley, com 354 empresas cotadas em 24 de Abril de 2000 e iv) *"The Internet Company Handbook"*, igualmente da Morgan & Stanley, com 108 empresas cotadas à data de 25 de Maio de 1999. Com base nestes relatórios, foi nos possível recolher informação sobre as *net firms* cotadas ante e após o *crash*, que ocorreu no primeiro trimestre de 2000[113]. Por fim, analisamos ainda os anexos de várias investigações sobre estas empresas (ver quadro 4.1).

---

[112] Este índice foi inicialmente criado pela empresa WRSN – *Wall Street Research Net*, divulgado no site http://www.wsrn.com, para o período de 20/04/1999 a 11/09/2003. Em finais de 2003, a empresa WSRN foi adquirida pela empresa Internet.com. Actualmente podem ser consultados no *site* http://www.bullsector.com/internet.html vários índices sobre as *net firms* [GSTI – *Internet Index* (WBC:^GIN), AMEX – Internet Index Components (AMEX:^IIX), Philadelphia Internet Index (STREET.COM:^DOT), Dow Jones U S (DJI: ^DJUSNS)].

[113] O *crash* ocorreu no 1.º trimestre de 2000, documentando Demers e Lev (2001) e Ofek e Richardson (2003) uma quebra de 45% no índice ISDEX, no período de Fevereiro a Março de 2000 (ver figura 5.2).

Cap. IV – Definição do Período a Analisar, dos Critérios de Selecção ...   117

Em síntese:

ISDEX	27/6/2003	6/03/2002	21/02/2001	24/04/2000	25/05/1999
N.º Empresas	242	286	382	354	108

Quadro 4.1: "Dimensão das amostras de *net firms:* sistematização de outras investigações"

Autores	N.º Empresas	Período de análise	Fonte de informação
Core, Guay e Buskirk (2003)	214	Ano de 1999	Amostra de Hand (2000) [*].
Rajgopal, Venkatachalan e Kotha (2003)	92	1999Q1 a 2000Q3	Internet Stock List.
Keating, Lys e Magee (2003)	148	Duas datas: * 13/03/00 * 26/05/00	Internet Stock List.
Loughran e Ritter (2003)	534	1990 a 2000	SEC – Security Exchange Commission; CRSP – Centre of Research Security Prices.
Ljungqvist e Wilhelm (2003)	552	01/1990 a 02/2000	Amostra de Jay Ritter, adicionada de 18 empresas.
Demers e Lewellen (2003)	373: * 191 B2C * 182 B2B	Pós 02/1999	Internet Stock List.
Hand (2003)	274	1997Q1-2000Q3	Internet Stock List.
Ofek e Richardson (2003)	305	1998Q1-2000Q4	Relatórios da Morgan & Stanley.
Bartov, Mohanram e Seethmaraju (2002)	98	1996Q1-1999Q3	Internet Stock List.
Martinez e Clement (2002)	245	1996Q1-2001Q2	Internet Stock List.
Bowen, Davis e Rajgopal (2002)	174	1999	Relatório de contas anual (10-k).
Rajgopal, Venkatachalan e Kotha (2002)	45 (Só B2B)	Até 09/2002	The B2B Internet Report Morgan & Stanley.
Davis (2002)	273	Até 08/2000	Internet Stock List.
Tokic (2002)	518 Amostra inicial	1996 a 2000	Todas as empresas pertencentes aos dois dígitos GIS industry sub-sector.
Ofek e Richardson (2002)	400	1999	Relatórios da Morgan & Stanley.
Liu e Song (2001)	369	02/2000	Internet Stock List.
Hand (2001a)	274	1997Q1 a 1999Q2	Internet Stock List
Hand (2001b)	285	1995Q1 a 2001Q2	Internet Stock List.
Demers e Lev (2001)	84 (Só B2C)	Três datas: * 3/12/1999 *28/02/2000 *31/05/2000	Internet Stock List.
Trueman, Wong e Zhang (2001)	95	1998Q4 a 2000Q2	Internet Stock List.
Kozberg (2002)	316	02/1999 a 05/2001	Internet Stock List.
DuCharme, Rajgopal e Sefcik (2001)	342	1990 a 1999	Internet Stock List.
Hendershott (2001)	435	1995 a 2000	Venture Xpert Database. (Thompson Financial).
Schultz e Zaman (2001)	420	1996 a Março 2000	Internet Stock List.
Frazen (2000)	114	1998	Amostra de Hand (2000) [*].
Trueman, Wong e ZHang (2000)	63	09/1998 a 12/1999	Internet Stock List.

Q – informação recolhida numa periodicidade trimestral;
B2B – *Business – to – Business;*
B2C – *Business – to – Consumer.*
[*] Amostra da primeira versão do working paper: *"Profit, Losses and Non-Linear Pricing of Internet Stocks".*

Deste processo de recolha de dados, a amostra identificada inicialmente ascendeu a 658 empresas[14]. Deste grupo excluímos 24 empresas por falta de informação, isto é, não dispúnhamos de informação na base de dados *Compustat* sobre as três variáveis fundamentais para análise: "capitalização bolsista – MVE", "valor dos capitais próprios – BVE" e "resultados líquidos". Eliminamos ainda 12 empresas, que identificamos como observações extremas (*outliers*)[115].

A identificação dos *outliers* mereceu particular atenção, pois da análise das *boxplots* com referência às variáveis "capitalização bolsista – MVE", "capitais próprios – BVE" e "resultados líquidos" e "resultados antes de *items* extraordinários" os *outliers* identificados eram numerosos. Com o objectivo de preservar a representatividade da amostra e garantir a robustez dos resultados, optamos pela identificação dos *outliers* segundo a análise dos indicadores *"inner fences"* e *"outer fences"* calculados pelo EVIEWS (2004; versão 5.0:397).

O indicador *"inner fences"* é definido pelo intervalo em que o limite inferior se obtém subtraindo ao 1.º quartil (Q) o produto de 1,5 pela diferença entre o 3.º e o 1.º quartil (IQR – *Interquartil range*); o limite superior resulta da adição ao 3.º Q do produto 1.5 pelo IQR. As observações que não pertencerem ao intervalo definido pelo *"inner fences"* são classificados como *outliers*. O EVIEWS permite ainda, e via cálculo do indicador *"outer fences"*, obtido de forma similar ao valor de *"inner fences"*, mas considerando agora no cálculo do produto o valor 3, classificar os *outliers* em *outliers* próximos *(near outliers)*, cujos valores se

---

[114] Consideramos que a nossa amostra de trabalho subavalia o número de empresas susceptíveis de serem classificadas como *net firms*. A título de exemplo referimos o site http://www.bullsector.com/internet.html, que identifica uma vasta lista de (sub)sectores de actividade, incluindo a *Internet* (por exemplo: *internet communities*, *internet incubators*, *internet advertisement*, *internet appliances* etc...). Todavia, como a classificação de uma empresa num (sub)sector neste *site* é arbitrária, pois resulta dos critérios definidos pela própria empresa, optamos por não incluir na nossa amostra as *net firms* identificadas neste *site*, dado o efeito moda *(fad)* resultante da inclusão no nome da empresa da sigla ".com", tal como documentado por Lee (2001) e Cooper, Dimitrov e Rau (2001).

[115] Não existe uma definição rigorosa de *outliers*. Murteira, citado em (Curto, 2004:8) define como *outliers* os valores da variável que excedam 1,5 vezes o intervalo interquartis. O SPSS – *Statistic Package for Social Science*, por sua vez, identifica por defeito, como *outliers* as observações cujo valor absoluto do erro estandardizado exceda o valor 3.

situam fora do intervalo definido pelo indicador "*inner fences*", mas estão ainda contidos no intervalo definido pelo "*outer fences*", e *os outliers distantes (far outliers)* cujos valores excedem o valor obtido para "*outer fences*"[116]. Graficamente:

Figura 4.1: "Identificação dos *outliers*"

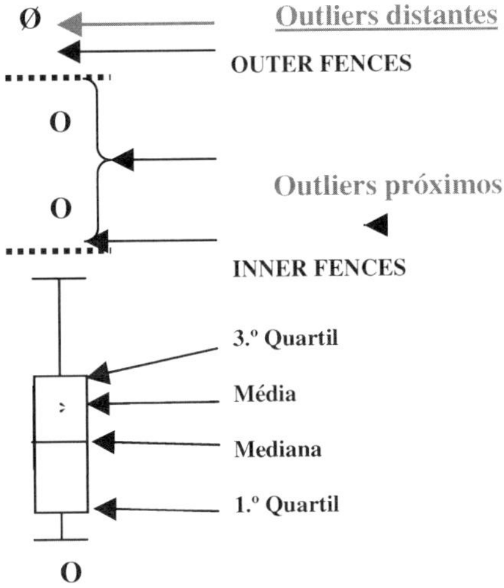

```
Ø ◄─────────        Outliers distantes
········▲·                OUTER FENCES

    O
            ┌──────►   Outliers próximos
    O                        ◄
········▲·                INNER FENCES

    ┌───┐ ◄────── 3.º Quartil
    │   │ ◄────── Média
    │ > │ 
    │   │ ◄────── Mediana
    └───┘ ◄────── 1.º Quartil

    O
```
FONTE: Eviews (2004, versão 5.0:397).

De referir ainda como a informação é submetida a um tratamento em dados de painel (modelo de efeitos fixos), as 12 empresas identificadas como *outliers* (em pelo menos um dos anos de análise), tiveram de ser excluídas de todo o período em análise, isto é, para o período de 1996 a 2003, com o objectivo de evitar o "efeito de atrito selectivo" na selecção da amostra. O efeito de atrito selectivo constitui, e segundo Johnston e Dinardo (2001), um dos problemas de selecção dinâmica, e resulta de dadas observações serem retiradas da amostra num período e, posteriormente voltarem a serem reintegradas na mesma.[117]

---

[116] Analiticamente: i) *inner fences*=[1.ºQ-1.5*IQR; 3.ºQ+1.5*IQR] e ii) *outer fences*=[1.ºQ-3*IQR; 3.ºQ+3*IQR].

[117] Outro exemplo típico do efeito de selecção dinâmica, resulta, e ainda segundo Johnston e Dinardo (2001), do facto de o investigador tender a forçar os painéis a serem equilibrados. Retomaremos este problema aquando da análise da metodologia em dados de painel no ponto 6.3.2.

Após este processo de depuração dos dados, a amostra final de *net firms* totalizou 622 empresas. Esta amostra é uma das mais representativas das empresas da nova economia, comparativamente a outros estudos (ver quadro 4.1), quer em dimensão, onde o efeito sobrevivência é tido em atenção, quer com referência ao período em análise, 8 anos, cobrindo quer o período anterior ao *crash* (de 1996 ao 1.º trimestre de 2000) quer o período pós--crash (2.º trimestre de 2000 a 2003) da *"dot.com bubble"*[118].

Com efeito, um dos aspectos consensuais nos vários estudos sobre a temática da avaliação das *net firms* reside na necessidade de se considerar períodos mais longos de análise, atendendo por uma lado: i) ao carácter emergente deste sector (perspectiva do ciclo de vida) e principalmente, ii) os resultados obtidos para o período de 1999-2000 (período em que se concentram a maioria das investigações sobre este sector – ver quadro 4.1) terem de ser analisados com "muita prudência", dado o efeito *"dot.com bubble"* (Penman, 2001; Talmor, 2001; Lewellen, 2003).

4.4.2 Empresas com Data de IPO Contemporânea das *"Net Firms"*: *"Non Net Firms"*

A década de 90 evidencia claramente um período de *"hot markets"*, fenómeno já amplamente documentado na literatura sobre IPO[119]. Com efeito, Loughran e Ritter (2003) documentam que de um total de 6169 IPO para o período de 1980 a 2000, 14% concentram-se no período de 1990 a 1998 e 65% no período de 1999-2000. Ljungvist e Wilhelm (2003) apresentam resultados similares para o período de 1996 a 2000. Esta clara euforia à volta dos títulos das *net firms*, leva a que estes autores apelidassem o período de 1999 a 2000, como o período da *"dot.com bubble"*.

Assim, atendendo: i) ao efeito *cluster* no tempo que os IPO tendem a registar e, ii) particularmente aos resultados obtidos por Bartov, Mohanram e Seethmaraju (2002), que documentam o efeito da "valorização positiva dos prejuízos" apenas para as *net firms*, contrariamente a outros IPO contemporâneos, que tendem a seguir os padrões clássicos de

---

[118] Este efeito bolha (*bubble*) que se caracteriza pelos os preços num determinado momento divergirem do seu valor fundamental, foi documentado por exemplo por Ofek e Richardson, (2002, 2003), Ljungvist e Wilhelm, (2003), Loughran e Ritter, (2003) e Keating, Lys e Magee (2003).

[119] A título de exemplo citamos: Ritter, (1991) e Loughran e Ritter, (1995).

avaliação, isto é, o valor de cotação aumenta quanto maior o valor dos resultados líquidos/fluxos de caixa registados pelas empresas, optamos por seleccionar uma amostra de IPO contemporâneos das *net firms* para efeitos comparativos (*match sample*), que passaremos a designar por *non net firms*. A utilização de uma amostra de controlo revela-se muito útil no sentido de corroborar os resultados obtidos para a amostra principal, apesar das limitações por vezes na sua construção/selecção.

Para a selecção desta amostra recorremos à base de dados cedida pelo NASDAQ – *National Association of Securities Dealers Automated Quotation*, onde constam todos os IPO ocorridos entre 1990 e 2002 (até Setembro) neste mercado.[120] Assim, começamos por identificar nesta base de dados as *net firms* por nós já seleccionadas. Decorrido este procedimento, o próximo passo foi identificar uma *non net firm* com data de IPO contemporânea do IPO da *net firm*. O diferencial inicial de dias considerado foi de 3 a 5 dias. Para o período anterior a 1999 o diferencial máximo de tempo considerado foi de 30 dias, dado o menor número de IPO ocorridos neste período. Para os anos de 1999 e 2000 foi inclusive difícil encontrar uma "*match firm*", dada a predominância de IPO de *net firms*. Este facto impossibilitou igualmente o controlo do efeito indústria, isto é, a selecção de uma *non net firms* com data do IPO contemporânea das *net firms* e pertencente ao mesmo sector de actividade (SIC).

A amostra inicial recolhida foi de 564 empresas. À semelhança da amostra das *net firms,* a amostra foi submetida a um processo de depuração de dados, tendo sido eliminadas 11 empresas por falta de informação. Doze empresas foram classificadas como *outliers* de acordo com os mesmos critérios definidos para as *net firms,* tendo sido removidas de todo o período de análise, isto é, de 1996 a 2003. A amostra final corresponde a 541 *non net firms*. Assumindo o critério utilizado pela base de dados Compustat para classificar uma empresa como empresa em crescimento, cerca de 28,28% das *non net firms* são classificadas como empresas em crescimento. Todavia, e à semelhança do que acontecia na amostra de *net firms*, para cerca de 38,26% das empresas não se dispõe de informação com referência à variável "VALGROW"[121].

---

[120] Agradecemos a amabilidade de Darren Hawkins, do departamento NASDAQ *International*, em nos ceder esta base de dados.

[121] A variável "VALGROW" medida pelo quociente entre o MVE/BVE é utilizada pela base de dados Compustat para classificar uma empresa em crescimento, sempre que o seu valor exceda o valor da mediana deste rácio para o sector.

No ponto seguinte procedemos à análise da composição das duas amostras. Estabelecemos ainda comparações em função dos resultados registados pelas empresas em cada amostra, movimentos de entradas e saídas do mercado, sectores de actividade predominantes e mercados onde estão cotadas.

4.5 Composição e Análise Comparativa das Duas Amostras: *"Net Firms"* e *"Non Net Firms"*

4.5.1 Composição das Amostras: *"Net Firms"* e *"Non Net Firms"*

Confrontando a dimensão das duas amostras *net firms* (quadro 4.2) e *non net firms* (quadro 4.3), com o número total de IPO ocorridos nos três mercados americanos: NASDAQ, NYSE e AMEX (quadro 4.4), são representativas as duas amostras seleccionadas. A título de exemplo, o número de IPO constantes das duas amostras de trabalho para o ano de 1999 ascende a 432 (279 *net firms* e 153 *non net firms*), quando o número de IPO ocorridos no mercado NASDAQ foi de 485 (ver quadro 4.4).

Quadro 4.2: "Composição da amostra de *net firms*[122]"

Ano do IPO	Amostra global	Partição da amostra		N.º IPO por ano	% IPO	Resultados reportados pelas empresas à data da saída do mercado[2]				Motivo da saída do mercado			
		Lucros	Prejuízos			Prejuízo	Lucro	Total	F&A[3]	Falência	Liquidação	Deixou ser cotada	Outras[4]
≤1996	71	34 (48%)	37 (52%)	68	10,93%	0	0	0					
1997	115	49 (43%)	66 (57%)	49	7,83%	0	0	0					
1998	154	47 (31%)	107 (59%)	56	9,00%	2	2	4	4				
1999	430	80 (19%)	350 (81%)	279	44,86%	12	1	13	12	1			
2000	527	74 (14%)	453 (86%)	152	24,44%	37	4	41	39				2
2001	428	36 (8%)	392 (92%)	7	1,13%	59	9	68	60	1	2		5
2002	367	54 (15%)	313 (85%)	3	0,48%	34	2	36	30		3		3
2003	307	101 (33%)	206 (57%)	1	0,16%	43	5	48	34	1	4	2	7
s/data IPO				7[1]	1,15%								
Total	2399			622		187 (89,05%)	23 (10,95%)	210	179 (85,24%)	3 (1,43%)	9 (4,29%)	2 (0,95%)	17 (8,10%)

[1] Não foi possível localizar a data do IPO, nem na base de dados COMPUSTAT, nem no ficheiro cedido pelo NASDAQ.
[2] Se dada empresa possuir como data de saída do mercado o ano de 2002, mas só dispusermos de informação para o ano 2001, é com base na informação desse ano que analisamos os resultados registados pela empresa à data da saída do mercado;
[3] F&A – Fusões & Aquisições;
[4] *Por exemplo*: deixou de se obter informação na SEC – *Security Exchange Commission*, entre outras razões.

[122] A dimensão da amostra por ano não corresponde à fórmula: (mostra global + n.º de IPO do ano – n.º empresa que saíram do mercado no ano), porque por exemplo, para determinada empresa a data de saída do mercado é 2002, mas só dispomos de informação até ao ano de 2001, pelo que a empresa só é incluída na amostra até ao ano de 2001.

Quadro 4.3: "Composição da amostra de *non net firms*[123]"

Ano do IPO	Amostra global	Partição da amostra		N.º IPO por ano	% IPO	Resultados reportados pela empresa à data da saída do mercado[2]			Motivo da saída do mercado			
		Lucros	Prejuízos			Prejuízo	Lucro	Total	F&A[3]	Falência	Liquidação	Deixou ser cotada	Outras[4]
≤1996	143	81 (57%)	62 (43%)	143	26,43%	2	0	2	2				
1997	191	109 (57%)	82 (43%)	60	11,09%	1	2	3	3				
1998	212	120 (57%)	92 (43%)	52	9,61%	7	2	9	9				
1999	356	182 (51%)	174 (49%)	153	28,28%	14	11	25	20	1			4
2000	445	195 (44%)	250 (56%)	119	22,00%	19	13	32	24	4			4
2001	402	140 (35%)	262 (65%)	5	0,92%	16	9	25	22			1	2
2002	374	145 (39%)	229 (61%)	4	0,74%	16	7	23	17			2	4
2003	336	146 (43%)	190 (57%)	0	0,0%	20	10	30	25				5
s/data IPO				5[1]	0,92%								
Total	2459			541		95 (63,76%)	54 (36,24%)	149	122 (81,88%)	5 (3,36%)	0 (0,00%)	3 (2,01%)	19 (12,75%)

[1] Não foi possível localizar a data do IPO, nem na base de dados COMPUSTAT, nem no ficheiro cedido pelo NASDAQ.
[2] Se dada empresa possuir como data de saída do mercado o ano de 2002, mas só dispusermos de informação para o ano 2001, é com base na informação deste ano, que analisamos os resultados registados pela empresa à data de saída do mercado.
[3] F&A – Fusões & Aquisições;
[4] *Por exemplo*: deixou de se obter informação na SEC – *Security Exchange Commission*, entre outras razões.

[123] Ver nota de rodapé anterior.

Quadro 4.4: "Repartição dos IPO por mercado e por ano"

Ano	NASDAQ Total	% [3]	NYSE Total	% [3]	AMEX Total	% [3]	Total Total	%
1992	442	10,26	80	10,94	6	4,88	528	10,23
1993	520	12,07	97	13,27	11	8,94	628	12,16
1994	444	10,30	82	11,22	13	10,57	539	10,44
1995	476	11,05	72	9,85	9	7,32	557	10,79
1996[1]	680	15,78	88	12,04	18	14,63	786	15,22
1997	494	11,46	87	11,90	22	17,89	603	11,68
1998	273	6,34	68	9,30	21	17,07	362	7,01
1999	485	11,26	49	6,70	11	8,94	545	10,56
2000	397	9,21	48	6,57	6	4,88	451	8,74
2001	63	1,46	35	4,79	3	2,44	101	1,96
2002 [2]	35	0,81	25	3,42	3	2,44	63	1,22
Total	4309	83,46% [4]	731	14,16% [4]	123	2,38% [4]	5163	

[1] Início do período da nova economia (NEP – *New Economy period*).
[2] Informação apenas até Setembro deste ano.
[3] Percentagem com referência ao mercado respectivo.
[4] Percentagem referente ao total de IPO ocorridos nos três mercados (NASDAQ, NYSE e AMEX: total 5163).

FONTE: http://www.nasdaq.com; http://www.nyse.com e http://www.amex.com.

4.5.2 Análise Comparativa: *"Net Firms"* versus *"Non Net Firms"*

Comparando agora as duas amostras (quadros 4.2 e 4.3), confirmamos que é maior o número de IPO antes de 1996 para o grupo das *non net firms* (26,43%), contra os 10,93% registados pelas *net firms*. Em ambas as amostras é de realçar o efeito *"cluster"* no tempo, verificando-se uma forte concentração dos IPO no período da *"dot.com bubble (1999 e 2000)"*. O grupo das *net firms* regista todavia uma percentagem mais elevada, 69,30% (44,86% e 24,44%) contra 50,28% (28,28% e 22,00%) no grupo das *non net firms*. Este resultado preliminar vem sustentar em nosso entender a "utilidade" de recorrermos a uma amostra de controlo para efeitos comparativos dos resultados. No período pós 2000, são escassos os IPO em ambos os grupos, em sintonia com o comportamento global dos três mercados: NASDAQ, NYSE e AMEX (quadro 4.4).

Com referência à percentagem de IPO que saíram do mercado, os resultados são similares: 33,76% (210/622) no grupo das *net firms* face a 27,54% (149/541) no grupo das *non net firms*. Quanto ao motivo da saída, são interessantes os resultados obtidos. Em ambas as amostras verificamos que a principal razão de saída do mercado se deve a F&A, mais de 80%. A taxa de falências, por sua vez, vem inferior a 5%, resultados que contrariam as nossas expectativas iniciais.

Face à dimensão do *crash*, com uma quebra de mais de 40% no índice ISDEX no primeiro trimestre de 2000 (Demers e Lev, 2001; Ofek e Richardson, 2002 e 2003, Keating, Lys e Magee, 2003), esperávamos registar uma taxa de falências maior, pelo menos no grupo das *net firms*. Surpreendentemente este grupo registou uma taxa de falência mais reduzida (1,43% face a 3,36% no grupo das *non net firms*).

A elevada percentagem de F&A justifica-se, em nosso entender, pelo facto de a *Internet* ser um sector emergente. Assim, numa primeira fase, e atraídos pelas elevadas capitalizações bolsistas, novas empresas entram no mercado[124]. Com o acréscimo da concorrência, e segundo Kaplan (2002), assiste-se a um processo de racionalização deste sector.

Estes resultados estão em sintonia com os obtidos por Schultz e Zaman (2001). Estes autores verificaram que para os IPO ocorridos entre 1996 e Março de 2001, são as *net firms*, comparativamente a um grupo de IPO contemporâneos, que registam uma maior percentagem de F&A, bem como um maior número de alianças estratégicas. A principal fonte de financiamento para estas operações foi a troca de participações, o que para Schultz e Zaman (2001) constituiu um claro indício de confiança neste sector.

Esta evidência empírica parece confirmar a estratégia *"winner-takes-all"*, que Noe e Park (2006) modelizaram e Hand (2001a) e Hendershott (2001) demonstraram empiricamente. De acordo com o modelo de Noe e Park (2006) são as empresas pioneiras e que investem massivamente em intangíveis (I&D e Publicidade), que conseguem sobreviver. A estratégia é conquistar elevadas quotas de mercado, com o objectivo de gerar o efeito de *network* potenciado pela *Internet*, que lhes permite obter rendimentos crescentes à escala[125].

---

[124] Hendershott (2001) utiliza mesmo o conceito "imitação" para descrever o *boom* de IPO de *net firms* ocorridos em 1999 e 2000. Mas o facto interessante segundo os dados deste autor em sintonia com os resultados reportados por Schultz e Zaman (2001), é que este grupo de empresas (as imitadoras) conseguiu atrair o financiamento do capital de risco, bem como o envolvimento dos bancos de investimento mais prestigiados (logo com uma reputação a defender) no processo de IPO. Com efeito, Schultz e Zaman (2001) referem que os seis maiores bancos de investimento (C S First Boston, Deutsch Bank, Goldman Sachs, Merrill Lynch, Morgan & Stanley e a Salomon Brothers), estiveram associados a 39,30% dos IPO das *net firms* (*underwriter*) no período de 1996 a Março de 2001, contra 27,40% de outros IPO contemporâneos.

[125] Com este raciocínio, Noe e Park (2006) sustentam também, ainda que indirectamente, o fenómeno da "valorização positiva dos prejuízos" com base no efeito

Com referência ao grupo das *non net firms*, e agora em oposição aos resultados de Schultz e Zaman (2001), obtivemos um resultado similar, pois a taxa de F&A situou-se acima dos 80%. Uma potencial explicação para este resultado deve-se ao facto de, e também para esta amostra, uma elevada percentagem de empresas serem empresas a operar em sectores de alta tecnologia.

No quadro 4.5 verificamos que de entre um total de 158 sectores de actividade (ver anexo 4.2), cerca de 47,69% das *non net firms* são empresas classificadas como empresas de alta tecnologia, de acordo com os critérios definidos por Collins, Maydew e Weiss (1997), Francis e Schipper (1999) e Loughran e Ritter (2003), sectores em certa medida também eles emergentes. Todavia este efeito não é diferenciador entre as duas amostras. Com efeito, este carácter emergente acentua-se nas *net firms,* pois a concentração de empresas em sectores de elevada tecnologia é ainda maior. Dispersando-se a amostra global por 74 sectores de actividade (anexo 4.1), a percentagem de empresas de alta tecnologia ascende para este grupo a 83,12%.

"*conservatism accounting*" modelizado pelo modelo de FOM, dada a contabilização como custo dos investimentos em activos intangíveis caracteristico deste tipo de empresa na fase de *start-up*/crescimento.

Quadro 4.5: "Repartição das *net firms* e *non net firms* por sector de actividade"

SIC	Sector de actividade (SIC – *Standard Industrial Code*)	Net Firms Total	%[4]	Non Net Firms Total	%[4]
2834	Pharmaceutical Preparations [1]	1	0,16%	22	4,07%
2836	Biological Products (No Diagnostic Substances) [1]			17	3,14%
3576	Computer Communication Equipment[1]	17	2,73%	6	1,11%
3577	Computer Peripheral Equipment, NEC[1]	2	0,32%	8	1,48%
3661	Telephone & Telegraph Apparatus[1]	13	2,09%	10	1,85%
3663	Radio & Tv Broadcasting & Communications Equipment[1]	10	1,61%	8	1,48%
3674	Semiconductors & Related Devices [3]	7	1,13%	33	6,10%
3826	Laboratory Analytical Instruments[3]			8	1,48%
4812	Radiotelephone Communicatio"ns[1]	3	0,48%	9	1,66%
4813	Telephone Communications (No Radiotelephone) [3]	24	3,86%	18	3,33%
4832	Radio Broadcasting Stations [1,2]	2	0,32%	9	1,66%
4841	Cable & Other Pay Television Services[2]			9	1,66%
4899	Communications Services, NEC[1,2]	7	1,13%	6	1,11%
5961	Retail-Catalog & Mail-Order Houses[1]	31	4,98%		
7370	Services-Computer Programming, Data Processing, etc[3]	183	29,42%		
7371	Services-Computer Programming Services[3]	8	1,29%		
7372	Services-Pre-packaged Software[3]	160	25,72%	68	12,57%
7373	Services-Computer Integrated Systems Design[1,3]	34	5,47%	14	2,59%
7374	Services-Computer Processing & Data Preparation[3]	2	0,32%		
7389	Services-Business Services, NEC [1]	13	2,09%		
8731	Services-Commercial Physical & Biological Research[3]			13	2,40%
	Total	517	83,12%	258	47,69%

Sector de actividade classificado de alta tecnologia de acordo com os critérios definidos por:
[1] Francis e Shipper (1999);
[2] Collins, Maydew e Weiss (1997);
[3] Loughran e Ritter (2003);
[4] Percentagem calculada com base no total de empresas em cada amostra (622 na amostra de *net firms*, 541 no grupo das *non net firms*).

Mas se a percentagem de F&A tende a ser similar em ambas as amostras, para a variável resultados líquidos repotados à data da saída do mercado, são significativas as diferenças. Enquanto das 149 empresas que saem do mercado, no grupo das *non net firms*, 36,24% registam lucros, no grupo das *net firms* esta percentagem situa-se apenas em 10,95%.

Com efeito, para empresas a registarem prejuízos sucessivos, que para Myers (1977) constituía já um claro indício da existência de elevadas oportunidades de crescimento, pois associava às mesmas uma estratégia agressiva de investimentos em activos intangíveis, a opção por um processo de F&A constitui uma estratégia racional para estas empresas preservarem o seu valor. Assim, e face à predominância de activos intangíveis nas empresas das amostras em estudo (ver quadros 5.1 e 5.2), os quais, e dada a inexistência de mercados transaccionáveis, não possuem por si só valor, o processo de F&A permite a estas empresas não só ultrapassarem a situação de *stress* financeiro que enfrentam, face à persistência dos prejuízos, como ainda atingirem a dimensão desejada, na linha da estratégia *winner-takes-all* (Opler e Titman, 1995 e Irwin e McConnell 1997). Confirma-se assim mais uma vez a tendência de forte concentração que o sector da Internet tende a registar[126].

Sem surpresas, e de acordo com o comportamento global do mercado, podemos observar no quadro 4.6, que cerca de 80% das *net* e *non net firms* das amostras em análise, estão cotadas no mercado NASDAQ.

Quadro 4.6: "Número de empresas cotadas por mercado"

Bolsa	Net Firms		Non Net Firms		Total	
	Total	%	Total	%	Total	%
NYSE – *New York Stock Exchange*	11	1,77%	1	0,18%	12	1,03%
AMEX – *American Stock Exchange*	3	0,48%	2	0,37%	5	0,43%
NASDAQ	505	81,19%	482	89,09%	987	84,87%
Regional Stock Exchange	1	0,16%			1	0,09%
LBO – *Leverage Buy Out*	18	2,89%	8	1,48%	26	2,24%
Outras	84	13,51%	48	8,88%	132	11,35%
Total	622	100%	541	100%	1163	100%

No ponto seguinte definimos as variáveis a utilizar, seleccionadas a partir da base de dados Compustat, sobre a América do Norte.

4.6 Definição das Variáveis

A base de dados utilizada para a obtenção de informação foi a COMPUSTAT – versão Compustat North América. Para a recolha de dados optou-se por obter informação numa base anual, pois: i) a informação a recolher corresponde já à informação após todas as correcções feitas as demonstrações financeiras (*restated financial statements*) e, ii) para a variável "Publicidade" (que corresponde à designação *Advertising*) a base de dados Compustat só disponibiliza a informação numa base anual. Esta variável é uma variável determinante na presente investigação, pois funciona como *proxy* para as oportunidades de crescimento para o grupo de *net firms*, cujo modelo de negócio adoptado é o B2C –

---

[126] O processo de F&A parece continuar. Em 2004, a AOL comprou a Advertising.com. Ainda nesse ano, a Dow Jones & Co acordou a aquisição da CBS Markewatch (Querido, 2004).

"*Business-to-Consumers*" (ver critérios de subdivisão da amostra no ponto 5.3). Optar por trabalhar com dados trimestrais, implicaria a recolha manual dos dados para esta variável para ambas as amostras em estudo.

De referir ainda, que dado o *terminus* do ano fiscal poder ocorrer em vários meses do ano, a recolha de dados fez-se com base na opção "*calendar year basis*"[127]. Accionando esta opção, a base de dados ajusta a informação de modo a que a mesma seja comparável entre empresas e entre diferentes períodos do ano. Esta opção corrige ainda a informação do efeito "*stock splits*[128]" e dos dividendos. Quanto à unidade de medida, as variáveis quantitativas vêm expressas em milhares de dólares.

Assim, e com vista ao estudo empírico a empreender, recolheu-se informação para as seguintes variáveis:

---

[127] Com referências às duas amostras em estudo, *net firms* e *non net firms*, 53,88% (54,34%) das empresas encerram o ano fiscal em Dezembro, em Março 4,66% (2,96%), em Junho 3,38% (4,99%) e em Setembro 2,41% (4,34%) respectivamente. De referir que para 35,67% das *net firms* e 33,41% das *non net firms,* não se dispõe na base de dados Compustat, de informação sobre o mês de encerramento do ano fiscal.

[128] Corresponde à emissão de acções relativa a incorporação de reservas; emissão por uma empresa de um determinado número de acções gratuitamente distribuídas aos actuais accionistas em proporção ao número de acções por estes já detidas. Exemplo: emissão de duas novas acções por cada três já detidas. Uma operação deste tipo não altera o valor total da empresa, apenas alterando o valor unitário das acções (Barreto, 1996:243).

Quadro 4.7: "Definição das variáveis"

Variáveis	Sigla	*Item anual* da Compustat
BALANÇO		
Activo		
Activos fixos (*Property, plant and equipment – total net value*)	AF	8
Activos circulantes (*Current assets – total*)	AC	4
Clientes conta corrente (*Receivables - total*)	DR	2
Caixa e títulos negociáveis (*Cash and equivalents*)	CTN	1
Outros activos circulantes (*Current assets - others*)	OAC	68
Total do Activo (*Assets – total*)	AT	6
Capital Próprio e Passivo		
Capitais próprios (*Common equity – total*)	BVE	60
Lucros retidos (*Retained earnings*)	LR	36
Passivo de médio e longo prazo (*Long-term debt – total*)	PMLP	9
Passivo circulante (*Current liabilities - total*)	PCP	5
Total do Passivo (*Liabilities - total*)	PT	181
DEMONSTRAÇÃO DE RESULTADOS		
Custos e Perdas		
Amortizações do exercício (*Depreciation and amortization*)	AMORT	14
Custos gerais e administrativos (*Selling, general, and administrative expenses*)	CGA	189
Custos da mercadoria vendida e matérias consumidas (*cost of goods sold*)	CMVMC	41
Publicidade (*Advertising expenses*)	PUB	45
Custos de Investigação e desenvolvimento (*Research and development expenses*)	I&D	46
Items Extraordinários (*Special items*)	IExt	17
Resultados antes de *items* extraordinários (*Income before extraordinary items – available for common*)	Res_IExt	237
Resultado Líquido [*net income (loss)*]	RL	172
Proveitos e Ganhos		
Vendas [*Sales (net)*]	VENDAS	12
MAPA DE ORIGENS E APLICAÇÃO DE FUNDOS ("*Statement of cash flows*")		
Fluxo de caixa das actividades operacionais (*Operating activities-net cash flows*)	CFO	308
Outros		
Valor de mercado dos capitais próprios (*Market value of equity*)	MVE	MKVALF
Dividendos (*Cash dividends – common*)	DIV	21

Para a tradução das variáveis recorreu-se a Gouveia *et al.* (2000) – Glossário de Contabilidade, a Faria *et al.* (2001) e ainda ao manual da base de dados Compustat (2004). De salientar que a variável Resultados antes de *items* extraordinários (Res_IExt: *Income before extraordinary items – available for common*), e de acordo com o manual da base de dados Compustat (2004:209), corresponde ao resultado líquido ajustado de *items* extraordinários (*item* anual 192), de operações de descontinuidade, por exemplo, o resultado obtido com o encerramento de dada divisão (*item* anual 66), deduzido dos dividendos preferenciais e do efeito de mudanças de políticas contabilísticas[129].

---

[129] Para uma análise mais detalhada sobre a elaboração da Demonstração de Resultados segundo os GAAP, ver Penman (2003:289).

Com referência às variáveis "I&D", "Publicidade" e "vendas", e à semelhança de outras investigações (Fama e French, 1998; Frazen, 2000; Core, Guay e Buskirk, 2003) fora do universo das *net firms* e Hand (2001b e 2003) no universo das *net firms*, sempre que não esteja disponível informação (*NA – not available*), estas assumem valores nulos. Apesar de com este procedimento estarmos a subavaliar os valores destas variáveis, permite-nos por outro lado "preservar" a dimensão da amostra. Contrariamente à prática corrente, incluímos ainda na amostra as empresas com valores negativos para a variável BVE[130].

Atendendo a que o universo de empresas em análise se caracteriza por empresas na fase de *start-up*/crescimento, valores negativos para o "BVE" evidenciam um efeito de *conservatism accounting* muito acentuado. Dados os sucessivos investimentos em "I&D" e "Publicidade", estes tendem a subavaliar os resultados líquidos, com efeitos cumulativos nas variáveis "activos" e "capitais próprios – BVE". Assim, um coeficiente negativo para a variável "BVE" reflecte a necessidade de investimentos adicionais em activos operacionais (Zhang, 2000). Por outro lado, e como refere Damodaran (2001), até à data do vencimento da dívida, a opção de compra (*call option*) detida pelos accionistas continua a ter valor, pois até à data de vencimento da dívida o valor da empresa pode aumentar. Assim, em períodos/empresas que registem elevados padrões de volatilidade[131], o risco pode ser um aliado do accionista. Ao empreenderem novos projectos de investimento, os accionistas aumentam a probabilidade de auferir elevadas rendibilidades se o investimento for bem sucedido; se o projecto fracassar os lesados são os credores (Myers, 1977).

Definidos os conceitos centrais ao estudo empírico: período a analisar, objecto de estudo, amostra de controlo, concluímos que não são significativas as diferenças entre as duas amostras. Com efeito: i) para ambas as amostras se denota o efeito *cluster* no tempo do número de IPO ocorridos, em particular no mercado NASDAQ; ii) a percentagem de

---

[130] Com efeito, Collins, Maydew e Weiss (1997), Burgstahler e Dichev (1997), Barth, Beaver e Landsman (1998), Collins, Pincus e Xie (1999), Core, Guay e Buskirk (2003), Tan (2004) e Joos e Plesko (2004) fora do universo das *net firms* e Hand (2001b, 2003) e Trueman, Wong e Zhang (2000), no universo das *net firms*, excluíram das amostras em análise, empresas com valores negativos para a variável BVE.

[131] Os elevados padrões de volatilidade registados para as *net firms* são documentados por Ofek e Richardson (2002 e 2003).

empresas que abandona o mercado é similar; iii) o processo de F&A constitui o principal factor de saída do mercado e iv) em ambas as amostras tendem a predominar os sectores de alta tecnologia. De realçar apenas que à data da saída do mercado, são as *net firms* as empresas que registam pior performance, isto é, maior a percentagem de empresas a reportar prejuízos. No capítulo seguinte centramos a análise na metodologia a desenvolver.

Capítulo V

METODOLOGIA

5.1 Introdução

Este capítulo analisa o fenómeno da "valorização positiva dos prejuízos" no universo das empresas da nova economia, começando por considerar o efeito ciclo de vida. Assim, atendendo a que o valor de uma empresa é função do *stock* de activos detidos e do valor actual das oportunidades de crescimento, e dado o carácter emergente do sector da Internet, analisamos quer o padrão de evolução dos investimentos (activo total, I&D e Publicidade), quer das vendas, quer do endividamento (total do passivo e passivo de longo prazo), bem como do rácio MVE/BVE. Com base na análise da tendência concluímos que a principal fonte de valor quer das *net firms* quer das *non net firms* (amostra de controlo), reside ainda nas oportunidades de crescimento detidas por estas empresas, pois apesar dos prejuízos serem persistentes, os investimentos nas rubricas "I&D" e "Publicidade", aumentam mesmo com a idade da empresa.

Face à natureza heterogénea das *net firms* (a Morgan & Stanley subdivide este sector em onze subsectores), subdividimos a amostra em função do valor reportado para a variável resultados: em empresas lucrativas e empresas com prejuízos, dado o carácter assimétrico com que esta variável é avaliada pelo mercado. Procedemos ainda à partição da amostra em dois subgrupos: "B2B – *Business-to-Business*" admitindo que este grupo investe maioritariamente em I&D e "B2C – *Business-to-Consumer*", em que agora o investimento predominante incide sobre a rubrica Publicidade. Assim, a análise empírica centra-se em quatro grupo de empresas: "I&D_B2B com lucros e prejuízos" e "Pub_B2C com lucros e prejuízos".

Como o nosso objectivo consiste em analisar a relação entre a capitalização bolsista das *net firms* e o volume dos prejuízos reportados por estas empresas, no ponto 5.4 começamos por reespecficar o modelo de OM em função dos resultados líquidos. Posteriormente, recorremos à metodologia de Fama e Macbeth (1973) para analisar como o mercado avalia ao longo do tempo (efeito ciclo de vida) os principais determinantes do valor *(*resultados líquidos e capitais próprios) destas empresas, com base nos modelos de OM e de FOM. Por fim, formulamos as hipóteses de investigação, realçando a relevância de se estabelecer uma análise comparativa entre as duas amostras, no sentido de garantir uma maior robustez dos resultados e controlar assim o efeito moda (*fad*) documentado por Lee (2001) e Cooper, Dimitrov e Rau (2001).

5.2 O Eefeito do Ciclo de Vida: Análise da Tendência

O valor de uma empresa resulta do somatório do valor do total do seu activo a partir dos quais espera gerar rendimentos no futuro e do valor actual das oportunidades de crescimento (MM, 1961; Ohlson, 1995; Feltham e Ohlson, 1995; Copeland *et al.*, 2000, Damodaran, 2001; Brealey e Myers, 2003; Neves, 2002). Como foi discutido anteriormente, nas empresas de base tecnológica, nas quais as *net firms* se inserem, os prejuízos iniciais deverão ser originados por uma estratégia de maximização do crescimento. Com efeito, as empresas de base tecnológica tendem a investir massivamanete em activos intangíveis não susceptíveis de serem capitalizados. O efeito de *network* analisado no capítulo III é apontado como o principal factor impulsionador desta estratégia, que se popularizou pelo conceito de *"winner-takes-all"*, com o objectivo de rapidamente se conquistarem elevadas quotas de mercado.

Assim, face ao carácter emergente do sector da Internet/*net firms*, e como primeira etapa do estudo empírico, começamos por analisar a evolução das "vendas", "resultados" em paralelo com o "padrão de investimentos" neste sector/empresas. Esta comparação visa averiguar se o impacto de determinadas variáveis financeiras sobre o valor da empresa se tem alterado ao longo do ciclo de vida do sector/empresa[132]. Assim, e para analisar o padrão de evolução das variáveis: "idade", "vendas", "total do activo (AT)", "resultados antes de *items* extraordinários (Res_IExt)", "total do passivol (PT)", "passivo de médio e longo prazo (PMLP)", "I&D", "Publicidade (Pub)" "capitais próprios (BVE)", e ainda dos rácios "MVE/BVE", "total do passivo /total do activo (PT/AT)" "I&D/vendas" e "Publicidade/vendas", recorremos à análise da tendência. De realçar que optamos por analisar os " reultados antes de *items* extraordinários (Res_IExt)", pois, e atendendo ao princípio da continuidade não é sustentável a prazo a manutenção do efeito destes *items* (Neves, 2002:43,58). Na análise dos resultados (quadros 6.1 e 6.2) retomaremos esta problemática.

Do ponto de vista econométrico é de referir que:
i) Dada a forte assimetria que caracteriza a distribuição das variáveis em análise, analisamos a tendência recorrendo ao valor médio das variáveis, e utilizando ainda o valor da mediana[133]. Em anexo (anexo 5.1) apresentamos a distribuição das variáveis para ambas as amostras.
ii) No cálculo dos vários rácios adoptou-se o procedimento sugerido por Chan, Lakonishok e Sougiannis (2001), isto é, para o cálculo dos rácios agregou-se os valores do numerador e denominador. A vantagem deste método, comparativamente ao cálculo da média dos rácios das várias empresas, deriva da sua maior insensibilidade ao efeito das observações extremas[134].

---

[132] Anthony e Ramesh (1992) estudaram empiricamente este efeito criando vários *portfolios* de empresas em função da sua fase do ciclo de vida (crescimento, maturidade, estagnação). A variável dividendos funcionou como *proxy* para a fase do ciclo de vida das empresas, empresas americanas, incidindo o estudo sobre o período de 1976 a 1986. Verificam que o mercado reage de forma diferente (reacção medida com base nos resultados supranormais acumulados "*Cumulative abnormal returns – CAR*) ao volume de investimento realizado pelas empresas e às taxas de crescimento das vendas.

[133] A média é a medida de tendência central mais utilizada. Todavia, é também a medida mais influenciada pela existência de observações extremas (*outliers*). Neste contexto, poderá não ser a medida mais adequada, o que justifica o recurso à mediana (Pinto e Curto, 1999).

[134] Os autores acrescentam ainda que outra das vantagens deste método, resulta do facto de corresponder a uma estratégia de "*capitalization weighted portfolio investment*" (Chan, Lakonishok e Sougiannis, 2001:2434).

Com efeito, para o ano 1999 obtivemos um valor médio para o rácio "MVE/BVE" (calculado com base na média dos rácios das várias empresas) de -6 641,22 no grupo das *net firms*. Este valor paradoxal é consequência de no final do ano de 1999, 38 *net firms* reportarem capitais próprios negativos[135]. No grupo das *non net firms*, o número de empresas com valores negativos para a variável "BVE", e igualmente para o ano de 1999, ascende a 22, mas registando todavia esta variável valores de menor magnitude. Seguindo o procedimento sugerido por Chan, Lakonishok e Sougiannis (2001), atenuamos o efeito das observações extremas, o que nos permite incluir na nossa análise as empresas com capitais próprios negativos. A eliminação de tais empresas, provocaria em nosso entender, uma forte distorção nos resultados a obter, dada a predominância nas duas amostras de empresas na fase de *start-up*. Uma preocupação semelhante foi expressa por Core, Guay e Buskirk (2003;51): ao eliminarem as empresas com capitais próprios negativos da sua amostra, estão a remover cerca de 7,5% das empresas em fase de *start-up* e 5,6 de empresas de alta tecnologia.

Em síntese, a análise da tendência será conduzida com base no esquema seguinte:

---

[135] A título de exemplo, a empresa "*Red Hat, Inc*" apresentava uma capitalização bolsista de 14.532,94 milhões de dólares e capitais próprios de -0,005 milhões de dólares. A empresa "*Big City Radio*", registava para o rácio MVE/BVE um valor de -1.735 milhões de dólares. O valor negativo para este rácio (MVE/BVE) mantém-se, mesmo considerando uma estrutura de dados de painel para o período de 1996 a 2003 (ver anexo 5.1).

Figura 5.1: "Análise da tendência"

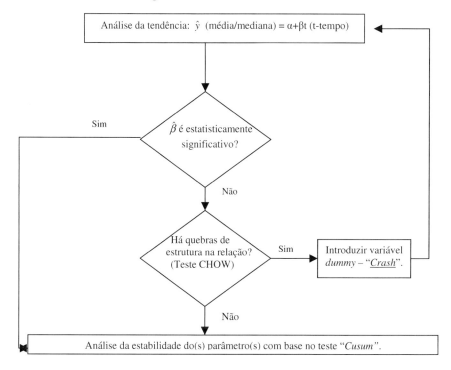

Como primeira etapa, analisamos o comportamento das variáveis ao longo do tempo (1996 a 2003). Não revelando as variáveis uma tendência estatisticamente significativa, investigamos a possibilidade de existência de quebras estruturais. Para detectar a existência de potenciais quebras de estrutura recorremos ao teste *"Chow's Breakpoint"*, que permite comparar o modelo estimado para dois ou mais subgrupos da amostra, verificando se existem diferenças estatisticamente significativas. Basicamente é testada a seguinte hipótese:

H_0: β_i (1.º subgrupo) = β_i (2.º subgrupo), face à hipótese alternativa;
H_a: β_i (1.º subgrupo) ≠ β_i (2.º subgrupo),
com base em duas estatísticas:

i) A estatística do F (*F-statistic*) que, assumindo apenas a existência de uma quebra estrutura, vem:

$$F = \frac{\left[\tilde{\mu}'\tilde{\mu} - (\mu_1'\mu_1 + \mu_2'\mu_2)\right]/k}{(\mu_1'\mu_1 + \mu_2'\mu_2)/(N-2k)}$$

correspondendo $\tilde{\mu}'\tilde{\mu}$ aos resíduos obtidos para a amostra global, e $\mu_1'\mu_1$ e $\mu_2'\mu_2$ aos resíduos referentes a cada subgrupo considerado. N identifica o número total de observações e k o número de parâmetros na equação;

ii) O rácio "*Log likelihood*" (LR), que compara a função *log likelihood* (Gaussiana) entre o modelo para a amostra global e cada subamostra. O LR possui uma distribuição assimptótica do χ^2, com (m-1) graus de liberdade com referência à hipótese nula, que assume a inexistência de quebras estruturais; m identifica o número de subamostras considerado.

Se as estatísticas "F" e "LR" forem estatisticamente significativas, conclui-se da existência de quebras estruturais na relação. Os critérios de subdivisão da amostra nos vários subgrupos são da responsabilidade do investigador (Manual Eviews, 2004:568)[136].

Atendendo ao período em estudo, o nosso critério de repartição da amostra foi o ano 2000, o ano do "*crash*". Assim, na presença de quebras estruturais, introduzimos na análise de tendência a variável *dummy* – "*crash*", que assume o valor um para o período *pos-crash* (2000 a 2003 inclusive) e o valor zero para o período anterior (1996 a 1999).

Concluímos a análise da tendência, recorrendo ao teste "CUSUM" calculado com base na estimação recursiva.

Os testes baseados na estimação recursiva *(Recursive Least Squares)* são aplicáveis apenas quando a estimação é feita pelo método ordinário dos mínimos quadrados (OLS – O*rdinary least squares)* (Johnston e Dinardo, 2001:133). Primeiro ajusta-se o modelo para as primeiras k observações. O ajustamento é perfeito porque existem apenas k coeficientes da regressão para estimar. De seguida usam-se os k+1 pontos da amostra e calcula-se de novo o vector dos coeficientes. Este procedimento continua até se obter o vector final dos coeficientes baseados em todos os n pontos da amostra. Como resultado obtem-se a sequência de vectores b_k, b_{k+1}, ...b_n, indicando o índice o número de observações utilizado na estimação. Os erros padrão (resíduos recursivos) podem ser

---

[136] O teste de Hensen (Johnston e Dinardo, 2001:130) permite ultrapassar esta arbitrariedade nos critérios de subdivisão da amostra. Todavia, o mesmo não está disponível na versão 5.0 do programa Eviews.

calculados em cada fase do processo recursivo, com excepção do primeiro passo. Com base neste procedimento Brown, Durbin e Evans (1975) (citados em Johnston e Dinardo, 2001:133) sugerem o recurso ao teste CUSUM para análise da estabilidade dos parâmetros.

O teste "*CUSUM*" baseia-se na estatística:

$$W_t = \sum_{j=k+1}^{t} w_j / \hat{\sigma}$$

com t=k+1, ...n, w_j identifica os resíduos recursivos estandardizados, e $\hat{\sigma}$ corresponde ao desvio padrão calculado a partir de todos os pontos da amostra. Assim, W_t é uma soma acumulada, representando-se graficamente em função de t. Sob a hipótese de os parâmetros serem constantes, o $E(W_t)$= 0, mas se por sua vez os parâmetros oscilarem, W_t diverge do valor médio (nulo). O Eviews calcula por defeito o intervalo de confiança para 5%. Se W_t se posicionar fora desse intervalo, concluímos que o parâmetro β revela grande oscilação[137]. A verificação desta estabilidade (instabilidade) é relevante atendendo aos resultados obtidos por Demers e Lev (2001), Tockic (2002) e Keating Lys e Magee (2003). Estes autores detectam alterações, a título de exemplo, no comportamento das variáveis "fluxo de caixa operacional", "resultados (negativos)" e "volatilidade", que perdem significância estatística no período *pos-crash*.

No quadro seguinte (quadro 5.1) apresentamos os resultados obtidos para a análise da tendência.

---

[137] O intervalo de confiança é obtido unindo os pontos [k, ± a*(N-k)$^{1/2}$] e [T, ± 3a*(N-k)$^{1/2}$], onde "a" é um parâmetro que depende do nível de significância (α) escolhido para o teste. O valor utilizado por defeito pelo Eviews para este parâmetro é 0,948, correspondendo a um nível de significância de 5%. Uma análise mais detalhada deste teste, encontra-se no Manual Eviews, (2004; versão 5.0:574) e em Johnston e Dinardo (2001:133).

Quadro 5.1: "Análise da tendência para a amostra de *net firms*"

Variáveis[1]		1996	1997	1998	1999	2000	2001	2002	2003	$\hat{\beta}$	CUSUM Test[3]	Crash[4] $\hat{\beta}_{pre-crash}$	$\hat{\beta}_{pos-crash}$	CUSUM Test[3]
Idade[2]:	Média	1,65	2,06	2,40	1,81	2,28	3,18	4,19	5,29	0,465***	E			
	Mediana	1,00	2,00	2	1,00	2,00	3,00	4,00	5,00	0,50**	E			
Vendas:	Média	111,16	104,90	102,82	87,65	133,20	144,86	153,77	180,22	10,71**	E			
	Mediana	26,76	35,25	38,09	26,20	46,87	52,04	56,52	65,50	5,24***	E			
Total do:	Média	118,42	143,51	161,67	299,25	551,33	342,67	352,20	408,18	46,03**	E			
Activo	Mediana	52,90	57,54	60,13	86,27	127,82	91,39	95,55	90,76	7,03*	E			
Resultados:	Média	-2,37	-6,33	-15,04	-31,07	-111,20	-153,85	-80,56	-18,44	-11,67	I (00 e 01)	12,84	-128,66*	E
(Res_IExt)	Mediana	-0,83	-3,07	-5,53	-13,65	-28,76	-34,91	-15,23	-4,73	-2,28	I (00 e 01)	2,54	-25,31	E
Total do:	Média	62,57	79,64	89,61	136,31	211,45	171,32	195,27	245,97	25,98***	E			
Passivo	Mediana	9,88	12,56	14,20	16,04	25,37	24,33	26,08	28,36	2,82***	E			
Passivo de:	Média	20,42	30,26	35,75	58,29	73,55	51,44	43,18	42,08	3,32	E	0,82	13,10	E
MLP	Mediana	0,16	0,21	0,10	0,36	0,29	0,13	0,05	0,05	-0,02	E	-0,015	-0,017	E
I&D:	Média	4,57	6,25	7,92	7,20	16,30	20,12	18,38	17,65	2,36**	E			
	Mediana	3,08	1,15	1,13	2,34	6,43	7,65	6,05	5,20	0,75**	E			
Publicidade:	Média	0,45	1,37	2,28	4,32	7,29	5,29	4,34	4,50	0,66*	E	-0,06*	0,40**	E
	Mediana	0,00	0,00	0,00	0,00	0,33	0,26	0,06	0,00	0,016	E	-10,97	161,21	E
BVE:	Média	55,22	61,46	70,24	151,61	326,75	168,22	153,76	159,12	19,74	E	-2,49	29,82	E
	Mediana	31,22	35,56	37,75	60,41	90,47	58,73	47,49	47,70	3,19	E	2,16*	-14,78**	E
MVE/BVE:	Média	5,54	6,33	8,08	16,70	2,21	2,64	2,18	5,01	-0,66	E	1,37*	-10,07**	E
	Mediana	4,64	4,62	5,32	11,39	1,25	1,47	1,42	3,40	-0,55	E			
Total do Passivo/	Média	0,53	0,55	0,55	0,46	0,38	0,50	0,55	0,60	0,003	E	0,025	-0,112	E
Total do Activo	Mediana	0,19	0,22	0,24	0,19	0,20	0,27	0,27	0,32	0,015**	E			
I&D/Vendas:	Média	0,04	0,06	0,08	0,08	0,12	0,14	0,12	0,10	0,011**	E	-0,015	0,11**	E
	Mediana	0,12	0,03	0,03	0,10	0,14	0,15	0,11	0,08	0,006	E			
Publicidade/	Média	0,004	0,013	0,0222	0,0493	0,0548	0,0365	0,0282	0,025	0,003	E	0,002	0,004	E
Vendas	Mediana	0,00	0,00	0,00	0,00	0,007	0,005	0,001	0,000	0,003	E	-0,001	0,008	E

[1] Ver definição das variáveis no quadro 4.7.
[2] Esta variável é calculada tendo como referência a data do IPO, pois não dispomos de informação com referência à data de criação da empresa. A data de criação está disponível por exemplo na base de dados "*Backdata*". Todavia não foi possível o acesso à mesma.
[3] Para representação do *output* do teste "*CUSUM*" adoptámos a seguinte legenda: "E" significa estabilidade no comportamento dos parâmetros, isto é, os parâmetros situaram-se no intervalo de confiança definido por defeito (α=5%) pelo *Eviews*; "I" reporta o cenário contrário. Dentro de parêntesis indica-se os dois últimos dígitos do(s) ano(s) em que ocorreu instabilidade no parâmetro estimado (β). Apresentamos a título de exemplo, o *output* deste teste para as variáveis "resultados (I)" (anexo 5.2) e "MVE/BVE (E)" (anexos 5.3), por serem duas variáveis muito relevantes no presente estudo;
[4] Parâmetros estimados após introdução da variável *dummy* "*crash*", que assume o valor 1 para o período do *pos-crash* (2000 a 2003) e 0 para o período anterior (1996 a 1999). Esta variável é incluída sempre que o teste CHOW se revele estatisticamente significativo.
(***), (**) e (*) corresponde a um nível de significância de 1%, 5% e 10% respectivamente.

Com base nos valores obtidos para a análise de tendência no grupo das *net firms* (quadro 5.1), verificamos que:
  i) A variável *"idade"* regista um aumento estatisticamente significativo, em particular para os valores da mediana (nível de significância a 5%). A redução verificada para o valor da mediana no ano de 1999, reflecte o *"boom"* de IPO ocorridos neste ano.
  ii) A variável *"vendas"* revela um padrão de comportamento similar, registando o aumento do valor da mediana uma significância estatística de 1%;
  iii) Este crescimento das vendas é acompanhado pelo aumento do investimento na rubrica "I&D", mesmo após o *crash*, e em sintonia com o aumento da idade da empresa[138];
  iv) A variável "total do Activo" também tem registado um comportamento ascendente, mas com uma expressividade estatística menor (a significância estatística para o valor da mediana é de apenas 10%), o que poderá reflectir a predominância de activos intangíveis (I&D e Publicidade), não susceptíveis de serem capitalizados segundo os GAAP, nestas empresas;
  v) Apesar de as vendas aumentarem, os "resultados" persistem negativos (prejuízos). Para os anos de 2000 e 2001, período pós o efeito da *"dot.com bubble"*, e com base no teste "CUSUM", o coeficienjte $\hat{\beta}$ revela uma forte instabilidade (ver anexo 5.2). Apesar de detectada uma quebra de estrutura (pelo teste CHOW), verificamos que com referência à média, e no período pos-*crash*, o coeficiente negativo é estatisticamente significativo (para um nível de significância de 10%), confirmando uma persistência do fenómeno da valorização positiva dos prejuízos. Este resultado indicia, e na linha dos resultados obtidos por McCallig (2004) e Joos e Plesko (2004), uma tendência para as empresas de alta tecnologia reportarem prejuízos por períodos mais longos[139].

---

[138] É possível que os valores desta variável estejam subavaliados, pois na ausência de informação, tal como para a variável Publicidade (NA – *not available*), atribuímos o valor nulo, com o objectivo de preservar a dimensão da amostra.

[139] Esta persistência dos prejuízos vem de encontro aos resultados obtidos por Keating, Lys e Magee (2003), que verificam que o *crash* da *"dot.com bubble"* não se ficou a dever à divulgação de nova informação para o mercado, informação mais

vi) Quanto ao rácio "MVE/BVE", o coeficiente β só se torna estatisticamente significativo após a introdução da variável "*crash*" (o teste Chow revela uma quebra de estrutura para o ano de 2000). Tal como esperado, no *pos-crash* inverte-se o sinal deste coeficiente, reforçando-se a sua significância estatística, o que reflecte a quebra acentuada registada por estas empresas em termos de capitalização bolsista[140];

vii) De salientar que a variável "BVE", apresenta um coeficiente positivo, mas não se revelou estatisticamente significativa, mesmo após a introdução da variável *crash*, face à quebra de estrutura verificada. O valor mais elevado obtido para o ano de 2000 facilmente se explica, pois reflecte o capital angariado com os processos de IPO.

Sem aumento dos capitais próprios, e registando sistematicamente prejuízos, as empresas só podem financiar o investimento em activos fixos, e em particular em I&D, através do recurso ao endividamento. Tanto o "total do passivo", como o "rácio total do passivo sobre o valor do total dos activos" registam uma tendência de aumento estatisticamente significativa. Todavia, não registando o passivo de médio e longo prazo aumentos expressivos, tende a predominar o endividamento de curto prazo. Esta predominância de dívida de curto prazo, reflecte em nosso entender, os elevados custos de agência associados a este tipo de empresa. Trata-se de empresas a operarem num sector emergente, com alguma complexidade tecnológica, com um registo histórico muito reduzido. Os credores, e tal como preconizado por Jensen e Meckling (1976), vêm na renegociação dos *plafond* da dívida de curto prazo, uma forma eficiente de "vigiar/monotorizar" este tipo de empresa.

---

pessimista. Por exemplo: acerca da variável "resultados", das "previsões dos analistas" ou ainda de previsões mais pessimistas para o desempenho das variáveis "*web traffic*" (número de visitantes, número de páginas visitadas, tempo dispendido na consulta de dado *site*, taxa de crescimento da população cibernauta).

[140] Os resultados obtidos para esta variável, com base na média dos rácios das várias empresas, estão em sintonia com os resultados aqui reportados, registando todavia menor expressividade estatística. Ver o anexo 5.3, sobre o *output* do teste" CUSUM" para este rácio.

Face a estes resultados, e tendo como referência a caracterização do ciclo de vida da empresa/sector proposta por Damodaran (2001:13), podemos concluir que no período em análise a Internet era ainda um sector em crescimento acelerado. As "vendas" continuam a aumentar, em sintonia com os investimentos em "I&D", (veja-se os valores muito similares registados para a média e mediana do rácio "I&D/Vendas", em particular no período *pos-crash*). Neste contexto, a persistência dos prejuízos e tal como sustentado pelo modelo de FOM, são (em parte) consequência do efeito *"conservatism accounting"*, muito severo em empresas em fase de *start-up*. As fortes pressões ao nível da liquidez a que este tipo de empresa ficou sujeita após o *crash*, e na linha dos resultados obtidos por Demers e Lev (2001), Keating, Lys e Magee (2003), são superados recorrendo a uma estratégia de F&A, como documentamos no ponto 4.5.2 (quadros 4.2 e 4.3). Esta estratégia de F&A permite às empresas não só ultrapassarem a situação de *stress* financeiro que enfrentam, como ainda atingir a dimensão desejada confirmando a estratégia *"winner-takes-all"*. O facto de estes processos de F&A terem ocorrido maioritariamente via troca de participações, de acordo com dados de Schultz e Zaman (2001), sugere um claro sinal de confiança de ambas as partes (empresa adquirente e empresa adquirida) neste sector.

Realçamos assim, que a principal fonte de valor destas empresas está ainda associada ao exercício das oportunidades de crescimento futuras. A recuperação verificada no rácio MVE/BVE para o ano 2003 (este rácio regista com referência à média e mediana respectivamente os valores de 5,01 e 3,40 contra 2,18 e 1,42 no ano de 2002), justifica-se em nosso entender no facto de, e após a euforia gerada à volta deste sector, e face aos investimentos consecutivos em I&D, os quais constituem sinais positivos para o mercado, serem positivas as expectativas dos investidores acerca dos fluxos de caixa futuros destas empresas.

No quadro seguinte replicamos a análise, mas agora para a amostra das *non net firms*.

146 A Emergência da Nova Economia: O que Mudou na Avaliação de Empresas?

Quadro 5.2: "Análise da tendência para a amostra de *non net firms*"

Variáveis[1]	1996	1997	1998	1999	2000	2001	2002	2003	$\hat{\beta}$	CUSUM Test[3]	Crash[4] $\hat{\beta}_{pre-crash}$	$\hat{\beta}_{pos-crash}$	CUSUM Test[3]
Idade[2]: Média	1,99	2,38	2,98	2,59	2,87	3,86	4,89	5,21	0,453***	E			
Mediana	1,00	2,00	3,00	2,00	2,00	3,00	4,00	4,00	0,369***	E			
Vendas: Média	92,47	109,94	131,44	131,53	153,32	175,67	199,78	237,63	19,28***	E			
Mediana	41,41	44,36	60,31	55,57	56,47	64,23	67,97	82,42	4,974***	E			
Total do: Média	111,38	130,05	199,55	291,07	356,36	397,74	409,51	466,69	54,01***	E			
Activo Mediana	49,51	59,84	81,89	93,63	122,87	137,20	146,69	159,55	16,66***	E			
Resultados: Média	1,08	-0,86	-0,24	-6,10	-22,84	-37,11	-33,88	-10,85	-4,476***	I(02)			
(Res. lExt) Mediana	0,92	0,85	1,50	0,25	-2,49	-5,67	-3,04	-1,69	-0,738**	E			
Total do: Média	58,15	72,72	127,88	187,58	208,77	235,91	261,85	306,06	36,027***	E			
Passivo Mediana	12,38	17,73	25,48	27,88	29,27	31,15	34,12	41,83	3,65***	E			
Passivo de: Média	21,85	23,52	36,77	88,00	109,67	132,32	152,95	177,12	24,314***	I(99 e 00)	-0,811	-1,56	E
MLP Mediana	0,56	0,97	1,45	1,76	1,18	0,98	1,41	0,91	0,032	E			
I&D: Média	5,05	5,48	6,86	6,28	10,28	15,57	16,20	17,66	2,048***	E			
Mediana	0,51	0,96	0,004	0,00	2,44	4,81	5,20	4,01	0,745**	E			
Publicidade: Média	0,48	0,43	0,64	0,91	1,14	1,12	1,40	17,58	1,503*	I(00,01,02)			
Mediana	0,00	0,00	0,00	0,00	0,00	0,00	0,00	0,00	[5]	-			
BVE: Média	52,47	56,11	69,59	96,61	136,76	156,49	142,20	156,89	17,41***	E			
Mediana	33,78	37,43	44,35	60,66	73,20	73,18	66,84	74,39	6,43***	E			
MVE/BVE: Média	3,40	4,47	4,47	6,40	3,41	2,77	1,77	3,00	-0,291	E	0,34	-3,31**	E
Mediana	2,77	2,76	1,99	2,95	2,04	2,05	1,35	2,71	-0,097[6]	E			
Total do Passivo/ Média	0,52	0,56	0,64	0,64	0,59	0,59	0,64	0,66	0,014**	E	0,012*	-0,096*	E
Total do Activo Mediana	0,25	0,30	0,31	0,30	0,24	0,23	0,23	0,26	-0,006	E			
I&D/Vendas: Média	0,055	0,05	0,0522	0,0478	0,067	0,0886	0,0811	0,0743	0,005**	E			
Mediana	0,012	0,022	0,0001	0,00	0,0431	0,0749	0,0765	0,000	0,009**	E			
Publicade/: Média	0,005	0,004	0,005	0,007	0,007	0,006	0,007	0,074	0,006	I(00,01,02)	0,01	-0,003	I(02)
Vendas Mediana	0,000	0,000	0,000	0,000	0,000	0,000	0,000	0,000	[5]	[5]			

[1] Ver definição das variáveis no quadro 4.7.
[2] Está variável é calculada tendo como referência a data do IPO, pois não dispomos de informação com referência à data de criação da empresa. A data de criação está disponível por exemplo na base de dados "*Backdata*". Todavia não foi possível o acesso à mesma.
[3] Para a representação do *output* do teste "*CUSUM*" adoptamos a seguinte legenda: "E" significa estabilidade no comportamento dos parâmetros, isto é, os parâmetros situaram-se no intervalo de confiança definido por defeito (α=5%) pelo Eviews; "I" reporta o cenário contrário. Dentro de parêntesis indica-se os dois últimos dígitos do(s) ano(s) em que ocorreu instabilidade. À semelhança das *net firms*, apresentamos o *output* deste teste para as variáveis "resultados (I)" (anexo 5.4) e o rácio "MVE/BVE (E)" (anexo 5.5).
[4] Parâmetros estimados após introdução da variável *dummy* – "*crash*", que assume o valor 1 para o período do pos-*crash* (2000 a 2003) e 0 para o período anterior (1996 a 1999). Esta variável é incluída sempre que o teste CHOW se revele estatisticamente significativo.
[5] Valores sempre nulos.
[6] Não se introduziu a variável "*crash*", pois não de detectou quebra de estrutura.
(***), (**) e (*) corresponde a um nível de significância de 1%, 5% e 10% respectivamente.

Para a amostra das *non net firms* (quadro 5.2) os resultados são similares aos obtidos para a amostra das *net firms*, revelando todavia maior significância estatística. Assim, a tendência de aumento das "vendas" é acompanhada de um aumento dos activos (total do activo), das rubricas "I&D" e "Publicidade". Os "resultados" também negativos, são persistentes ao longo do período em análise (1996 a 2003), confirmando-se mais uma vez o fenómeno da valorização positiva dos prejuízos. Todavia, a magnitude dos seus valores é muito inferior aos valores registados para as *net firms*. Quanto à tendência de evolução do rácio "MVE/BVE", e em sintonia com o grupo das *net firms*, esta é negativa e não estatisticamente significativa. Só com a introdução da variável "*crash*" (dada a quebra de estrutura verificada pelo teste CHOW e apenas para a média), o coeficiente assume, tal como esperado, um valor negativo e estatisticamente significativo no período *pos-crash*, reflectindo a descida do preço das acções destas empresa.

Tal como para as *net firms*, e sem surpresas dada a predominância de empresas de alta tecnologia (ver quadro 4.5), este grupo regista igualmente um crescimento acentuado, onde a principal fonte de valor parece estar associada também às oportunidades de crescimento futuras, a avaliar pela dimensão dos valores obtidos quer para as variáveis "I&D" e "I&D/Vendas". Contudo, o crescimento parece ser mais sustentado, pois o financiamento é repartido quer pelo recurso ao endividamento (o aumento do "total do passivo" é acompanhado de um aumento do "passivo de médio e longo prazo", que para os anos de 1999 e 2000, e com referência ao valor médio, regista um comportamento instável, como revela o teste "CUSUM"), quer pelo recurso aos capitais próprios (BVE). Com efeito, o aumento da variável capitais próprios registou uma significância estatística de 1%, quer para o valor médio quer para a mediana ao longo dos oito anos em análise. No grupo das *net firms*, esta variável não se revelou estatisticamente significativa, nem para os valores médios nem para os valores da mediana.

5.3 Critérios de Subdivisão das Amostras

A partir da análise da tendência, concluímos que o sector da Internet estava ainda em crescimento acelerado. A principal fonte de valor das *net firms* tende a residir nas oportunidades de crescimento futuras, a aferir pelos investimentos (sucessivos) em activos intangíveis (I&D e Publicidade), os quais e assumindo o princípio da racionalidade, constituem sinais positivos para o mercado acerca do valor dos fluxos de caixa futuros. Os prejuízos parecem ser sustentados com base no efeito de "*conservatism accounting*", tal como modelizado pelo modelo de FOM. Um padrão de comportamento similar é registado pela a amostra de *non net firms,* um resultado previsível, dada a predominância também nesta amostra de empresas de alta tecnologia.

Todavia, e para uma melhor análise deste efeito – *conservatism accounting* – importa subdividir as amostras em análise, consoante a empresa reporte lucros ou prejuízos[141].

De acordo com a teoria da opção de abandono (Hayn, 1995; Chambers, 1997; Subranmanyam e Wild, 1996), a ocorrerem, os prejuízos assumem um carácter transitório, logo são irrelevantes para estimar os fluxos de caixa futuros e consequentemente o valo dos capitais próprios da empresa. A persistirem, a opção de liquidação torna-se mais valiosa para os accionistas e estes optam por liquidar a empresa. Porém, atendendo ao perfil de empresas nas amostras em estudo, empresas de alta tecnologia em fase de *start-up*, e dado o tipo de investimento que as tende a caracterizar, os prejuízos não constituem um indicador adequado da maior probabilidade de liquidação a que passam a incorrer estas empresas (ver quadro 2.2), a aferir pala reduzida percentagem de falências em ambas as amostras (quadros 4.2 e 4.3). Neste contexto, a variável resultados assume relevância como *proxy* para a fase do ciclo de vida da empresa[142].

A escolha desta variável como *proxy* para a fase do ciclo de vida sustenta-se na dualidade do efeito de curto e médio e longo prazo associado aos investimentos em activos intangíveis (Sougiannis, 1994).

---

[141] Por exemplo, Trueman, Wong e Zhang (2000:151) reconhecem que dado o limitado número de observações (217 observações para os trimestres de Setembro de 1998 a Dezembro de 1999), não lhes foi possível estimar o modelo desenvolvido para os grupos de empresas com lucros e prejuízos.

[142] A variável "idade" não se revela adequada, pois a mesma é calculada tendo referência a data do IPO da empresa, única informação disponível na base de dados *Compustat*, e não a data efectiva de constituição/criação da empresa, a qual só está disponível na base de dados "*Backdata*" à qual não tivemos acesso. Consequentemente, não nos foi possível aceder a qualquer informação económico-financeira da empresa antes da data do IPO.

No curto prazo, e dada a imposição dos GAAP, estes investimentos são tratados como custos. Assim, só no médio e longo prazo (cinco a nove anos de acordo com Lev e Sougiannis, 1996) é de esperar que estas empresas comecem a gerar fluxos de caixa positivos.

Assim, assume-se que uma empresa com lucros atingiu já uma fase de crescimento estável/maturidade, uma empresa com prejuízos é identificada como uma empresa em fase de *start-up*/crescimento[143]. Esta repartição, e segundo Barth, Beaver e Landsman (1998), permite ainda captar efeitos tais como: i) activos não reconhecidos (*unrecognized assets*) associado aos intangíveis (I&D e Pub); ii) diferenças na persistência do crescimento dos vários *items* ao longo da fase do ciclo de vida da empresa; iii) impacto da variável risco e iv) o efeito dimensão.

Para uma melhor caracterização dos dois grupos de empresas e para aferirmos da adequabilidade da escolha da variável "resultados" enquanto *proxy* para a fase do ciclo de vida das empresas, analisamos nos quadros 5.3 e 5.4, com referência a ambas as amostras, *net firms* e *non net firms* respectivamente, a significância estatística das diferenças entre médias e medianas, para as variáveis: "MVE", "BVE", "resultados", "vendas", "I&D", "Publicidade (Pub)", "I&D/vendas" e "Publicidade (Pub)/vendas". Mais uma vez, e dada a assimetria na distribuição das variáveis em estudo (ver anexo 5.1), analisamos as diferenças entre médias e medianas.

---

[143] McCallig (2004) complementa a análise recorrendo à variável resultados transitados. Todavia, este autor selecciona todas as empresas cotadas no mercado americano (NASDAQ, NYSE, AMEX) à data de 1980, não impondo nenhum criério à selecção da amostra. Assim, as empresas seleccionadas por este autor encontram-se em diferentes fases do ciclo de vida. Com referência às nossa amostras de trabalho, e atendendo desde logo aos critérios de selecção das mesmas, estamos perante empresas em fase de *start-up*/crescimento, que avançaram para um processo IPO a reportar prejuízos, registando uma taxa de falências muito reduzida.

Quadro 5.3: "Diferenças entre médias/medianas na amostra de *net firms*

Painel A: Médias[1]

Variáveis[2]	N[3]	Idade	MVE	BVE	Resultados (Res_IExt)[5]		Vendas		I&D	Pub	I&D/Vendas	Pub/Vendas	
Períodos													
1996: Lucros	34	1,75	480,5	86,2	11,09	*	205,6	**	5,06	0,17	0,075	0,004	*
Prejuízos	37	1,53	145,8	26,8	-14,7		24,36		4,12	0,70	4,402	0,052	
1997: Lucros	49	2,23	583,9	89,9	12,98	*	183,9	**	7,79	1,31	0,069	0,008	*
Prejuízos	66	1,95	244,9	40,4	-20,7		46,24		5,10	1,41	1,223	0,063	
1998: Lucros	47	2,27	469,4	90,9	12,77	**	194,1	**	8,69	2,56	0,065	0,016	*
Prejuízos	107	2,72	610,8	81,2	-27,3		62,75		7,58	2,16	0,671	0,097	
1999: Lucros	80	2,61	4055,5	181,6	18,35	**	210,8	**	11,6	5,12	0,07	0,025	
Prejuízos	350	1,63	2184,1	144,8	-42,4		59,5		6,19	4,14	0,798	0,298	
2000: Lucros	74	3,07	1207,5	259,5	22,6	*	279,6	**	12,6	9,95	0,09	**	0,026	*
Prejuízos	453	2,13	644,4	337,7	-133,1		109,3		16,9	6,93	0,37	0,204	
2001: Lucros	36	4,06	1207,1	255,6	20,02	**	267,7	**	14,2	7,35	0,081	0,022	
Prejuízos	392	3,10	374,6	160,2	-169,8		133,6		20,7	5,10	0,439	0,064	
2002: Lucros	54	4,49	1001,2	288,9	24,26	**	256,7	*	14,3	10,6	**	0,082	*	0,026	
Prejuízos	313	4,14	220,2	130,4	-98,6		136,0		19,1	3,3	0,387	0,029	
2003: Lucros	101	5,49	1798,7	301,5	29,30	**	315,7	**	21,1	9,94	**	0,09	*	0,015	
Prejuízos	206	5,19	306,1	89,3	-41,8		113,8		15,9	1,83	0,69	0,014	
Dados: Lucros	475	4,28	1586,7	211,3	20,36	**	235,4	**	13,0	6,57	*	0,093	0,022	**
Painel[4] Prejuízos	1924	4,57	740,64	174,6	-96,9		118,1		14,8	4,34	0,633	0,133	

Painel B: Medianas [6]

Variáveis[2]	N[3]	Idade	MVE	BVE	Resultados (Res_IExt)[5]	Vendas	I&D	Pub	I&D/ Vendas	Pub/ vendas
Períodos										
1996: Lucros	34	1	272,05 **	59,23 **	5,10 **	71,24 **	4,27	0	0,022 **	0 **
Prejuízos	37	1	105,19	21,02	-8,45	10,18	1,96	0	0,234	0
1997: Lucros	49	2	229,27 **	49,55 **	4,92 **	80,19 **	0	0	0	0 **
Prejuízos	66	2	111,54	18,27	-10,78	16,9	1,23	0	0,193	0
1998: Lucros	47	2	251,19 **	48,87	7,67 **	106,1 **	0,2	0	0,003	0 **
Perdas	107	2	168,71	42,47	-11,29	22,31	1,13	0	0,123	0
1999: Lucros	80	1	325,89 **	93,10 **	7,09 **	102,7 **	2	0	0,011 **	0 **
Prejuízos	350	2	678,28	56,0	-19,35	21,28	2,34	0,09	0,161	0,005
2000: Lucros	74	2	249,93 **	116,9 *	8,83 **	129,2 **	4,96	0	0,069 **	0 **
Prejuízos	453	2	100,74	84,95	-36,47	39,87	6,63	0,38	0,20	0,014
2001: Lucros	36	3	259,78 **	119,7 **	7,49 **	136,3 **	5,14	0,03	0,036 **	0,001
Prejuízos	392	3	76,69	56,65	-40,65	47,96	7,76	0,27	0,198	0,006
2002: Lucros	54	4	261,74 **	69,77 **	10,87 **	107,8 **	2,79	0,04	0,027 **	0,001
Prejuízos	313	4	52,73	41,63	-20,13	48,62	6,38	0,06	0,184	0,002
2003: Lucros	101	5	461,24 **	100,7 **	10,32 **	104,3 **	5,77	0,04	0,08 **	0,001
Prejuízos	206	5	107,37	23,92	-12,09	43,53	4,73	0	0,182	0
Dados: Lucros	475	4	568,29 **	81,63 **	7,42 **	98,53 **	3,56	0,01 **	0,033 **	0 **
Painel[4]. Prejuízos	1924	4	128,40	48,63	-24,29	33,75	4,89	0,06	0,185	0,002

[1] O teste de igualdade das médias avalia se cada subgrupo tem a mesma média. Se assim for, então a variância da média entre grupos deve ser igual à variância dentro de cada grupo. Como analisamos a igualdade de médias entre apenas dois subgrupos, o Eviews reporta a estatística do t, que se obtém a partir da raiz quadrada da estatística do F, assumindo apenas um grau de liberdade no numerador.
[2] As variáveis vêm expressas em milhões de dólares, exceptuando os rácios. Ver definição no quadro 4.7.
[3] N = Número de empresas em cada grupo.
[4] De acordo com Figueiredo e Hill (2003:162), dados de painel correspondem a um conjunto de observações recolhidas sobre as mesmas unidades seccionais ao longo de vários períodos de tempo regulares (tipicamente, mas não obrigatoriamente, dados anuais). No presente trabalho as observações foram recolhidas numa base anual. As unidades seccionais seleccionadas são empresas.
[5] Continuamos a centrar a análise na variável "resultados antes de itens extraordinários", pois e dado o princípio da continuidade, não é de esperar a prazo a persistência dos itens extraordinários.
[6] O teste de diferenças entre medianas baseou se no teste não paramétrico "Kurskal-Wallis one-way ANOVA by ranks". Este teste consiste numa generalização do teste "Mann-Whitney" para mais de dois grupos. A intuição base é estabelecer rankings entre os vários subgrupos. Se a soma do subgrupo 1 for idêntica à soma do subgrupo 2, então os dois subgrupos possuem valores idênticos para a mediana. O Eviews disponibiliza ainda outros testes não paramétricos, tais como: "Wilcoxon signed ranks test", "Chi-square test", "van der Waerden (normal scores) test" (Eviews, 2004; versão 5.0:309).
[7] A diferença só é estatisticamente significativa a um nível de significância de 10%, segundo o teste do χ^2.
(**) e (*) identificam diferenças estatisticamente significativas para um nível de significância de 1% e 5% respectivamente.

Com base no quadro anterior (quadro 5.3), verificamos que para a variável "MVE", são estatisticamente significativas as diferenças a um nível de significância de 1%, para os valores da mediana, exceptuando os anos de 1998 e 1999. Este resultado interpreta-se facilmente, dado o ano de 1999 ser o ano em que as *net firms* se aproximaram do pico máximo da capitalização bolsista (ver figura 5.2)[144]. De referir que o valor da variável "MVE" é sistematicamente superior para o grupo de empresas que apresentam lucros, comparativamente ao grupo com prejuízos, com excepção do ano 1998, e apenas com referência à média, cuja diferença não é estatisticamente significativa.

Figura 5.2: "Evolução dos índices: NASDAQ, S&P500 e *Interne StockList* (ISDEX)"

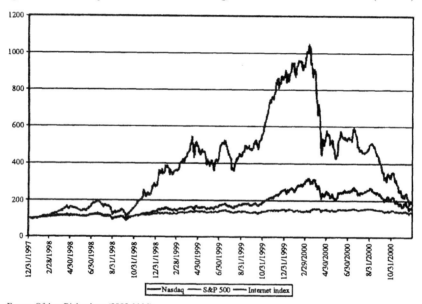

Fonte: Ofek e Richardson (2003:1116).

---

[144] Saliente-se que aquando da análsie da tendência, a evolução do rário MVE/BVE revela uma quebra de estrutura (teste Chow) no ano de 2000, quer para o valor da média quer para o valor da mediana. A mudança do coeficiente β reflecte a quebra acentuada da capitalização bolsista destas empresas, tal como evidenciado na figura 5.2, pelo índice ISDEX. Repare-se que apesar de à época os vários títulos tenderem a estar sobreavaliados, essa sobreavaliação é mais acentuada no universo das *net firms* (cotadas no ISDEX), comparativamente às *non net firms* (cotadas no NASDAQ), a avaliar pela "quebra" registada nos dois índices.

Quanto à variável "BVE", os resultados para os valores médios diferem substancialmente dos valores obtidos para a mediana. Dada a forte assimetria que caracteriza a distribuição das variáveis em análise (anexo 5.1), a relevância da análise centra-se nos resultados obtidos para a mediana[145]. Assim, e para todos os anos, exceptuando mais uma vez o ano de 1998, as diferenças são estatisticamente significativas, correspondendo o valor dos capitais próprios para o grupo com prejuízos a cerca de metade do valor registado para o grupo com lucros (48,63 milhões de dólares face a 81,63 milhões de dólares, de acordo com o resultado obtido para os dados de painel).

Tal como esperado, os prejuízos são sistemáticos ao longo de todo o período para o grupo que regista prejuízos, também o grupo com maior número de empresas. Esta persistência não se alterou mesmo após o *crash* (ano de 2000), em sintonia com os resultados que havíamos já obtido para a análise da tendência, o que denuncia que pós década de 90, para além de aumentar o número de empresas a reportarem prejuízos, aumenta também a magnitude e persistência destes.

A variável "vendas" para este grupo regista aumentos sucessivos ao longo do tempo, correspondendo todavia o seu valor a um terço do volume das vendas registado para o grupo de empresas com lucros (33,75 milhões de dólares para o grupo com prejuízos face a 98,53 milhões de dólares para o grupo com lucros, de acordo com os dados de painel).

Centrando agora a análise nas variáveis "I&D" e "Publicidade", não se registam diferenças significativas nos volumes de investimento dos dois grupos (empresas com lucros e empresas com prejuízos). Com efeito, o grupo com prejuízos regista um investimento de aproximadamente 5 milhões de dólares na rubrica I&D (valores para a mediana – dados de painel) face a um volume de vendas de 33,75 milhões de dólares (valores para a mediana, também segundo os dados de painel), enquanto o grupo com lucros, regista vendas de 98,53 milhõe s de dólares (dados de painel), e um investimento em I&D de 3,56 milhões de dólares (valores para a mediana, segundo dados de painel). Atendendo a que uma redução destes *items* (I&D e Publicidade) permitiria uma melhoria substancial

---

[145] Tal como refere Hand (2001b), os valores médios registados para a variável "BVE" devem ser analisados com alguma prudência, pois tendem a reflectir, em particular nos anos de 1999 e 2000, os valores resultantes das transacções dos processos IPO.

dos resultados, pelo menos uma redução do volume de prejuízos a curto prazo, vemos no comportamento destas variáveis, em particular na variável "I&D" no grupo de empresas com prejuízos, um claro sinal da confiança dos gestores nas boas perspectivas de rendibilidade futuras associadas a este tipo de investimento.

Esta conclusão é reforçada quando analisamos o rácio "I&D/vendas". As diferenças entre medianas são estatisticamente significativas ao nível de 1% para todos os anos. Realçamos que este rácio se situa aproximadamente nos 20% para o grupo de empresas com prejuízos (dados de painel), valor que tende a manter-se mesmo após o *crash,* contra 3,3% no grupo com lucros (também segundo dados de painel). Quanto ao rácio Publicidade/vendas, as diferenças são pouco significativas, tal como acontecia já para a variável "Publicidade" em termos absolutos.

Em síntese, os resultados da amostra de *net firms* reflectem uma política de investimentos em activos intangíveis mais agressiva por parte do grupo com prejuízos, particularmente em "I&D" (repare-se que o volume de vendas neste grupo corresponde a um terço do volume de vendas do grupo com lucros). Esta política tende a manter-se ao longo do tempo, o que sustenta que os prejuízos (em parte) derivam do efeito "*conservatism accounting*" modelizado por Feltham e Ohlson (1995). Neste contexto a repartição da amostra entre empresas com lucros e empresas com prejuízos revela-se útil.

No quadro seguinte centramos a análise agora para a amostra das *non net firms.*

Quadro 5.4: "Diferenças entre médias/medianas na amostra de *non net firms*

Painel A: Médias[1]

Variáveis[2]	N[3]	Idade	MvE	BVE	Resultados (Res_IExt)[5]		Vendas		I&D	Pub	I&D/Vendas		Pub/Vendas	
Períodos														
1996: Lucros	81	2,17	214,06	59,18	7,36	**	114,1	*	4,8	0,46	0,07	*	0,004	*
Prejuízos	62	1,76	131,55	43,70	-7,11		64,27		5,36	0,50	0,84		0,03	
1997: Lucros	109	2,36	307,54	70,05	8,80	**	256,0	**	4,9	0,30	0,06		0,003	*
Prejuízos	82	2,41	175,83	37,58	-13,7		48,67		6,25	0,60	6,51		0,017	
1998: Lucros	120	3,09	452,59	92,19	12,71	**	200,5	**	5,81	0,82	0,04		0,004	
Prejuízos	92	2,83	125,73	40,11	-17,13		41,4		8,23	0,41	13,38		0,171	
1999: Lucros	182	2,72	441,34	86,50	10,48	**	174,7	**	4,83	0,94	0,05	*	0,005	
Prejuízos	174	2,44	803,44	107,2	-23,44		86,36		7,8	0,87	1,63		0,40	
2000: Lucros	195	3,30	494,29	111,5	13,93	**	214,8	**	6,85	1,02	0,05	**	0,005	
Prejuízos	250	2,55	443,74	156,4	-51,52		105,4		13,0	1,23	2,2		0,08	
2001: Lucros	140	4,35	607,92	146,7	14,26	**	243,8	**	11,2	1,51	0,07	**	0,006	
Prejuízos	262	3,61	339,06	161,7	-64,55		139,3		17,9	0,92	1,87		0,012	
2002: Lucros	145	5,49	378,91	157,7	16,75	**	292,1	**	9,81	1,76	0,06	**	0,006	
Prejuízos	229	4,52	170,60	132,4	-65,94		141,4		20,4	1,18	1,63		0,018	
2003: Lucros	146	5,18	684,32	230,2	23,91	**	357,9	**	15,0	38,3	0,06	*	0,137	
Prejuízos	190	5,24	306,77	100,6	-37,56		145,2		19,7	1,64	1,67		0,013	
Dados: Lucros	1118	4,28	466,77	123,4	13,97	**	225,8	**	8,16	5,9	0,06	**	0,022	
Painel[4]:Prejuízos	1341	4,98	351,35	118,6	-44,18		111,6		14,4	1,04	2,88		0,089	

Painel B: Medianas[6]

Variáveis[2]	N[3]	Idade	MVE	BVE	Resultados (Res_IEx1)[5]		Vendas		I&D		Pub	I&D/Vendas	Pub/Vendas
Períodos													
1996: Lucros	81	2	123,01 **	38,5	4,79	**	59,53	**	0,51		0	0,018	0
Prejuízos	62	1	66,13	23,88	-3,83		16,28		0,62		0	0,044	0
1997: Lucros	109	2	126,59 **	45,89	4,19	**	77,24	**	0,05	*	0	0,0004 **	0
Prejuízos	82	2	58,22	23,01	-6,19		18,33		2,67		0	0,125	0
1998: Lucros	120	2	102,08 **	52,45	5,71	**	94,98	**	0	**	0	0	0
Prejuízos	92	3	50,19	25,69	-7,45		27,2		4,31		0	0,14 **	0
1999: Lucros	182	2	142,6	57,41	5,84	**	88,49	**	0	**	0	0	0
Prejuízos	174	2	163,75	37,89	-10,08		24,82		2,34		0	0,11 **	0
2000: Lucros	195	2,5	151,76	72,52	7,03	**	115,8	**	0	**	0	0	0
Prejuízos	250	2	149,13	74,94	-18,61		32,56		7,18		0	0,189 **	0
2001: Lucros	140	4	246,41 **	116,7	8,44	**	131,0	**	0	**	0	0	0
Prejuízos	262	3	120,25	63,75	-20,36		38,34		8,61		0	0,184 **	0
2002: Lucros	145	5	158,98 **	96,97	7,02	**	124,2	**	0	**	0	0	0
Prejuízos	229	4	70,92	50,11	-22,26		39,3		10,2		0	0,212 **	0
2003: Lucros	146	5	297,79 **	147,2	9,48	**	152,1	**	0	**	0	0	0
Prejuízos	190	4	134,46	48,82	-14,9		48,13		8,41		0	0,196 **	0
Dados: Lucros	1118	4	158,0	67,38	6,32	**	103,8	**	0	**	0	0	0
(Painel)[4]: Prejuízos	1341	4	101,66	46,95	-14,67		33,53		5,81		0	0,176 **	0

[1] O teste de igualdade das médias avalia se cada subgrupo tem a mesma média. Se assim for, então a variância da média entre grupos deve ser igual à variância dentro de cada grupo. Como analisamos a igualdade de médias entre apenas dois subgrupos, o *Eviews* reporta a estatística do t, que se obtém a partir da raiz quadrada da estatística do F, assumindo apenas um grau de liberdade no numerador.
[2] As variáveis vêm expressas em milhões de dólares, exceptuando os rácios. Ver definição no quadro 4.7.
[3] N = Número de empresas em cada grupo.
[4] De acordo com Figueiredo e Hill (2003:162), dados de painel correspondem a um conjunto de observações recolhidas sobre as mesmas unidades seccionais ao longo de vários períodos de tempo regulares (tipicamente, mas não obrigatoriamente, dados anuais). No presente trabalho as observações foram recolhidas numa base anual. As unidades seccionais são empresas.
[5] Continuamos a centrar a análise na variável "resultados antes de *items* extraordinários", pois é dado o princípio da continuidade, não é de esperar a prazo a persistência dos *items* extraordinários.
[6] O teste de diferenças entre medianas baseou-se no teste não paramétrico "*Kurskal-Wallis one-way ANOVA by ranks*". Este teste consiste numa generalização do teste "*Mann-Whitney*" para mais de dois grupos. A intuição base é estabelecer *rankings* entre os vários subgrupos. Se a soma do subgrupo 1 for idêntica à soma do subgrupo 2, então os dois subgrupos possuem valores idênticos para a mediana. O *Eviews* disponibiliza ainda outros testes não paramétricos, tais como: "*Wilcoxon signed ranks test*", "*Chi-square test*", "*van der Waerden (normal scores) test*" (Eviews, 2004; versão 5.0:309).
(**) e (*) identificam diferenças estatisticamente significativas para um nível de significância de 1% e 5% respectivamente.

Procedendo a uma análise similar para a amostra de *non net firms*, isto é, comparando os resultados obtidos para os dois grupos de empresas, com lucros e com prejuízos, verificamos e com referência à variável "MVE", exceptuando o período do *crash* bolsista (anos 1999 e 2000 – ver figura 5.2), que as diferenças entre os dois grupos para a mediana são estatisticamente significativas para um nível de significância de 1%. Todavia, atendendo aos valores em dado de painel, salientamos que o diferencial entre os dois grupos para a mediana não é tão acentuado (158 milhões de dólares para o grupo com lucros face a 101,66 milhões no grupo com prejuízos) como na amostra de *net firms* (368,29 milhões de dólares para o grupo com lucros face a 128,40 milhões de dólares para o grupo com prejuízos)[146].

Com referência à variável "BVE", o comportamento desta variável é similar ao grupo das *net firms*. Com referência ao valor médio, as diferenças não são significativas para cinco anos, contrariamente ao comportamento da mediana, em que as diferenças são estatisticamente significativas para todo o período.

As diferenças para os dois grupos de empresas, quer com referência aos valores médios quer para os valores da mediana, para a variável "resultados", como esperado são sistematicamente significativas a um nível de significância de 1%. De referir todavia, que a magnitude dos prejuízos é muito inferior comparativamente aos valores registados para o grupo das *net firms* com prejuízos. Com efeito, o valor para a mediana no grupo com prejuízos na amostra de *non net firms* situa-se nos 14,67 milhões de dólares (dados de painel) face a prejuízos de 24,29 milhões de dólares (também segundo dados de painel) no grupo das *net firms* com prejuízos.

Acerca da variável vendas, o comportamento não se diferencia entre as duas amostras, sendo as diferenças sistematicamente significativas quer para os valores da média quer da mediana. O valor da mediana desta

---

[146] De referir, e à semelhança da amostra das *net firms* (ano 1998), na amostra de *non net firms* e para o ano de 1999, a capitalização bolsista média do grupo de empresas com prejuízos excede a capitalização bolsista média do grupo das empresas com lucros, sendo a diferença estatisticamente significativa para um nível de significância de 1%. Apesar de para a mediana a diferença não ser significativa, este resultado em parte surpreendeu-nos, pois Lee (2001) e Cooper, Dimitrov e Rau (2001) observaram um efeito moda (*fad*) muito mais acentuado nas *net firms*.

variável (dados de painel) na amostra das *non net firms*, para o grupo com prejuízos, ascende a 33,53 milhões de dólares, valor muito similar ao registado pelas *net firms*, também para o grupo com prejuízos (33,75 milhões de dólares).

Analisando a variável "I&D", as diferenças entre os dois grupos (empresas com lucros e empresas com prejuízos) são sistematicamente significativas para um nível de significância de 1%. Este resultado diverge do obtido para as *net firms*. Todavia, o grupo com prejuízos investe um maior volume de recursos, 5,8 milhões de dólares – valores para a mediana em dados de painel, face a um valor aproximadamente nulo (também para a mediana) para o grupo com lucros, um comportamento semelhante ao das *net firms*. Este diferencial tão acentuado entre os dois grupos, reflecte-se no comportamento do rácio "I&D/vendas". Com efeito, e para o valor médio, o grupo com prejuízos regista sistematicamente (à excepção do ano de 1996) valores de investimento que excedem os proveitos provenientes das vendas. Todavia, e dado que quaisquer conclusões com base na análise dos valores médios deve ser conduzida com prudência, dada a forte assimetria na distribuição desta variável, centramos a análise nos valores da mediana[147]. Assim, à semelhança do grupo com prejuízos da amostra das *net firms*, a parcela de prejuízos provenientes das vendas e afecta ao investimento da rubrica I&D situa-se nos 17,6% (dados de painel), percentagem que revela uma tendência crescente, mesmo após o *crash*.

Para a variável "Publicidade" o comportamento é similar entre as duas amostras em análise. Esta semelhança estende-se ao rácio "Publicidade/Vendas" que para o grupo com prejuízos, e com referência ao valor médio (dados de painel) se situa nos 8,9% para as *non net firms* e 13,3% para as *net firms*.

Em síntese, para ambas as amostras e respectivos grupos (empresas com lucros e empresas com prejuízos): i) as variáveis em análise registam um comportamento similar; ii) é clara a evidência de uma estratégia de investimento mais agressiva por parte do grupo de empresas a registar prejuízos nas variáveis "I&D" e com menor relevância na

---

[147] Ver anexo 5.6, onde apresentamos o número de empresas por anos, com referência ao grupo com prejuízos, em ambas amostras, cujo valor do investimento em "I&D" excede o valor das "Vendas".

variável "Publicidade" e iii) em ambas as amostras e para o grupo com prejuízos, a parcela de proveitos provenientes das vendas afecta a investimentos em I&D é de cerca de 20% (valor para a mediana – dados de painel).

Assim, concluímos que os prejuízos, a registarem-se, tendem a persistir por períodos mais longos, e são justificáveis em parte com base no efeito de *"conservatism accounting"*, incorporado no modelo de FOM[148]. Com efeito, em ambas as amostras o grupo com prejuízos é o que regista mais observações ao longo do período em análise (1996 a 2003). Este resultado é consistente com os resultados obtidos pela análise de tendência e com McCallig (2004) e Joos e Plesko (2004).

Atendendo à heterogeneidade que caracteriza o modelo de negócios adoptado pelas *net firms,* que pode ser diferenciado em *Business-to-Business* (B2B) e *Business-to-Consumer* (B2C), cada amostra (empresas com lucros e empresas com prejuízos) será ainda subdividida em dois subgrupos com base nos valores registados pelas variáveis "I&D" e "Publicidade"[149]. Assim, pressupomos que o grupo B2B investe predominantemente em "I&D", enquanto o grupo B2C privilegia o investimento em "Publicidade". Como critério de repartição adoptamos o seguinte: sempre que a variável "I&D" reporte valores superiores (inferiores) à variável "Publicidade" a empresa é classificada no grupo B2B (B2C). Para efeitos comparativos, esta partição estendeu-se à amostra das *non net firms.*

---

[148] Salientamos todavia a particularidade de que para os grupos com prejuízos e em ambas as amostras, os valores da mediana (dados de painel) para o volume de vendas ser similar, 33,53 milhões de dólares para as *net firms* e 33,75 milhões para as *non net firms*, assim como o valor do rácio I&D/vendas, cerca de 18,5% e 17,6% respectivamente (dados de painel). Contudo, os valores registados para os prejuízos são substancialmente diferentes, registando as *net firms* 24,29 milhões de dólares de prejuízos, cerca do dobro comparativamente às *non net firms* (14,67 milhões de dólares).

[149] A Morgan & Stanley nos relatórios: *"The technology IPO Yearbook"* – 8.ª e 7.ª edição subdivide o sector da Internet em onze subsectores: 1) *Internet Portal,* 2) Internet Commerce, 3) *Internet Infrastructure,* 4) *Internet B2B Software,* 5) *Internet Financial Services,* 6) *Vertical Portal,* 7) *Internet Infrastructure Services,* 8) *Internet Consulting & Application,* 9) *Internet Advertising & Direct Marketing Services,* 10) *B2B Commerce* e 11) *Multi-sector Internet Companies.* Todavia, subdividir a amostra nestes onze subsectores revelou-se impraticável do ponto de vista econométrico, face ao número reduzido de observações para alguns subsectores.

Esquematicamente:

Non Net Firms / Net firms	I&D	Publicidade (Pub)
Lucros	I&D_B2B	Pub_B2C
Prejuízos	I&D_B2B	Pub_B2C

5.4 Metodologia de Fama e Macbeth

Dada a persistência e a magnitude dos prejuízos registados em ambas as amostras (o grupo com prejuízos é sistematicamente o grupo com mais observações – quadros 4.2 e 4.3), o nosso objectivo central consiste em analisar a relação (estatística) entre a capitalização bolsista e os resultados líquidos – prejuízos reportados por estas empresas ao longo do período da nova economia (*New Economy Period*).

Neste sentido, o modelo empírico a estimar tem como referência o modelo de OM. Assim, e com o objectivo de reescrever este modelo em função dos resultados líquidos, começamos por transcrever a expressão 1.7:

$$P_t = bv_t + \alpha_1 x_t^a + \alpha_2 v_t.$$

Considerando a definição de resultados supranormais $x_t^a = x_t - (R_f - 1)bv_{t-1}$, em que bv_{t-1} representa o valor dos capitais próprios em t-1 e r a taxa de juro sem risco ($R_f=1+r$)[150], substituindo x_t^a na função de avaliação anterior obtemos:[151]

$$P_t = bv_t + \alpha_1 [x_t - (R_f - 1)bv_{t-1}] + \alpha_2 v_t \quad (5.1).$$

Com base no princípio CSR, a expressão anterior pode ser reescrita como:

$$P_t = (bv_{t-1} + x_t - d_t) + \alpha_1 x_t - \alpha_1 (R_f - 1)bv_{t-1} + \alpha_2 v_t \quad (5.2).$$

---

[150] O modelo de OM e na linha de MM (1958, 1961) assume uma economia onde as preferências (*beliefs*) dos investidores são homogéneas e estes são neutros ao risco.

[151] Recorde-se que o processo estocástico definido pelo modelo de OM para a variável x_t^a, vem definido como: $x_{t+1}^a = w x_t^a + v_t + \varepsilon_{1,t+1}$, sendo pois independente da variável bv_t.

Dado que a variável v_t "outra informação" é uma variável ortogonal, independente de x_t^{a}[152], pressupondo que assume valor nulo, e introduzindo a constante, que em parte "agrega" os efeitos associados à variável "v_t", isto é, os "choques" provenientes de outras fontes de informação que não a informação financeira, que são de imediato incorporados nos preços, e só mais tarde são reflectidos nas demonstrações financeiras, obtemos o modelo empírico a estimar:

$$(P_t + d_t) = (1+\alpha_1)x_t + [1-\alpha_1(R_f - 1)]bv_{t-1} + \alpha_2 v_t \Leftrightarrow$$

$$MVE_{it} = \alpha_0 + \alpha_1 x_{it} + \alpha_2 bv_{i,t-1} + e_{it} \qquad (5.3).$$

A equação evidencia claramente a relevância das variáveis "resultados líquidos – x_{it}" e "capitais próprios (no início do ano) – $bv_{i,t-1}$" como principais determinantes do valor (Ohlson,1995:670)[153]. De referir ainda que, dado o nosso objectivo consistir em analisar as relações estatísticas entre as variáveis contabilístico-financeiras, pressupomos à semelhança de Francis e Schipper (1999:327), que o valor intrínseco dos títulos e o valor de mercado possuem a mesma estrutura[154].

A opção pelo modelo de OM em detrimento do modelo de FOM, justifica-se pelo facto de a separação entre as actividades operacionais e não operacionais não ser relevante nas amostras em análise. Com efeito, tratando-se de empresas em fase de *start-up*, com prejuízos, necessitam é de recursos elevados para financiar a sua estratégia de crescimento. Segundo Feltham e Ohlson (1995), e recorrendo à dinâmica de informação

---

[152] Dada a ortogonalidade desta variável, a sua omissão do modelo não enviesa a estimação dos restantes coeficientes.

[153] Ao incluirmos no modelo a variável capitais próprios no início do ano, excluímos o efeito da variável resultados líquidos, também uma variável independente no modelo, nesta variável.

[154] Beaver (2002:459) classifica este tipo de estudo na área dos *"value-relevant studies"*, que define como: *"Value-relevance research examines the association between a security price based dependent variable and a set of accounting variables. An accounting number is termed value relevant if it is significantly related to the dependent variable"*. Acrescenta ainda que esta área é uma das áreas mais promissoras ao nível dos estudos empíricos, inventariando Holthausen e Watts (2001) 54 estudos nesta área, mas apenas 3 publicados antes de 1990.

à data de criação da empresa (t=0), a estratégia de crescimento identifica-se com investimentos em activos operacionais (tangíveis e intangíveis). Por sua vez a extensão do modelo de FOM não invalida o modelo de OM (Moore, 2002).

Ao admitirmos no modelo 5.3 como variável dependente, a variável "MVE", os resultados do modelo a estimar tendem a vir dominados pelo efeito das grandes empresas (*scale-effect*) (Easton e Sommer, 2003). Neste sentido, aplicamos a transformação logarítmica à variável MVE, o que permite comprimir a escala da variável, tornando a variância dos erros mais homogénea, controlando assim mais facilmente o efeito dos *outliers*. Este procedimento foi também adoptado por Berger, Ofek e Swary (1996), Francis e Schipper (1999) e Hand (2001), entre outros[155]. O modelo transformado corresponde agora a um modelo log-linear[156,157].

A exclusão da opção por estandardizar as variáveis do modelo (quer a variável dependente, quer as variáveis independentes) procedimento muito utilizado para controlo da heterocedasticidade, justifica-se pelo facto de não existir um suporte teórico sólido que sustente a adopção deste procedimento econométrico (Keating, Lys e Magee, 2003)[158]. Por outro

---

[155] Com esta transformação, a distribuição da variável dependente altera-se, mas a nova distribuição regista uma forte aderência à distribuição normal, pressuposto do método ordinário dos mínimos quadrados (*Ordinary Least Squares*- OLS) (Curto, 2004; Gujarati, 2002).

[156] A particularidade deste modelo deriva da interpretação a dar aos coeficientes estimados. Assim, o efeito marginal da variável X em Y, resulta da derivada de Y em relação a X ($\partial Y/\partial X$). A variação percentual em Y por cada variação de um ponto percentual em X é nos dada pela elasticidade $\left(X/Y \right)\left(\partial Y/\partial X \right)$ (Curto, 2002).

[157] A logaritmização de todas as variáveis não é possível (modelo log-log) pois as variáveis "BVE" e "resultados" assumem valores negativos. Hand (2000) na primeira versão do *working paper* "*Profit, Losses and Non-Linear Pricing of Internet Stocks*", optou pela seguinte transformação: ln (Z+1) se Z≥0 e –ln(-Z+1) se Z<0. Pablo e Araceli (2005) por sua vez, optaram por considerar primeiro o valor absoluto das variáveis para calcular os seus logaritmos, atribuindo-lhes depois o sinal negativo. Como com a transformação da variável dependente respeitamos todos os pressupostos subjacentes ao método de estimação com base no método dos mínimos quadrados, optamos por utilizar o modelo log-linear. Na análise dos resultados voltaremos à discussão desta temática.

[158] Com efeito, enquanto Fama e French (1998) optam por estandardizar as variáveis do modelo estimado, recorrendo à variável "valor contabilístico dos activos" na investigação desenvolvida sobre o efeito dos impostos e decisões de financiamento no valor das empresas norte americanas; Barth, Beaver e Landsman (1998) e Schnusenberg

lado, a escolha da variável a utilizar para estandardizar o modelo também é arbitrária. A variável mais utilizada é o número de acções em circulação[159]. Na presente investigação não é aconselhável, pois durante o período em análise registou-se uma forte volatilidade do volume de acções em circulação, consequência do efeito *look- up period*[160] e dos processos de F&A, os quais, e segundo dados de Schultz e Zaman (2001), ocorreram maioritariamente por troca de participações. O recurso às variáveis "BVE" ou "total dos activos", e tal como reconhecem Fama e French (1998:826) só iria aumentar o número de observações extremas *(outliers)*, devido aos valores muito reduzidos que estas variáveis registam nas amostras em análise. De referir ainda que a opção pela variável "BVE", e tal como realçado por Core, Guay e Buskirk (2003), implicaria remover das amostras em estudo as empresas com valores negativos para esta variável, o que em nosso entender seria uma fonte de distorção dos resultados a obter.

De referir ainda que a exclusão da variável vendas como *"scale variable"*, e contrariamente aos argumentos apresentados por Demers e Lev (2001), no universo da *net firms* e Connoly e Hirschey (1984) e Chauvine Hirschey (1993) fora do universo das *net firms*, de que esta variável está mais imune a eventuais manipulações contabilísticas, sustenta-se na investigação de Davis (2002). Segundo Davis (2002), o facto de as *net firms* reportarem prejuízos sucessivos, leva a que os analistas, como sugeria o Jornal *Washington Post* a 2 de Abril de 2000, centrem a sua atenção no comportamento da variável "vendas", pois vêm na taxa de crescimento desta variável, uma *proxy* para a rendibilidade futura[161]. Esta atenção por parte do mercado criou fortes pressões junto dos gestores, no sentido de estes reportarem valores para esta variável

---

e Skantz (1998) por sua vez, optam por estimar os modelos com os valores não transformados das variáveis, isto é, estimam directamente as *level regressions*.

[159] Variável utilizada por: Collins, Pincus e Xie (1999), Frazen (2000) e Tan (2004), a título de exemplo.

[160] O período *"look-up"* corresponde ao período após o processo IPO (seis meses), durante o qual os investidores não podem alienar as acções da empresa alvo do processo IPO (Ofek e Richardson, 2003).

[161] Com efeito, a variável vendas e respectiva taxa de crescimento, a par da volatilidade, revelaram-se as variáveis determinantes no modelo de opções reais desenvolvido por Schwartz e Moon (2000).

superiores às previsões feitas pelos analistas (*good news*). Neste contexto difundem-se as práticas "*grossed-up*", em que as vendas são reconhecidas pelo seu valor bruto em detrimento do valor líquido e as práticas "*barter-revenue*", que correspondem a transacções que não envolvem qualquer fluxo monetário, mas que algumas empresas optaram por incluir na rubrica vendas. A título de exemplo referimos a troca de espaços publicitários nas *web pages*[162,163].

Como o nosso objectivo consiste em analisar como o mercado avalia ao longo do tempo – efeito ciclo de vida – os principais factores criadores de valor, identificados pelo modelo de OM ("resultados líquidos" e "capitais próprios"), e na linha da metodologia de Fama e MacBeth (1973), estimaremos uma regressão para cada ano separadamente. A estimação é feita pelo método ordinário dos mínimos quadrados (*Ordinary Least Squares*). Assim, a nossa inferência basear-se-à na média dos parâmetros estimados para o período de 1996 a 2003.

Analiticamente, o modelo (5.3) assume a seguinte forma:

$$MVE_{it} = \alpha_0 + \sum_{j=1}^{H} \alpha_{j,t} F_{i,j,t} + e_{it} \quad com \ i = 1,2..N \quad (5.4)$$

em que H identifica o número de variáveis explicativas incluídas no modelo, N o número de empresas constantes da amostra, $F_{i,j,t}$ corresponde à realização do factor explicativo j, para a empresa i, no período t (1996 a 2003)[164].

---

[162] Davis (2002:473) apresenta o exemplo de uma agência de viagens *on-line*, que vende um bilhete de avião. O proveito para a agência restringe-se à comissão recebida, mas muitas empresas optaram pelo registo do valor bruto da transacção.

[163] Este tipo de prática levou a que o FASB – *Financial Accounting Standard Board* emitisse o *Staff Accounting Bulletin Numbers 101* – "*Revenues Recognition in Financial Statements*" (SAB 101), com o objectivo de normalizar este tipo de práticas.

[164] Na aplicação da metodologia desenvolvida por Fama e MacBeth (1973), Fama e French (1998) estimam regressões para 28 anos (de 1965 a 1992). Ottoo (2000) aplicando igualmente a metodologia Fama e MacBeth, estima apenas regressões para seis anos. Assim, o período de oito anos de observações usado neste estudo é satisfatório, atendendo ao carácter emergente do sector/empresa(s) em estudo.

A hipótese nula a testar consiste em:

$$H_0 = \frac{\sum_{t=1}^{T}\alpha_{jt}}{T} = 0 \ com \ t = 1,2,...T$$

isto é, a média da série temporal dos parâmetros estimados ao longo do tempo é nula.

Como principais vantagens desta metodologia apontamos: i) maior controlo do efeito sobrevivência (*survivor bias effect*), pois não se exige que as empresas tenham longos períodos de vida, efeito determinante nas amostras em estudo, como demonstramos nos quadros 4.2 e 4.3, aquando da análise dos "movimentos" de entradas e saída do mercado por parte destas empresas; ii) em cada ano, a regressão com base em dados seccionais, pode sempre incluir um maior número de observações, comparativamente às sucessões cronológicas; iii) como é possível em cada ano incluir um maior número de observações, aumenta-se a precisão dos parâmetros estimados e iv) ao fazer-se inferência com base no valor médio do(s) parâmetro(s) estimados, reduz-se o efeito da volatilidade registada de ano para ano, o que é particularmente relevante na presente investigação.

De seguida formulamos as hipóteses de investigação a testar.

5.5 Hipóteses de Investigação

A investigação empírica sobre a relação preço/cotação e prejuízos é escassa, sendo os resultados até agora obtidos contraditórios. Com efeito, tradicionalmente o conteúdo informativo dos prejuízos para efeitos de avaliação era muito reduzido, dada a sua natureza transitória. A persistiremos, os accionistas exerciam a opção de liquidação que detinham sobre a empresa (Hayn, 1995; Chambers, 1997; Subramanyam e Wild, 1996).

Todavia, e pós década de 90, assiste-se a um aumento do número de empresas cotadas a reportarem prejuízos, incluindo muitas não *net firms* (Hayn, 1995; Collins, Maydew e Weiss, 1997; Collins, Pincus e Xie, 1999; McCallig, 2004 e Joos e Plesko, 2004). Como Hayn (1995) havia observado, são empresas de menor dimensão, que operaram em sectores de alta tecnologia. Como consequência, estas empresas tendem a privilegiar os investimentos em activos intangíveis, em particular nos *items* "I&D" e "Publicidade" (Chan, Lakonishok e Sougiannis, 2001; McCallig, 2004; Joos e Plesko, 2004).

Com efeito, e tal como modelizado pelo modelo de FOM, elevados investimentos em activos intangíveis e devido ao efeito de *"conservatism accounting"*, justificam que as empresas, em particular de base tecnológica, e na fase de *start-up* registem elevados prejuízos, pois uma fatia significativa do seu investimento é considerado como custos (proposição 9 de FOM). Todavia, e face à magnitude e perfil do investimento, e tal como fundamentamos no capítulo III, quando analisamos o impacto dos investimento em activos intangíveis no valor de mercado dos capitais próprios da empresa, são grandes as expectativas acerca da rendibilidade futura, rendibilidade supranormal, as quais por sua vez sustentam as elevadas capitalizações bolsistas que estas empresas tendem a registar (ver figura 1.1). É neste contexto que se questiona a adequabilidade dos prejuízos, ou melhor da sua persistência, como *proxy* para o exercício da opção de liquidação neste universo de empresas.

Assim, atendendo: i) à subavaliação da variável activos operacionais (oa_t), devido ao efeito de *"conservatism accounting"*; ii) à definição da variável fluxos de caixa, que e de acordo com o modelo de FOM evidencia que uma subavaliação da variável "activos operacionais" terá de ser compensada por uma sobreestimação dos resultados operacionias supranormais futuros (ox_t^a), para que o seu valor permaneça inalterado (dada a objectividade com que esta variável é medida, isto é, independente de quaisquer práticas e políticas contabilísticas[165]); iii) que este tipo de investimento (I&D e Publicidade) tende a predominar nas amostras em estudo, como ilustramos aquando da análise da tendência (quadros 5.1 e 5.2), pois e em simultâneo com o aumento das vendas e da idade, persiste o investimento, e em montantes expressivos nestes activos e iv) o facto de esta estratégia de investimento ser mais agressiva no grupo de empresas que registam prejuízos, pois para este grupo o rácio "I&D/Vendas" assume valores superiores, o que em nosso entender constitui um claro sinal de confiança dos gestores nas perspectivas de rendibilidade futuras

---

[165] Recorde-se que a variável fluxos de caixa vem definida como: $\sum_{\tau=1}^{\infty} R_f^{-\tau} E_t(c_{t+\tau}) = oa_t + \sum_{\tau=1}^{\infty} R_f^{-\tau} E_t\left(ox_{t+\tau}^a\right)$ (ver anexo 1.2, dedução da expressão 1.31c).

(uma redução do investimento neste tipo de activos permitia à empresa reduzir no curto prazo o volume de prejuízos), formulamos a primeira hipótese de investigação:

Hip.1: *"Para as empresas mais jovens (net firms e non net firms) os prejuízos são valorizados positivamente pelo mercado".*

Com a formulação desta primeira hipótese, assumimos e na linha dos resultados de McCallig (2004) e Joos e Plesko (2004) fora do universo das *net firms* a relevância estatística do fenómeno valorização positiva dos prejuízos por parte do mercado, em empresas de base tecnológica, critério a que obedecem as empresas das amostras em estudo (quadro 4.5), na fase de *start-up*/crescimento.

Para testar empiricamente esta hipótese, expressamos o valor de mercado dos capitais próprios da empresa (MVE) em função dos resultados antes de *items* extraordinários[166]. O modelo a testar vem assim definido:

$$MVE_{it} = \alpha_0 + \alpha_1 (Res\_IExt)_{it} + \varepsilon_{it} \quad (5.5)$$

com i=1,2.....N e t=1996 a 2003.

Com efeito, a *"valorização positiva dos prejuízos"* é um fenómeno novo, sendo os resultados até aqui obtidos pouco consensuais. Collins, Pincus e Xie (1999) argumentam que este fenómeno se deve a uma incorrecta especificação do modelo de avaliação utilizado. Criticam assim, os modelos de avaliação baseados na capitalização dos resultados (*earnings model*), por exemplo, utilizado por Hayn (1995). Empiricamente sustentam a relevância da variável "BVE" para efeitos de avaliação, suportando a investigação teórica desenvolvida por Ohlson (1995) e Feltham e Ohlson (1995), que sugere que o coeficiente negativo obtido para a variável "resultados" registando esta prejuízos, se deve à omissão da variável "BVE" do modelo de avaliação.

---

[166] Sustentamos mais uma vez que, e dado o princípio da continuidade, não é de esperar que os *items* extraordinários perdurem a médio e longo prazo prazo.

Com efeito, a teoria parece ser consensual sobre a relevância da variável "BVE" para efeitos de avaliação, apesar os argumentos divergirem. Assim, para a teoria da opção de abandono a relevância desta variável está inversamente relacionada com a "saúde" financeira da empresa. A sua relevância é sustentada enquanto *proxy* para o valor de liquidação. O exercício da opção de liquidação por parte dos accionistas tende a ocorrer num contexto em que a empresa regista prejuízos sucessivos, pois os accionistas tendem a incorporar de imediato a maior probabilidade de insolvência em que passam a incorrer estas empresas (Hayn, 1995; Berger, Ofek e Swary, 1996; Subramanyam e Wild, 1996; Collins, Maydew e Weiss, 1997; Burgstahler e Dichev, 1997; Barth, Beaver e Landsman, 1998; Collins, Pincus e Xie, 1999).

Por sua vez, atendendo às investigações mais recentes, pós década de 90, que documentam um maior número de empresas, empresas de pequena dimensão, a operarem em sectores de alta tecnologia, a reportarem prejuízos de maior magnitude e por períodos mais longos, a variável "resultados – prejuízos" tem fraco poder preditivo da rendibilidade futura da empresa. Assim, o princípio de continuidade (*going concern*) sugere que os prejuízos não são sustentáveis indefinidamente. Segundo o modelo de OM, a variável "BVE", enquanto variável representativa do "*stock*" de activos detidos pela empresa, funciona como *proxy* para os resultados futuros normais. Com efeito, atendendo à definição de resultados permanentes de Ohlson (1995) (expressão 1.25), no médio longo prazo espera-se que a empresa gere uma taxa de rendibilidade dos capitais próprios idêntica ao custo do capital. Os prejuízos do exercício são assim sustentados no efeito de "*conservatism accounting*".

Considerando o princípio da continuidade (repare-se que o número de falências nas amostras em estudo se situou abaixo dos 5%), e assumindo que a persistência dos prejuízos registados pelas empresas das amostras em estudo são reflexo do efeito de "*conservatism accounting*" (a avaliar pelos valores registados pelas variáveis "I&D" e "I&D/Vendas"), a variável "resultados – prejuízos" está pouco relacionada com a rendibilidade futura da empresa. Com base no modelo de OM, identificamos a variável "BVE" como *proxy* para os resultados futuros normais esperados no médio e longo prazo. Formulamos assim a hipótese dois, que sustenta para ambas as amostras:

Hip.2: *"Os capitais próprios (BVE) estão positivamente relacionados com o valor de mercado dos capitais próprios da empresa (MVE)"*.

O modelo a estimar é o modelo (5.3), que reescrevemos:

$$MVE_{it} = \alpha_0 + \alpha_1 (BVE)_{i,t-1} + \alpha_2 (Res\_IExt)_{it} + \varepsilon_{it}$$

com i=1,2.....N e t=1996 a 2003.

Salientamos contudo, que dado incluirmos na amostra de trabalho empresas com capitais próprios negativos, não prevemos à priori o impacto destas observações nos coeficientes a estimar, quer da variável "resultados" quer da variável "BVE".

Como modelizado por Feltham e Ohlson (1995), as demonstrações financeiras não reconhecem o VAL associado aos investimentos em intangíveis. Assim, e na linha de raciocínio desenvolvido no capítulo III, o *"unrecorded goodwill"* medido pelo diferencial entre o valor de mercado e o valor contabilístico dos capitais próprios é função de um duplo efeito: i) subavaliação dos activos, em consequência do tratamento como custo do investimento em intangíveis e, ii) do facto de o mercado, e em particular dado o carácter emergente do sector da Internet, associar ao investimento nestas rubricas, uma maior probabilidade de existência em carteira de opções de crescimento futuras, logo maiores expectativas de rendibilidades supranormais[167].

Assim a implementação destes investimentos pode ser interpretada como o exercício de uma opção de compra (*call option*) por parte da empresa, com vista a empreender as oportunidades de crescimento detidas em carteira[168]. Assumindo o princípio da racionalidade, o exercício

---

[167] Recordamos que a expressão 1.39 define analiticamente o conceito *"unrecorded goodwill"* como: $P_t - bv_t = g_t = \alpha_1 ox_t^a + \alpha_2 oa_t + \beta \bullet v_t$. Assim, o efeito subavaliação é captado pelo parâmetro α_2 (oa_t – activos operacionais). O impacto da existência de um maior ou menor número de oportunidades de crescimento em carteira vem reflectido nos parâmetros α_1, que mede as expectativas acerca da rendibilidade supranormal e β que reflecte toda a informação que não a financeira que vai chegando ao mercado, que é útil aos investidores na formulação das suas expectativas acerca do crescimento deste sector/ /empresas, que é de imediato reflectida na cotação dos títulos mas só posteriormente reportada nas demonstrações financeiras.

[168] Realçamos mais uma vez, e tendo como referência o modelo de investimento de equilíbrio geral de Hugonnier, Morellec e Sundararesan (2005), que a opção de diferimento

(sucessivo) das opções de compra constituem um claro sinal para o mercado de que os gestores só exercem as opções se as mesmas estiverem *in-the-money*, ou de outra forma, são positivas as expectativas acerca da rendibilidade supranormal associada a estes investimentos.

Com base neste enquadramento, e atendendo aos resultados empíricos de Chauvin e Hirschey (1993), Connolly e Hirchey (1984) e Hirchey (1982) já para a década de 80, e de Joos e Plesko (2004), analisando já este autor uma amostra de não *net firms* ao longo de toda a década de 90, de que o mercado parece valorizar positivamente o investimento neste tipo de *item*, numa clara antecipação do VAL que lhe esta associado, importa desagregar a variável "resultados" nos seus constituintes. Com esta desagregação pretendemos analisar por um lado se o efeito "valorização positiva dos prejuízos" é ou não consequência do efeito "*conservatism accounting*", por outro, a adequabilidade das variáveis "I&D" e "Publicidade", enquanto *proxies*, para as oportunidades de crescimento destas empresas.

Assim, e atendendo à fase do ciclo de vida da empresa, cuja *proxy* proposta foi a variável "resultados", esperamos, e na linha da "*investment opportunity hypothesis*" (Szewczyk et al., 1996) uma relação assimétrica na avaliação dos *items* "I&D" e "Publicidade", por parte do mercado, consoante a empresa registe lucros ou prejuízos.

Nas empresas lucrativas, numa fase de crescimento estável, o mercado interpreta que a variável "lucros" reflecte já o valor actual (VA) dos investimentos realizados no passado. Predomina assim o efeito indirecto associado a este tipo de investimento (Sougiannis, 1994). Nas empresas a reportar prejuízos, logo numa fase de *start-up*/crescimento o mercado associa os prejuízos aos investimentos (sucessivos) em "I&D" e "Publicidade". O investimento nestes *items* tem por objectivo potenciar o efeito de *network* que o espaço www (*world wide web*) proporciona (criação de novas oportunidades de crescimento à escala mundial), com vista à obtenção de rendimentos crescentes, tal como modelizado por Noe e Park (2006).

Neste contexto, formulamos a hipótese três:

---

de determinados investimentos (por exemplo o investimento em tecnologias de informação), pode "destruir" o valor destes investimentos, mesmo considerando um cenário de aversão moderada ao risco.

Hip.3a "*Existe uma relação positiva entre as variáveis "I&D" e "Publicidade" e a cotação das empresas na fase de start-up, logo a reportarem prejuízos (net e non net firms)*".

Hip.3b "*Existe uma relação negativa entre as variáveis "I&D" e "Publicidade" e a cotação das empresas na fase de crescimento estável/maturidade, logo a reportarem lucros (net e non net firms)*".

Para testarmos empiricamente esta hipótese ajustamos a variável "resultados antes de *items* extraordinários" para os valores registados para as variáveis "I&D" e "Publicidade", pelo que o modelo (5.3) vem definido:

$MVE_{it} = \alpha_0 + \alpha_1 (BVE)_{i,t-1} + \alpha_2 (Res\_I\&D)_{it} + \alpha_3 (I\&D)_{it} + \varepsilon_{it}$ (5.6) e,

$MVE_{it} = \alpha_0 + \alpha_1 (BVE)_{i,t-1} + \alpha_2 (Res\_Pub)_{it} + \alpha_3 (Pub)_{it} + \varepsilon_{it}$ (5.7)

em que as variáveis "Res_I&D" e "Res_Pub" medem o valor dos resultados antes do investimento nas rubricas "I&D" e "Publicidade" respectivamente; o índice i identifica o número de empresas na amostra em análise (i=1,2,..N) e t o período em estudo[169].

Assim, e após ajustarmos a variável "resultados antes de *items* extraordinários" ao valor do investimento afecto às rubricas "I&D" e "Publicidade", esperamos que o fenómeno "*valorização positiva dos prejuízos*" perca relevância estatística. O sinal esperado dos coeficientes a estimar para os vários grupos é:

		β_1 (BVE)	β_2 (Res_I&D)	β_3 (I&D)
I&D	Lucros	+	+	-
	Prejuízos	+	≈ 0	+
		β_1 (BVE)	β_2 (Res_Pub)	β_3 (Pub)
Publicidade	Lucros	+	+	-
	Prejuízos	+	≈ 0	+

---

[169] De salientar que já Ballas (2000), Abad *et al.* (1999) e Giner e Reverte (1999) concluem que é útil desagregar a variável resultados para efeitos de avaliação.

Dado o nosso objectivo consistir em analisar a relação entre a capitalização bolsista e os prejuízos do exercício registados pelas empresas, e assumindo que estes são consequência dos elevados investimentos em activos intangíveis, a nossa opção foi ajustar a variável resultados aos valores do investimento do exercício em "I&D" e "Publicidade".

Neste contexto, excluímos a hipótese de incluir na análise valores desfasados para estas variáveis, pois: i) nas empresas em crescimento estável o VAL dos investimentos efectuados no passado já está reflectido na variável resultados (predomina o efeito indirecto segundo Sougiannis, 1994); ii) nas empresas mais jovens, a registarem prejuízos, o investimento corrente nestas variáveis funciona como *proxy* para as oportunidades de crescimento detidas em carteira e iii) dado este tipo de investimento ser considerado na íntegra como um custo no exercício em que ocorre, logo não está sujeito a testes de imparidade (comparação entre o custo de aquisição/valor de produção e o valor de mercado), não é fornecida informação adicional aos investidores nos exercícios posteriores. Sustentamos assim, que é com base nos valores correntes destas variáveis (I&D e Publicidade), que os investidores formulam as suas expectativas acerca da magnitude dos fluxos de caixa futuros e do nível de risco que lhes esta associado. Com efeito, optar pela sua capitalização revelar-se-ía muito arbitrário, pois isso implica ajustes à variável "activos", que exigem a formulação de pressupostos quanto à política de amortizações a adoptar para este tipo de investimento.

Atendendo ao princípio da continuidade, os prejuízos não são sustentáveis indefinidamente. Num dado momento do tempo é de esperar que as empresas gerem lucros. Nesta linha de raciocínio, e dado o período em análise (*New Economy Period*) envolver já oito anos, formulamos a hipótese de investigação número quatro:

Hip. 4: "O mercado avalia de forma diferente os determinantes do valor das empresas à medida que o sector/empresas caminham para a maturidade".

Realçamos a adequabilidade da metodologia de Fama e MacBeth (1973) para testar esta hipótese, pois admite como hipótese nula que a média da série temporal dos coeficientes a estimar ao longo do tempo é nula.

Por fim, e com o objectivo de contrastar os resultados entre as duas amostras em estudo, *net firm* e *non net firms*, formulamos a hipótese cinco.

Hip. 5: "*As variações ocorridas no valor de mercado dos capitais próprios das net e non net firms são explicadas pelos mesmos factores:" resultados", "BVE", "I&D" e "Publicidade"*".

Esta hipótese é particularmente relevante, pois permite testar em que medida o efeito moda (*fad*) documentado por Lee (2001) e Cooper, Dimitrov e Rau (2001) contribuiu para uma maior expressividade do fenómeno "*valorização positiva dos prejuízos*" no universo das *net firms*, comparativamente a outros IPO contemporâneos.

No capítulo seguinte procedemos à análise e discussão dos resultados obtidos.

Capítulo VI
ANÁLISE E DISCUSSÃO DOS RESULTADOS

6.1 Introdução

Dada a magnitude e persistência dos prejuízos registados pelas empresas das amostras em estudo, neste ponto pretendemos testar empiricamente o fenómeno da "valorização positiva dos prejuízos", tendo como referência o quadro teórico dos modelos de OM e FOM. O objectivo é compreender como avaliam os investidores este tipo de empresa, dada a persistência no reporte contínuo de prejuízos. Assim, e após algumas considerações sobre os procedimentos econométricos adoptados, analisamos os resultados obtidos com referência a cada uma das hipóteses de investigação formuladas.

O período em análise caracterizou-se por uma forte volatilidade ao nível da variável a explicar – a capitalização bolsista. Neste contexto, Francis e Schipper (1999), Core, Guay e Buskirk (2003), Jorion e Talmor (2006) sustentam que o valor de mercado dos capitais próprios destas empresas pode apresentar uma maior variância que não está correlacionada com as variáveis explicativas incluídas no modelo. Por conseguinte, e para garantir uma maior robustez dos resultados, submetemos os dados a uma análise segundo uma estrutura de dados de painel. O objectivo é controlar o impacto (eventual) de outras variáveis com conteúdo informativo relevante mas excluídas do modelo (variáveis omissas). Esta junção de dados seccionais e longitudinais (dados de painel) permite-nos captar a heterogeneidade entre as unidades seccionais a investigar (*net* e *non net firms*) ao longo do tempo, pois utiliza quer as dinâmicas inter temporais quer a especificidade de cada indivíduo. Assim, assumindo em simultâneo os efeitos fixos, quer ao nível do indivíduo quer ao nível do tempo, é possível um controlo eficiente do efeito de variáveis omissas.

6.2 Análise e Discussão dos Resultados

6.2.1 *Aspectos Econométricos*

Começamos por estimar o modelo 5.5 para ambas as amostras e para os dois subgrupos de empresas: empresas com lucros e empresas com prejuízos. Os quadros 6.1 e seguintes apresentam os resultados das regressões estimadas ano a ano, com o objectivo de estimarmos os coeficientes agregados de acordo com a metodologia de Fama e MacBeth (1973). Dado que os coeficientes estimados são susceptíveis de estarem correlacionados ao longo do tempo, recorremos à estatística de Ljung--Box[170]. Sempre que os coeficientes estimados evidenciem uma autocorrelação positiva, e como sugerido por Core, Guay e Buskirk (2003), a estatística do t foi calculada ajustando o desvio padrão pelo método Newey e West (1987), assumindo um *lag* de seis períodos[171].

Com respeito às regressões estimadas anualmente (quadros 6.1 e seguintes): i) sempre que se detectou o efeito heterocesdasticidade, a mesma foi corrigida recorrendo aos estimadores de White (1980); ii) com respeito à multicolinearidade, o factor de inflação da variância (VIF) e de acordo com a regra de Kleinbaum *et al.* (1998) citada em Curto (2004), registou sempre um valor inferior a 10; iii) a estatística de Durbin--Watson (DW) situou-se sempre na zona de inexistência de autocorrelação ou zona inconclusiva e iv) quanto ao pressuposto da normalidade, sempre que o teste Jarque-Bera (JB) foi rejeitado, aceitava-se o teste de Kolmogorov-Smirnov (KS). Feitas estas considerações econométricas avançamos para a análise e discussão dos resultados.

---

[170] A estatística Ljung-Box vem definida como: $LB = n(n+2) \sum_{k=1}^{m} \left(\hat{\rho}_k^2 / (n-k) \right) \sim \chi_m^2$, sendo m o número de graus de liberdade, k o número de coeficientes de autocorrelação a calcular e n o número de observações (Ljung e Box, 1978).

[171] À semelhança do teste de White (1980), que não carece de conhecimento prévio sobre o padrão de heterocedasticidade, o teste de Newey e West (1987) é igualmente robusto sempre que não se conheça o padrão de autocorrelação. Se os resíduos não estiverem autocorrelacionados, o ajustamento dos desvios padrão pelo método Newey e West (1987) é semelhante ao método dos mínimos quadrados ordinários. De acordo com Greene (2000), estimamos os desvios padrão assumindo seis *lags*, no pressuposto de que os resíduos não estão correlacionados mais de seis períodos.

6.2.2 Validação Empírica das Hipótese de Investigação

6.2.2.1 Validação Empírica da Hipótese de Investigação Número Um

De acordo com os resultados reportados pelo quadro 6.1 o coeficiente da variável resultados (resultados antes de *items* extraordinários – *item* anual 237 da Compustat) na amostra de *net firms* com prejuízos é negativo e estatisticamente significativo para um nível de significância de 5%.

Quadro 6.1: "Regressões anuais para a amostra de *net firms* (Modelo 5.5)"

Ano	\multicolumn{4}{c}{Amostra com lucros}	\multicolumn{4}{c}{Amostra com prejuízos}
	#Obs[1]	α_0[2]	Res_IExt[2]	R^2 Adj. (%)	#Obs[1]	α_0[2]	Res_IExt[2]	Adj. R (%)
1996	34 (2)	5,05*** (28,20)	0,05*** (5,215)	44,26	37 (0)	4,08*** (17,195)	-0,026*** (-3,838)	16,23
1997	49 (1)	5,06*** (30,462)	0,037*** (5,781)	40,31	66 (0)	3,94*** (16,762)	-0,022*** (-2,978)	19,85
1998	47 (1)	4,84*** (21,714)	0,047*** (4,268)	27,24	107 (4)	4,67*** (25,452)	-0,014*** (-4,351)	14,47
1999	80 (5)	6,44*** (31,475)	0,02*** (3,532)	12,68	350 (16)	6,19*** (59,44)	-0,005*** (-4,227)	6,94
2000	74 (2)	5,08*** (25,246)	0,022*** (4,859)	20,83	453 (3)	4,42*** (45,728)	-0,002*** (-4,065)	9,81
2001	36 (1)	5,40*** (21,72)	0,027*** (4,264)	32,93	392 (10)	4,15*** (39,645)	-0,001*** (-5,484)	8,20
2002	54 (5)	4,61*** (18,276)	0,03*** (5,468)	35,29	313 (12)	3,69*** (34,438)	-0,002*** (-3,318)	8,42
2003	101 (5)	5,50*** (37,112)	0,017*** (7,647)	36,50	206 (15)	4,07*** (30,818)	-0,007*** (-5,43)	12,20
Média[3]		5,25***	0,031***	31,25		4,402***	-0,01**	12,02
Estatística - t[4]		26,545	7,087			15,93	-2.859	

Modelo estimado:

$$MVE = \alpha_0 + \alpha_1(Res\_IExt) + \varepsilon$$

em que, MVE representa o valor de mercadodos capitais próprios da empresa e Res_IExt os resultados antes de *items* extraordinários.
[1] Número de observações com valor negativo para a variável BVE entre parênteses.
[2] Estatística do t para os coeficientes estimados ano a ano entre parênteses.
[3] Corresponde à média dos coeficientes estimados, incluindo a constante.
[4] A estatística do t (teste bilateral), calculada a partir do quociente da média pelo desvio padrão a multiplicar por 8 ½.
(***) e (**) corresponde a um nível de significância de 1% e 5% respectivamente.

Quando analisamos os resultados obtidos na amostra de *non net firms* (quadro 6.2), a variável resultados surge com o sinal esperado (negativo), todavia sem significância estatística. Estes resultados *confirmam a primeira hipótese*, isto é, para as empresas mais jovens, em particular as de base tecnológica, os resultados negativos (prejuízos) são valorizados positivamente pelo mercado. O mercado parece assim associar os prejuízos aos elevados investimentos em activos intangíveis, sendo o efeito de "*conservatism accounting*" compensado por uma sobreestimação

178 *A Emergência da Nova Economia: O que Mudou na Avaliação de Empresas?*

dos resultados supranormais esperados (ver definição da variável fluxos de caixa, anexo 1.2, dedução da expressão 1.31c).

Com efeito, apesar de muito reduzidos os estudos sobre este tópico, Collins, Maydew e Weiss (1997) detectam este fenómeno, quando verificam um decréscimo do poder explicativo das variáveis financeiras sobre a capitalização bolsista das empresas no período de 1953 e 1993. Apontam como principal justificação para este fenómeno o facto de ao longo do período analisado, ser crescente o número de empresas a registarem prejuízos ao longo do tempo, em parte consequência do maior volume de investimento em activos intangíveis. Core, Guay e Buskirk (2003) registam igualmente este fenómeno para o período de 1975 a 1999 nas três amostras estudadas: empresas de alta tecnologia, empresas em fase de *start-up* e na amostra global (considerando os dois tipos de empresas).

Quadro 6.2: "Regressões anuais para a amostra de *non net firms* (Modelo 5.5)"

Ano	\#Obs[1]	α_0[2]	Res_IExt[2]	R^2 Adj. (%)	\#Obs[1]	α_0[2]	Res_IExt[2]	R^2 Adj. (%)
1996	81	4,23***	0,07**	40,20	62	3,46***	-0,078***	26,90
	(2)	(32,02)	(7,065)		(3)	(17,761)	(-4,844)	
1997	109	4,62***	0,033***	26,37	82	3,72***	-0,015	5,30
	(5)	(37,216)	(3,107)		(2)	(17,725)	(-1,647)	
1998	120	4,43***	0,034***	42,85	92	3,84***	-0,005	1,00
	(0)	(42,447)	(9,499)		(1)	(22,658)	(-1.301)	
1999	182	4,52***	0,051***	25,34	174	4,74***	-0,012**	9,00
	(5)	(35,439)	(5.772)		(9)	(25,706)	(-2.124)	
2000	195	4,18***	0,058***	38,14	250	4,52***	-0,003***	4,20
	(6)	(31,46)	(8.699)		(6)	(32,028)	(-2.029)	
2001	140	4,52***	0,060***	47,79	262	4,28***	-0,004***	11,74
	(4)	(34,919)	(10,152)		(10)	(37,117)	(-5.975)	
2002	145	4,44***	0,036***	40,12	229	3,83***	-0,002**	5,70
	(3)	(34,68)	(5,691)		(10)	(29,525)	(-2,201)	
2003	146	5,09***	0,023***	36,52	190	4,34***	-0,011***	18,54
	(4)	(39,077)	(5,700)		(12)	(31,365)	(-5,122)	
Média[3]		4,505***	0,0456***	37,17		4,09***	-0,016	10,30
Estatística - t[4]		45,437	7,87			25,995	-1,832	

Modelo estimado:

$$MVE = \alpha_0 + \alpha_1 (Res\_IExt) + \varepsilon$$

em que, MVE representa o valor de mercado dos capitais próprios da empresa e Res_IExt os resultados antes de *items* extraordinários.
[1] Número de observações com valor negativo para a variável BVE entre parêntesis.
[2] Estatística do t para os coeficientes estimados ano a ano entre parêntesis.
[3] Corresponde à média coeficientes estimados, incluindo a constante.
[4] A estatística do t (teste bilateral), calculada a partir do quociente da média pelo desvio padrão a multiplicar por 8 ½.
(***) e (**) corresponde a um nível de significância de 1% e 5% respectivamente.

A menor significância estatística para a amostra de *non net firms* pode ser explicada pelo facto de apesar de persistirem no tempo o número de empresas com prejuízos, o diferencial entre o número de empresas a registar lucros e prejuízos não é tão acentuado como na amostra de *net firms*, como podemos observar na figura 6.1. Por outro lado, quando comparamos o montante de prejuízos reportados pelas duas amostras, os valores registados são substancialmente diferentes. Na amostra de *net firms* o valor da média e mediana para esta variável é de respectivamente 96,9 e 24,29 milhões de dólares (dados de painel) (quadro 4.3). Na amostra de *non net firms* (quadro 4.4) os prejuízos cifram-se em 44,18 e 14,67 milhões de dólares para a média e mediana respectivamente (dados de painel). Estes números permitem-nos associar um efeito moda (*fad*), à semelhança de Bartov, Mohanram e Seethmaraju (2002) mais acentuado na amostra de *net firms*, que Jorion e Talmor (2006) em parte justificam face às elevadas oportunidades de crescimento associadas às *net firms*, dado o seu carácter emergente.

Figura 6.1: "Evolução do número de empresas por amostra em função do valor registado para a variável resultados"

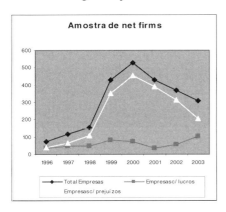

De salientar ainda que ao utilizarmos na análise a variável resultados antes de *items* extraordinários, estamos em parte a violar o princípio CSR, que se sustenta no resultado líquido global da empresa – *comprehensive income*[172]. Todavia e à semelhança de Dechow, Hutton e Sloan

---

[172] O FASB – *Financial Accounting Standard Board* n.º 6 define "*comprehensive income*" como: "... *The change in equity (net assets)... from operations and other events and circumstances from nonowner sources. It includes all changes in equity during a period except those resulting from investments by owners and distributions to owners*" (paragráfo 70).

(1999), Collins, Pincus e Xie (1999), sustentamos que o impacto dos *items* extraordinários a ocorrer, é um efeito de curto prazo. Com efeito, se estimarmos o modelo 5.5 (quadros 6.1 e 6.2) utilizando a variável resultados líquidos (*item* anual 172 da Compustat) os resultados não se alteram[173].

Relativamente ao grupo com lucros, em ambas as amostras, e tal como esperado, o poder explicativo do modelo triplica comparativamente ao grupo com perdas (31,25% face a 12,02% na amostra de *net firms* e 37,17% contra 10,30% na amostra de *non net firms*), confirmando que o poder explicativo dos resultados (positivos) é reforçado pela sua persistência (MM, 1966). Com efeito, e citando Basu (1997), o efeito de "*conservatism accounting*" ao nível da demonstração de resultados, e atendendo ao princípio da prudência, gera um efeito assimétrico, pois os prejuízos (*bad news*) tendem a ser reconhecidos de imediato no exercício em que ocorrem, estando assim os resultados futuros "protegidos" das más notícias. Quanto aos proveitos, estes tendem a ser mais persistentes e duradoiros no tempo, dado que só são reconhecidos quando são efectivos e susceptíveis de serem medidos com objectividade.

6.2.2.2 Validação Empírica da Hipótese de Investigação Número Dois

O fenómeno "valorização positiva dos prejuízos" é um fenómeno novo, isto se atendermos à sua magnitude ao longo da década de 90. Alguns autores sustentam que os resultados até agora obtidos, polémicos e pouco robustos, resultam de uma incorrecta especificação do modelo de avaliação utilizado. Esta é a posição assumida por Collins, Pincus e Xie (1999), que argumentam que o fenómeno da valorização positiva dos prejuízos deriva do efeito de variáveis omissas, referindo-se explicitamente à omissão da variável BVE do modelo 5.5. O argumento apresentado assenta no facto de a variável BVE estar correlacionada positivamente com a variável MVE (variável dependente) e negativa (positiva)

---

[173] Para a amostra de *net firms*, no grupo com prejuízos o R^2 situa-se em 11,98% e o coeficiente estimado para a variável resultados em (-0,0099) estatisticamente significativo para um nível de significância de 5%. No grupo com lucros, o R^2 ascende a 27,68% e o coeficiente estimado a (0,028), revelando um nível de significância estatística de 1%. Resultados similares são registados na amostra de *non net firms*: o R^2 registou o valor de 9,48% no grupo com prejuízos, sendo o coeficiente estimado de (-0,015) não se revelando estatisticamente significativo. No grupo com lucros, o R^2 totalizou 33,95% com um coeficiente estimado de (0,0428), significativo para um nível de significância de 1%.

com a variável "resultados" (variável independente), consoante esta reporte prejuízos ou lucros. Assim, e atendendo ao modelo de OM, omitir esta variável do modelo de avaliação induz num enviesamento negativo (positivo) do coeficiente estimado para a variável resultados[174].

Assim, com o objectivo de validar empiricamente os argumentos de Colins, Pincus e Xie (1999), começamos por analisamos a matriz de correlações para cada uma das amostras e respectivos subgrupos. Analisando os quadros 6.3 e 6.4, concluímos que o padrão de correlações confirma os resultados previstos por Collins, Pincus e Xie (1999).

Quadro 6.3: "Matriz de correlações – Amostra de *net firms*"

Painel A: Empresas com prejuízos (n=1924)						
	MVE	BVE	RL	Res_IExt	I&D	Pub
MVE	1	0,588**	-0,300**	-0,311**	0,327**	0,111**
BVE	0,404**	1	-0,717**	-0,699**	0,385**	0,190**
RL	-0,150**	-0,666**	1	0,976**	0,323**	-0,232**
Res_Iext	-0,155**	-0,675**	0,990**	1	-0,320**	-0,236**
I&D	0,262**	0,381**	-0,379**	-0,389**	1	0,132**
Pub	0,133**	0,152**	-0,19**	-0,192**	0,084**	1

Painel B: Empresas com lucros (n=475)						
	MVE	BVE	RL	Res_IExt	I&D	Pub
MVE	1	0,676**	0,627**	0,650**	0,407**	0,241**
BVE	0,482**	1	0,539**	0,585**	0,377**	0,193**
RL	0,380**	0,622**	1	0,967**	0,216**	0,174**
Res_IExt	0,395**	0,715**	0,936**	1	0,217**	0,181**
I&D	0,456**	0,537**	0,466**	0,490**	1	0,282**
Pub	0,507**	0,737**	0,590**	0,642**	0,526**	1

Números abaixo da diagonal representam as correlações de Pearson[175]. Acima da diagonal reportam-se as correlações Spearman's[176]. A matriz de correlações foi calculada segundo uma estrutura de dados de painel. MVE corresponde ao valor de mercado dos capitais próprios, BVE representa o valor contabilístico dos capitais próprios, RL e Res_IRext correspondem respectivamente ao valor dos resultados líquidos e dos resultados antes de *items* extraordinários, I&D e Pub registam o montante investido em investigação e desenvolvimento e publicidade, respectivamente. (**) Significa que a correlação é significativa a um nível de significância de 5%.

---

[174] Considerando o modelo de OM (modelo 5.3), omitindo-se por simplificação o índice referente à empresa (i), o OM vem: $MVE_t = \alpha + \alpha_1 (Res\_IExt)_t + \alpha_2 (BVE)_{t-1} + \varepsilon_t$. Tendo como referência Greene (2000) obtém-se o $E(\alpha_1)$:

$$E(\alpha_1) = \alpha_1 \left[\frac{\text{cov}(Res\_IExt, BVE)}{\text{var}(Res\_IExt)} \right] * \alpha_2.$$ Então, o coeficiente α_1 depende da covariância entre a variável "resultados–Res_IExt" e a variável "BVE" e ainda do coeficiente α_2, que mede a relação entre a variável dependente (MVE) e a variável independente "BVE".

[175] O coeficiente de Pearson, também designado por coeficiente de ordem zero, obtém-se a partir da covariância entre as variáveis estandardizadas.

[176] O coeficiente de Spearman's não se baseia nos valores que as variáveis assumem, mas sim na posição correspondente a esses valores, depois de efectuar uma

Para ambas as amostras e no grupo com lucros, a correlação entre a variável "BVE" e "MVE" (variável dependente) é positiva e estatisticamente significativa para um nível de significância de 5%. Entre a variável "BVE" e as variáveis "resultados líquidos (RL)" e "resultados antes de *items* extraordinários (Res_IExt)" a correlação é igualmente positiva e estatisticamente significativa para um nível de 5%.

Transpondo a análise para o grupo com prejuízos, a correlação entre as variáveis "BVE" e "resultados líquidos (RL)" tal como para a variável "resultados antes de *items* extraordinários (Res_IExt)" muda de sinal, isto é passa a ser negativa, mantendo a significância estatística a um nível de 5%. Face a estes resultados, o próximo passo foi introduzir a variável "BVE" no modelo de avaliação (modelo 5.3).

Quadro 6.4: "Matriz de correlações – Amostra de *non net firms*"

Painel A: Empresas com prejuízos (n=1341)	MVE	BVE	RL	Res_IExt	I&D	Pub
MVE	1	0,714**	-0,445**	-0,473**	0,443**	-0,09**
BVE	0,495**	1	-0,665**	-0,651**	0,381**	-0,065**
RL	-0,183**	-0,633**	1	0,962**	-0,347**	-0,015
Res_IExt	-0,198**	-0,628**	0,965**	1	-0,350**	-0,021
I&D	0,188**	0,390**	-0,184**	-0,183**	1	-0,0133**
Pub	0,098**	0,124**	-0,384**	-0,385**	-0,039	1

Painel B: Empresas com lucros (n=1118)	MVE	BVE	RL	Res_IExt	I&D	Pub
MVE	1	0,732**	0,693**	0,700**	0,345**	0,031
BVE	0,515**	1	0,609**	0,632**	0,193**	0,051
RL	0,626**	0,508**	1	0,972**	0,102**	0,073**
Res_IExt	0,678**	0,599**	0,892**	1	0,095**	0,072**
I&D	0,629**	0,519**	0,553**	0,599**	1	0,011
Pub	0,003	0,019	0,022	0,023	-0,007	1

Números abaixo da diagonal representam as correlações de Pearson. Acima da diagonal reportam-se as correlações Spearman's. A matriz de correlações foi calculada segundo uma estrutura de dados de painel. MVE corresponde ao valor de mercado dos capitais próprios, BVE representa o valor contabilístico dos capitais próprios, RL e Res_IExt correspondem respectivamente ao valor dos resultados líquidos e dos resultados antes de *items* extraordinários, I&D e Pub registam o montante investido em investigação e desenvolvimento e publicidade, respectivamente. (**) Significa que a correlação é significativa a um nível de significância de 5%.

Os quadros 6.5 e 6.6 apresentam para ambas as amostras e grupos, os resultados obtidos para o modelo 5.3.

---

ordenação prévia dos dados. A fórmula de cálculo é: $r_{XY}' = 1 - \dfrac{6\sum_{i=1}^{n}D^2}{n(n^2-1)}$, em que D corresponde à diferença entre as posições dos pares correspondentes às variáveis X e Y e n é o número de observações (Curto, 2002).

Quadro 6.5: "Regressões anuais para a amostra de *net firms* (Modelo 5.3)"

Ano	Amostra com lucros					Amostra com prejuízos				
	#Obs[1]	α_0[2]	BVE[2]	Res_IExt[2]	Adj. R^2 (%)	# Obs[1]	A_0[2]	BVE[2]	Res_IExt[2]	Adj. R^2 (%)
1996	34 (2)	5,03*** (27,07)	0,0005 (0,426)	0,049*** (4,682)	42,79	37 (0)	3,45*** (13,589)	0,022*** (3,664)	-0,007 (-0,471)	46,53
1997	49 (1)	4,89*** (28,278)	0,003** (2,424)	0,032*** (4,96)	45,92	66 (0)	3,79*** (16,799)	0,006* (1,856)	-0,012*** (-3,194)	28,63
1998	47 (1)	4,59*** (20,551)	0,008*** (2,898)	0,012 (0,781)	37,51	107 (4)	4,33*** (24,347)	0,006*** (5,093)	-0,008** (-2,533)	30,88
1999	80 (5)	6,17*** (28,276)	0,0028** (2,412)	0,001** (2,062)	28,74	350 (16)	6,12*** (62,868)	0,001*** (4,597)	-0,004*** (-3,813)	12,03
2000	74 (2)	4,79*** (19,526)	0,002*** (4,612)	0,013*** (2,928)	35,77	453 (3)	4,38*** (46,144)	0,001*** (3,072)	-0,0002 (-0,59)	16,80
2001	36 (1)	5,23*** (21,683)	0,002** (2,534)	0,016** (2,237)	42,15	392 (10)	3,92*** (35,277)	0,002*** (3,937)	0,001** (1,98)	23,82
2002	54 (5)	4,64*** (16,392)	0,001** (2,221)	0,016* (1,959)	36,51	313 (12)	3,47*** (27,47)	0,003*** (3,549)	0,003** (2,423)	24,91
2003	101 (5)	5,50*** (34,726)	0,0004 (0,639)	0,014** (2,195)	36,74	206 (15)	3,94*** (30,24)	0,004*** (7,214)	0,002 (1,176)	29,54
Média[3]		5,11	0,0024	0,02	38,27		4,174	0,005	-0,003	26,65
Estatística - t[4]		27,364***	2,897***	4,271***			13,795***	2,21**	-1,598	

Modelo estimado:

$$MVE = \alpha_0 + \alpha_1(BVE) + \alpha_2(Res\_IExt) + \varepsilon$$

em que, MVE representa o valor de mercado dos capitais próprios da empresa, BVE o valor contabilístico dos capitais próprios e Res_IExt os resultados antes de *items* extraordinários.
[1] Número de observações com valor negativo para a variável BVE entre parêntesis.
[2] Estatística do t para os coeficientes estimados ano a ano entre parêntesis.
[3] Corresponde à média dos coeficientes estimados, incluindo a constante.
[4] A estatística do t (teste bilateral), calculada a partir do quociente da média pelo desvio padrão a multiplicar por 8 ½.
(***), (**) e (*) corresponde a um nível de significância de 1%, 5% e 10% respectivamente.

Centrando mais uma vez a análise no grupo com prejuízos, com a introdução da variável "BVE" no modelo de avaliação, desaparece o efeito da valorização positiva dos prejuízos na amostra das *net firms*, pois o coeficiente deixa de ser significativo. Estes resultados são parcialmente consistentes com Collins, Pincus e Xie (1999), para quem o fenómeno da valorização positiva dos prejuízos é consequência de uma incorrecta especificação do modelo de avaliação, referindo-se especificamente ao modelo de capitalização dos resultados. Esta conclusão é ainda mais robusta quando analisamos os resultados para a amostra das *non net firms*, em que o coeficiente da variável resultados (Res_IExt) reverte de sinal.

Quadro 6.6: "Regressões anuais para a amostra de *non net firms* (Modelo 5.3)"

Ano	# Obs[1]	α₀[2]	Amostra com lucros BVE[2]	Res_IExt[2]	Adj. R² (%)	# Obs[1]	α₀[2]	Amostra com prejuízos BVE[2]	Res_IExt[2]	Adj. R² (%)
1996	81 (2)	3,94*** (34,521)	0,011*** (5,381)	0,0354*** (3,412)	55,83	62 (3)	3,23*** (19,331)	0,014*** (5,328)	-0,008 (-0,422)	49,82
1997	109 (5)	4,19*** (37,474)	0,011*** (6,706)	0,003 (0,455)	47,80	82 (2)	3,30*** (13,147)	0,016*** (3,271)	0,012 (1,45)	35
1998	120 (0)	4,17*** (34,661)	0,006*** (3,058)	0,018*** (3,058)	50,28	92 (1)	2,87*** (16,749)	0,023*** (8,422)	0,014*** (3,586)	44,15
1999	182 (5)	4,39*** (32,935)	0,003*** (3,179)	0,04*** (4,185)	29,06	174 (9)	4,51*** (25,981)	0,003*** (2,592)	-0,008** (-2,212)	22,18
2000	195 (6)	3,95*** (28,511)	0,005*** (3,615)	0,039*** (4,794)	44,07	250 (6)	4,22*** (28,183)	0,002*** (5,09)	-0,0001 (-0,094)	20,46
2001	140 (4)	4,35*** (36,488)	0,003*** (4,,199)	0,046*** (11,236)	54,20	262 (10)	4,08*** (34,220)	0,003*** (6,199)	0,020** (2,464)	28,54
2002	145 (3)	4,25*** (33,963)	0,003*** (3,339)	0,025*** (4,034)	48,89	229 (10)	3,52*** (29,332)	0,003*** (6,062)	0,002*** (2,85)	25,74
2003	146 (4)	4,94*** (36,664)	0,002*** (4,827)	0,016*** (3,532)	44,21	190 (12)	4,12*** (31,341)	0,002*** (5,059)	-0,005** (-2,65)	29,22
Média[3]		4,274*** 38,181	0,005*** 4,117	0,028*** 5,235	**46,79**		3,74*** 17,993	0,008*** 2,841	0,003 0,867	31,89
Estatística – t[4]										

Modelo estimado:

$$MVE = \alpha_0 + \alpha_1 (BVE) + \alpha_2 (Res\_IExt) + \varepsilon$$

em que, MVE representa o valor de mercado dos capitais próprios da empresa, BVE o valor contabilísticos dos capitais próprios e Res_IExt os resultados antes de *items* extraordinários.

[1] Número de observações com valor negativo para a variável BVE entre parêntesis.
[2] Estatística do t para os coeficientes estimados ano a ano entre parêntesis.
[3] Corresponde à média dos coeficientes estimados, incluindo a constante.
[4] A estatística do t (teste bilateral), calculada a partir do quociente da média pelo desvio padrão a multiplicar por 8 ½.
(***), (**) e (*) corresponde a um nível de significância de 1%, 5% e 10% respectivamente.

Com a inclusão da variável "BVE" aumenta de forma expressva o poder explicativo do modelo para ambos os grupos com prejuízos. Para a amostra de *net firms* o acréscimo do R² ajustado é de 14,63% (o aumento é de 12,02% para 26,65%) face a 21,59% na amostra de *non net firms* (o R² passa de 10,30% para 31,89%), o que indicia que esta variável possui um poder explicativo incremental para as empresas com prejuízos, para além da variável resultados.

Assim, e tal como previsto por Collins, Pincus e Xie (1999), e como podemos observar na figura 6.2, a omissão da variável "BVE" induz num enviesamento negativo (positivo) do coeficiente estimado para a variável resultados quando esta regista prejuízos (lucros).

Figura 6.2: "Relação entre os coeficientes estimados depois de controlado o efeito da variável BVE (modelo 5.3) e sem o controlo desta variável (modelo 5.5)"

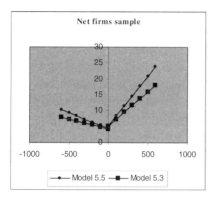
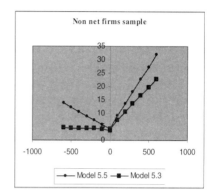

Face ao acréscimo do poder explicativo do modelo de avaliação após a inclusão da variável "BVE" no grupo com prejuízos, e atendendo a que: i) em ambas as amostras o grupo com prejuízos é o mais numeroso (ver os quadros 6.5 e 6.6 por exemplo); ii) é reduzido número de falências registadas nas amostras em estudo (quadros 4.2 e 4.3) e iii) dado o perfil de investimento deste grupo de empresas, grupo que investe de forma mais significativa em activos intangíveis, comparativamente ao grupo com lucros (quadros 5.3 e 5.4), vemos na variável "BVE" e, à luz do modelo de OM, para o grupo com prejuízos (*net* e *non net firms*) uma *proxy* para os resultados futuros normais destas empresas (expressão 1.25 que define os resultados permanentes).

Num contexto de reporte de prejuízos, e atendendo ao perfil das amostras em estudo, empresas de alta tecnologia (quadro 4.5), onde predominam os activos intangíveis, activos que não possuem qualquer valor quando considerados isoladamente, em particular numa situação de má performance financeira da empresa, dado por um lado a sua especificidade, por outro, a inexistência de mercados organizados para a sua transacção (com excepção para as marcas e patentes); neste contexto, a variável BVE constitui uma *proxy* valiosa para os activos reconhecidos (*recognized assets*). Revela-se assim uma variável valiosa para minorar os custos de vigilância/controlo por parte dos credores, tal como previsto por Jensen e Meckling (1976).

Perante estes resultados, contrariamos assim, em parte, a teoria da liquidação, que associa uma maior probabilidade de falência aos prejuízos persistentes, vendo na variável "BVE" uma *proxy* para o valor de liquidação[177]. De realçar ainda que apesar de incluirmos na amostra empresas com capitais próprios negativos, a variável "BVE" assumiu sempre um coeficiente positivo e estatisticamente significativo. Este resultado pode ser explicado pelo facto de o grupo de empresas com capitais próprios negativos (em ambos os grupos: empresas com lucros e empresas com prejuízos) ser muito volátil, o que sugere que foram estas as primeiras empresas alvo de um processo de F&A[178]. Com efeito, aquando da análise dos quadros 4.2 e 4.3, havíamos já concluído que foram as empresas pioneiras a "absorver" as empresas seguidoras, em clara sintonia com o modelo de negócio *winner-takes-all* modelizado por Noe e Park (2006).

Com referência ao grupo com lucros (em ambas as amostras), os resultados obtidos são os esperados. Os resultados continuam a ser o principal determinante do valor para estas empresas, tal como sustentado por MM (1966). Com efeito, o acréscimo de poder explicativo após a inclusão da variável "BVE" é substancialmente inferior comparativamente ao grupo com prejuízos (na amostra de *net firms* o acréscimo do poder explicativo do modelo foi de 7,02% face a 9,62% na amostra de *non net firms*).

Quanto à variável "BVE" assume igualmente um coeficiente positivo e estatisticamente significativo. Resultados sistematicamente positivos e via princípio CSR[179], reforçam o valor do *stock* de activos detidos pela empresa, aumentando a sua capacidade futura para gerar riqueza.

Face ao exposto, *confirmamos a segunda hipótese:* os capitais próprios estão positivamente relacionados com o MVE das empresas (*net* e *non net firms*), constituindo tal como previsto pelo OM, uma *proxy* para os resultados futuros da empresa.

---

[177] Apesar da persistência do reporte de prejuízos por parte das empresas se ter acentuado pós década de 90, como sistematizamos no quadro 2.2, Schnusenberg e Skantz (1998:404, tabela 1) reportavam já um histórico de 10 anos de prejuízos para 224 empresas que continuavam activas.

[178] Repare-se que apesar de o número de IPO aumentar de ano para ano, as empresas com capitais próprios negativos revelam uma tendência contrária, isto é, para decrescer de ano para ano.

[179] Recorde-se que o princípio CSR define $bv_t = bv_{t-1} + x_t - d_t$, sendo "x" os resultados do exercício e "d" os dividendos distribuídos.

6.2.2.3 Validação Empírica da Hipótese de Investigação Número Três

Atendendo aos resultados obtidos para a primeira hipótese, o mercado parece valorizar positivamente os prejuízos registados quer pelas *net firms* quer pelas *non net firms*, associando estes, ao impacto dos investimentos em activos intangíveis[180]. Com efeito, para este tipo de empresa, persiste de forma acentuada o diferencial entre o valor de mercado e o valor contabilístico, o *unrecorded goodwill* dado que as demonstrações financeiras e em obediência aos GAAP, não reconhecem o valor actual dos fluxos de caixa associados aos projectos de investimento em I&D e Publicidade, típicos de empresas de base tecnológica.

Estes procedimentos contabilísticos tendem a acentuar o efeito "*conservatism accounting*", isto é, a subavaliação dos activos destas empresas e, consequentemente o valor dos resultados e dos capitais próprio. O mercado todavia associa estes investimentos à existência em carteira de maiores oportunidades de crescimento, em particular nas *net firms*, dado o seu carácter emergente, gerando grandes expectativas acerca das rendibilidades futuras supranormais (Copeland *et al.*, 2000; Jorion e Talmor, 2006).

Assim, identificando a implementação destes projectos de investimento em I&D e Publicidade a uma opção de compra *(call option)*, e dado o princípio da racionalidade, é de esperar que os gestores empreendam apenas as opções que estiverem *in-the-money*, isto é, invistam em projectos que a médio prazo estejam associados a expectativas de rendibilidade supranormal (Moore, 2002). Importa pois desagregar a variável "resultados" nos seus constituintes, no sentido de avaliar como o mercado avalia as variáveis I&D e Publicidade, *proxies* para as oportunidades de crescimento. Deste modo pretendemos testar empiricamente de que modo o *conservatism accounting* afecta a relação estatística entre o valor de mercado dos capitais próprios (MVE) das *net firms* e a respectiva informação financeira. A adequabilidade destas variáveis, e tal como evidenciado ao longo do capítulo III, enquanto *proxies* para as oportunidades de crescimento, vem documentada na matriz de correlações (quadros 6.3 e 6.4). Com efeito, as correlações de Pearson e de Spearman entre as variáveis "MVE" e "I&D" são positivas e estatisticamente significativas

---

[180] Reconhecemos todavia um efeito moda *(fad)* mais acentuado associado às *net firms*.

para um nível de significância de 5%. Para a variável "Publicidade" os resultados são mais ténues, mas as investigações são unânimes ao associarem a esta variável um efeito mais de curto prazo (Sougiannis, 1994; Chan, Lakonishok e Sougiannis, 2001).

Assim, estimando o modelo (5.6) para ambas as amostras e grupos (quadros 6.7 e 6.8), os resultados obtidos são significativos. Para ambas as amostras e com referência ao grupo com prejuízos, e tal como esperado, a variável "I&D" apresenta um coeficiente positivo e estatisticamente significativo. Este resultado, e na linha da *"investment opportunity hypothesis"* significa que o mercado avalia esta variável como um activo (e não como um custo), antecipando assim o VAL que está associado a este tipo de investimento. Podemos pois concluir que os investidores, e para este grupo específico de empresas, recorrem a esta variável na formulação das suas expectativas acerca dos fluxos de caixa futuros e do nível de risco que lhe está associado. Recorde-se que já Ben-Zion (1978) sustentava que o diferencial entre o valor de mercado e o valor contabilístico dos capitais próprios estava positivamente associado ao rácio I&D sobre as vendas, medindo este rácio a intensidade dos investimentos em activos intangíveis.

Quanto à variável "resultados ajustada do investimento em I&D", e à semelhança do modelo 5.3, o coeficiente desta variável permanece negativo mas não estatisticamente significativo no grupo das *net firms*, contrariamente ao grupo das *non net firms*, em que o coeficientes desta variável é positivo, apesar de se revelar igualmente não estatisticamente significativo. Deste comportamento podemos inferir um efeito *"conservatism accounting"* mais acentuado para a amostra das *net firms*, pois mesmo após ajustarmos a variável resultados para o montante investido em "I&D", esta permanece negativa.

Cap. VI – Análise e Discussão dos Resultados 189

Quadro 6.7: "Regressões anuais para a amostra de *net firms* (Modelo 5.6)"

Ano	# Obs[1]	Amostra com lucros α_0[2]	BVE[2]	Res_I&D[2]	I&D[2]	Adj. R² (%)	# Obs[1]	Amostra com prejuízos α_0[2]	BVE[2]	Res_I&D[2]	I&D[2]	Adj. R² (%)
1996	34 (2)	4,92*** (25,492)	-0,0006 (-0,489)	0,044*** (4,106)	0,006 (0,176)	45,95	37 (0)	3,45*** (15,337)	0,022*** (4,306)	-0,007 (-0,78)	0,002 (0,091)	44,97
1997	49 (1)	4,88*** (29,03)	0,007 (1,268)	0,03*** (4,674)	-0,011 (-0,898)	49,16	66 (0)	3,68*** (15,772)	0,005 (1,508)	-0,011*** (-3,741)	0,047*** (2,69)	31,59
1998	40 (1)	4,69*** (19,822)	0,007** (2,561)	0,019 (0,856)	-0,022 (-0,633)	39,23	89 (4)	4,24*** (21,303)	0,005*** (3,325)	-0,008** (-2,078)	0,023** (2,213)	29,53
1999	64 (3)	5,94*** (26,163)	0,0067*** (4,128)	-0,006 (-0,884)	0,018* (1,822)	35,74	258 (11)	6,11*** (44,344)	0,001*** (3,763)	-0,002 (-1,424)	0,038*** (3,566)	18,14
2000	59 (1)	4,51*** (15,135)	0,003*** (3,44)	0,007* (1,869)	0,018 (1,045)	34,96	343 (1)	4,53*** (41,304)	0,0004*** (2,864)	-0,0002 (-0,518)	0,007** (2,047)	21,74
2001	36 (1)	5,15*** (21,636)	0,001 (1,016)	0,019*** (2,603)	-0,003 (-0,324)	45,30	314 (6)	4,07*** (30,274)	0,001*** (3,539)	0,001** (2,558)	0,006 (0,994)	25,24
2002	44 (3)	4,61*** (17,597)	0,002 (,364)	0,026*** (2,276)	-0,024 (-1,349)	36,29	265 (8)	3,43*** (27,025)	0,002*** (4,133)	0,004*** (3,923)	0,009 (1,551)	30,27
2003	88 (4)	5,39*** (39,851)	0,0002 (,576)	0,011** (2,475)	0,002 (0,371)	46,77	183 (13)	3,96*** (31,341)	0,004*** (6,636)	0,003 (1,316)	-0,003 (-0,948)	30,68
Média[3]		5,011***	0,0032**	0,019***	-0,002	41,68		4,183***	0,005**	-0,002	0,016	29,02
Estatística – t[4]		29,89	2,853	3,497	-0,362			13,681	2,019	-1,288	2,52	

Modelo estimado:

$$MVE = \alpha_0 + \alpha_1(BVE) + \alpha_2(Res\_I\&D) + \alpha_3(I\&D) + \varepsilon$$

em que, MVE representa o valor de mercado dos capitais próprios da empresa, BVE o valor contabilístico dos capitais próprios, Res_I&D os resultados antes de *items* extraordinários ajustados da rubrica I&D e I&D o montante investido em investigação e desenvolvimento.
[1] Número de observações com valor negativo para a variável BVE entre parêntesis.
[2] Estatística do t para os coeficientes estimados ano a ano entre parêntesis.
[3] Corresponde à média dos coeficientes estimados, incluindo a constante.
[4] A estatística do t (teste bilateral) calculada a partir do quociente da média pelo desvio padrão a multiplicar por $8^{\frac{1}{2}}$.
(***), (**) e (*) corresponde a um nível de significância de 1%, 5% e 10% respectivamente.

O coeficiente da variável "BVE" é positivo e estatisticamente significativo, assumindo-se na linha do modelo de OM, como *proxy* para o *stock* de activos necessários para a empresa empreender no futuro as oportunidades de crescimento detidas em carteira.

De salientar todavia, que o acréscimo de poder explicativo do modelo 5.6, após a desagregação da variável "resultados", ficou aquém das expectativas, registando todavia o modelo para a amostra de *non net firms* uma melhor performance, um acréscimo no poder explicativo de 8,16% (40,05% face a 31,89%), comparativamente a 2,37% na amostra de *net firms* (o modelo desagregado regista um R^2 de 29,02% face a 26,65% – modelo 5.3). Em parte podemos sustentar este resultado pelo facto de os valores da variável "I&D" virem subavaliados, pois e com o intuito de preservar a dimensão das amostras, sempre que os valores desta variável não estivessem disponíveis (NA – *not available*), atribuíamos o valor nulo.

Relativamente à variável "I&D" confirma-se a avaliação assimétrica por parte do mercado, consoante a empresa reporte lucros ou prejuízos. Com efeito, para o grupo com lucros em ambas as amostras, o principal determinante do valor é a variável resultados, estatisticamente significativa para um nível de significância de 5%. Quanto à variável "I&D" o seu coeficiente é negativo, evidenciando que para este grupo de empresas (que associamos a uma fase de crescimento mais estável), a variável "resultados" parece reflectir já o VAL dos investimentos efectuados no passado, predominando assim o efeito indirecto tal como documentado por Sougiannis (1994). Salientamos todavia, que a fraca significância estatística para esta variável se fica a dever ao facto de estas empresas serem muito jovens. Veja-se que nos quadros 5.3 e 5.4 as diferenças entre médias e medianas para a variável "idade" não se revelaram estatisticamente significativas.

Quanto à variável "BVE" e via princípio CSR, o valor do *stock* dos activos aumenta, no sentido de potenciar os resultados futuros. De referir ainda, e como esperado (contrariamente ao grupo com prejuízos) que os acréscimos do poder explicativo do modelo são muito reduzidos (3,41% na amostra de *net firms* e 3,08% na amostra de *non net firms*), o que comprova que o principal determinante do valor destas empresas é a variável "resultados".

Quadro 6.8: "Regressões anuais para a amostra de *non net firms* (Modelo 5.6)"

Ano	# Obs[1]	α_0[2]	Amostra com lucros BVE[2]	Res_I&D[2]	I&D[2]	Adj. R² (%)	# Obs[1]	α_0[2]	Amostra com prejuízos BVE[2]	Res_I&D[2]	I&D[2]	Adj. R² (%)
1996	81 (2)	3,93*** (33,04)	0,011*** (5,359)	0,039*** (2,784)	-0,04* (-1,946)	55,32	62 (3)	3,15*** (18,704)	0,014*** (5,462)	0,004 (0,206)	0,025 (1,212)	51,78
1997	109 (5)	4,19*** (37,616)	0,011*** (5,894)	0,0005 (0,078)	0,014 (0,984)	48,19	82 (2)	3,08*** (11,332)	0,015*** (3,1)	0,013 (1,646)	0,029* (1,866)	39,75
1998	120 (0)	4,17*** (37,27)	0,006*** (4,473)	0,01* (1,713)	0,007 (0,64)	52,67	92 (1)	2,69*** (15,966)	0,019*** (6,834)	0,01*** (2,819)	0,031** (2,357)	50,53
1999	157 (4)	4,42*** (30,923)	0,003* (1,907)	0,024** (2,088)	0,0001 (0,004)	32,56	155 (9)	4,25*** (25,833)	0,001*** (2,705)	-0,017*** (-3,812)	0,053*** (5,472)	28,00
2000	173 (5)	4,00*** (26,887)	0,05*** (3,313)	0,031*** (3,931)	-0,022* (-1,853)	44,44	214 (5)	3,95*** (23,626)	0,002*** (4,78)	-0,0002 (-0,410)	0,033*** (4,753)	30,96
2001	59 (1)	4,94*** (31,769)	0,001 (1,139)	0,034*** (4,801)	-0,025** (-2,334)	61,02	183 (6)	4,1*** (24,858)	0,002*** (2,806)	0,002 (0,002)	0,019*** (3,772)	38,88
2002	56 (1)	4,67*** (35,867)	0,02*** (-,361)	0,012* (1,813)	-0,005 (-0,473)	59,10	164 (5)	3,38*** (26,556)	0,001 (1,902)	0,001 (0,884)	0,025*** (5,960)	42,28
2003	60 (3)	5,29*** (31,663)	0,001*** (-,501)	0,002 (0,397)	0,007 (0,844)	45,64	139 (5)	4,35*** (37,03)	0,001*** (2,916)	-0,0004 (-0,175)	0,016*** (4,373)	38,23
Média[3]		4,452	0,005	0,019	-0,008	49,87		3,619	0,007	0,002	0,029	40,05
Estatística – t[4]		26,279	3,523	3,618	-1,12			16,506	2,533	0,471	7,075	

Modelo estimado:

$$MVE = \alpha_0 + \alpha_1(BVE) + \alpha_2(Res\_I\&D) + \alpha_3(I\&D) + \varepsilon$$

em que, MVE representa o valor de mercado dos capitais próprios da empresa, BVE o valor contabilístico dos capitais próprios, Res_I&D os resultados antes de *items* extraordinários ajustados da rubrica I&D e I&D o montante investido em investigação e desenvolvimento.
[1] Número de observações com valor negativo para a variável BVE entre parêntesis.
[2] Estatística do t para os coeficientes estimados ano a ano entre parêntesis.
[3] Corresponde à média dos coeficientes estimados, incluindo a constante.
[4] A estatística do t (teste bilateral), calculada a partir do quociente da média pelo desvio padrão a multiplicar por 8^½.
(***), (**) e (*) corresponde a um nível de significância de 1%, 5% e 10% respectivamente.

Com o objectivo de analisar agora o impacto da variável "Publicidade" estimamos o modelo 5.7. Os resultados obtidos são apresentados nos quadros 6.9 e 6.10.

Quadro 6.9: "Regressões anuais para a amostra de *net firms* (Modelo 5.7)"

Ano	# Obs[1]	# Obs[2]	C[3]	BVE[3]	Res_Pub[3]	Pub[3]	Adj. R^2 (%)
1998	7	18	4,28***	0,006***	-0,003	0,06***	56,64
		(0)	(11,377)	(4,756)	(-1,229)	(5,033)	
1999	16	92	5,28***	0,004***	-0,002	0,008	27,04
		(5)	(27,533)	(4,352)	(-0,932)	(0,83)	
2000	15	110	3,15***	0,001**	0,0004	0,018***	27,23
		(1)	(16,983)	(2,289)	(1,398)	(4,673)	
2001	0	78	2,85***	0,003***	0,0021**	0,019***	42,54
		(4)	(12,123)	(3,598)	(2,046)	(3,221)	
2002	10	48	2,75***	0,004***	0,003	0,012	40,10
		(2)	(4 (9,764)	(4,251)	(0,943)	(1,354))	
2003	13	23	3,41***	-0,0002	-0,013	0,038***	28,47
		(1)	(2)	(8,377)	(-0,0002)	(-1,927)	(3,344)
Média[4]			3,618***	0,003*	-0,002	0,026*	37,00
Estatística - t[5]			5,417	3,218	-0,837	3,07	

Modelo estimado:

$$MVE = \alpha_0 + \alpha_1(BVE) + \alpha_2(Res\_Pub) + \alpha_3(Pub) + \varepsilon$$

em que, MVE representa o valor de mercado dos capitais próprios da empresa, BVE o valor contabilístico dos capitais próprios, Res_Pub os resultados antes de *items* extraordinários ajustados da rubrica Publicidade e Pub o montante investido em Publicidade.
[1] Número de observações insuficiente para estimação do modelo de regressão 5.7 para a amostra com lucros;
[2] Número de observações com valor negativo para a variável BVE entre parênteses.
[3] Estatística do t para os coeficientes estimados ano a ano entre parênteses.
[4] Corresponde à média dos coeficientes estimados, incluindo a constante.
[5] A estatística do t (teste bilateral), calculada a partir do quociente da média pelo desvio padrão a multiplicar por 6 $^{1/2}$.
(***), (**) e (*) corresponde a um nível de significância de 1%, 5% e 10% respectivamente.

Para a amostra de *net firms* não foi possível estimar o modelo para o grupo de empresas com lucros, face ao reduzido número de observações. Com referência ao grupo com prejuízos, só se dispõe de informação a partir do ano de 1998. De salientar que o *boom* de observações se concentra no período da *dot.com bubble* (1999 e 2000).

Quanto aos resultados obtidos, estes são similares aos obtidos para o grupo B2B_I&D. A variável "Publicidade" assume um coeficiente positivo e estatisticamente significativo, mas apenas a 10%, indicando que o mercado vê nesta variável um activo e não um custo. O coeficiente da variável "resultados", apesar do ajustamento verificado do investimento em "Publicidade" permanece negativo, mas sem relevância estatística. De salientar que os resultados obtidos para este grupo devem ser analisados com alguma precaução dada a grande volatilidade no número de observações. Em 2003 dispomos apenas de 23 empresas, quando em 2000, o número destas empresas ascendia a 110.

Quadro 6.10: "Regressões anuais para a amostra de *non net firms* (Modelo 5.7)"

Ano	A mostra com lucros							Amostra com prejuízos						
	# Obs[1]	α_0[2]	BVE[2]	Res_Pub[2]	Pub[2]	Adj. R^2 (%)		# Obs[1]	α_0[2]	BVE[2]	Res_Pub[2]	Pub[2]	Adj. R^2 (%)
1999	25 (1)	4,01*** (8,767)	-0,0001 (-0,016)	0,08*** (4,0)	-0,056 (-1,07)	34,4		19 (0)	2,92*** (4,285)	0,006*** (4,426)	-0,004 (-0,885)	0,071 (1,074)	53,82
2000	22 (1)	3,11*** (9,844)	-0,001 (-0,032)	0,13*** (6,853)	-0,151*** (-5,04)	72,21		36 (1)	2,76*** (8,104)	0,003*** (3,854)	-0,001 (-0,515)	0,055** (2,305)	39,25
2001	81 (3)	3,80*** (22,965)	0,015*** (2,79)	0,052*** (5,359)	-0,052** (-2,285)	52,94		79 (4)	3,18*** (13,981)	0,003*** (2,711)	0,001 (1,077)	0,09*** (2,963)	34,20
2002	89 (2)	3,77*** (23,703)	0,003*** (4,015)	0,039*** (5,077)	-0,016 (-0,819)	52,79		65 (5)	2,55*** (8,73)	0,007*** (4,105)	0,009*** (3,085)	0,071** (2,408)	34,96
2003	86 (1)	4,49*** (31,428)	0,002*** (4,055)	0,021*** (4,9)	-0,021*** (-4,852)	52,43		51 (7)	3,48*** (12,614)	0,003** (2,368)	-0,004 (-0,672)	0,03 (1,005)	30,53
Média[3]		3,835	0,002	0,065	-0,059	52,95			2,98	0,004	0,0003	0,063***	38,55
Estatística – t[4]		21,778	2,242	4,3	-3,076				23,228	6,365	0,177	8,019	

Modelo estimado:

$$MVE = \alpha_0 + \alpha_1(BVE) + \alpha_2(Res\_Pub) + \alpha_3(Pub) + \varepsilon$$

em que, MVE representa o valor de mercado dos capitais próprios da empresa, BVE o valor contabilístico dos capitais próprios, Res_Pub os resultados antes de *items* extraordinários ajustados da rubrica Publicidade e Pub o montante investido em Publicidade.

[1] Número de observações com valor negativo para a variável BVE entre parênteses.
[2] Estatística do t para os coeficientes estimados ano a ano entre parêntesis.
[3] Corresponde à média dos coeficientes estimados, incluindo a constante.
[4] A estatística do t (teste bilateral), calculada a partir do quociente da média pelo desvio padrão a multiplicar por 5$^{1/2}$.
(***), (**) e (*) corresponde a um nível de significância de 1%, 5% e 10% respectivamente.

Para a amostra de *non net firms* também só foi possível estimar o modelo 5.7 a partir do ano 1999. Todavia, para ambos os grupos (empresas com lucros e empresas com prejuízos), os resultados revelam uma significância estatística mais elevada. Assim, para o grupo com prejuízos a variável "Publicidade" assume um coeficiente positivo e estatisticamente significativo para um nível de significância de 1%, avaliando o mercado esta variável, à semelhança da variável "I&D", como um activo e não como um custo.

Confrontando os resultados obtidos entre a amostra com lucros e a amostra com prejuízos, é mais uma vez saliente a assimetria por parte do mercado na avaliação da variável "Publicidade". Esta variável, e contrariamente à variável I&D em ambas as amostras com lucros (*net* e *non net firms*), assume um coeficiente negativo, isto é, valorizada como um custo, assumindo uma significância estatística para um nível de 5%. Quanto às variáveis "resultados" e "BVE" os resultados obtidos são os esperados, isto é, variáveis com coeficientes positivos e estatisticamente significativos.

Assim, e face aos resultados apresentados *confirma-se as hipóteses 3a e 3b*[181].

6.2.2.4 Validação Empírica da Hipótese de Investigação Número Quatro

Atendendo a que: i) na presente investigação propusemos como *proxy* para a fase do ciclo de vida da empresa a variável "resultados", isto é, as empresas com lucros são assumidas como estando em fase de crescimento estável comparativamente a empresas com prejuízos na fase de *start-up* e ii) o mercado avalia de forma assimétrica as rubricas "I&D" e "publicidade", consoante as empresas reportem lucros ou prejuízos, conforme documentamos nos quadros 6.7 a 6.10, *concluímos e tal como previsto na hipótese quatro*, que o mercado avalia de forma diferente os determinantes do valor da empresa/indústria à medida que esta caminha para a maturidade.

Este resultado encontra sustento teórico por um lado, na proposição

---

[181] Recorde-se que a hipótese 3a postulava: "Existe uma relação positiva entre as variáveis "I&D" e "Publicidade" e a cotação das empresas na fase de *start-up*, logo a reportarem prejuízos (*net* e *non net firms*). A hipótese 3b previa uma relação exactamente inversa para as empresas lucrativas, logo numa fase de crescimento estável.

9 do modelo de FOM, que e devido ao efeito "*conservatism accounting*", demonstra que nos primeiros anos da vida de uma empresa, esta pode reportar resultados negativos, pois apenas uma pequena parcela do seu investimento é capitalizado, sendo a restante considerada de imediato como custo (investimento em intangíveis), o que "corrói" os fluxos de caixa do período. Porém, e dado o princípio da racionalidade, a empresa só contínua a investir se as oportunidades de crescimento gerarem rendibilidades supranormais. Por outro lado, estes resultados estão em sintonia com os obtidos por Sougiannis (1994), que documenta a dualidade do efeito de curto e médio prazo associado aos investimentos em I&D. Com efeito, os investidores atribuem um conteúdo informacional positivo aos investimentos correntes em I&D e publicidade (efeito directo). Todavia, o efeito indirecto que resulta da capitalização dos resultados gerados pelos investimentos no passado, é estatisticamente mais expressivo[182].

6.2.2.5 *Validação Empírica da Hipótese de Investigação Número Cinco*

Com a hipótese número cinco pretendemos testar empiricamente se as variações ocorridas no valor de mercado dos capitais próprios das *net firms* e *non net firms* são explicados pelos mesmos factores (resultados antes de *items* de extraordinários, BVE, I&D, Publicidade).

Os resultados obtidos (quadro 6.1) evidenciam um efeito "valorização positiva dos prejuízos" mais acentuado para a amostra das *net firms*, na linha dos resultados obtidos por Lee (2001) e Cooper, Dimitrov e Rau (2001). Estes autores documentam que com a simples inclusão da sigla "*dot.com*" no nome da empresa, sem que por vezes o *core business* da empresa sofresse alterações substanciais, as empresas registavam rendibilidades supranormais significativas, que tendiam a persistir no tempo. Também Bartov, Mohanram e Seethmaraju (2002) quando analisam o processo do *pricing* dos IPO, verificam que as variáveis "resultados" e "fluxos de caixa" negativos são valorizados positivamente pelo mercado com referência às *net firms*, comparativamente a uma amostra de IPO contemporâneos.

---

[182] Recorde-se e tal como havíamos já referido no capítulo III, Lev e Sogiannis (1996) documentam um hiato temporal de 5 a 9 anos para que os investimentos em I&D comecem a gera fluxos de caixa positivos.

Com efeito, mesmo após a introdução da variável "BVE" (quadro 6.5) e, para o grupo com prejuízos, o coeficiente da variável resultados permanece negativo na amostra de *net firms* apesar de não estatisticamente significativo, contrariamente à amostra de *non net firms* (grupo com prejuízos), em que o coeficiente da variável "resultados" reverte de sinal, em sintonia com os resultados obtidos por Collins, Pincus e Xie (1999), que concluem que o fenómeno da valorização positiva dos prejuízos é consequência do efeito omissão da variável "BVE" do modelo de avaliação. Este efeito persiste mesmo após o ajustamento da variável resultados ao investimento nas rubricas "I&D" e "publicidade", o que contrasta mais uma vez com os resultados obtidos para a amostra de *non net firms*, em que o coeficiente da variável resultados apesar de não se revelar estatisticamente significativo assume sempre um valor positivo, o que evidencia um efeito de *conservatism accounting* mais severo no grupo com prejuízos da amostra de *net firms*.

De facto, apesar de para ambas as amostras o grupo a registar prejuízos apresentar valores similares para as vendas, 33,53 e 33,75 milhões de dólares para as amostras de *non* e *net firms* respectivamente (valores para a mediana – dados de painel) e para o rácio I&D/vendas (17,6 para as *non net firms* e 18,5% para as *net firms*), para os prejuízos o valor difere substancialmente. As *net firms* apresentam prejuízos de 24,29 milhões de dólares face a 14,67 milhões na amostra de *non net firms*, valores também para a mediana (segundo uma estrutura de dados de painel). Este resultado poderá em parte justificar a persistência do coeficiente negativo associado à variável resultados nos modelos 5.3, 5.6 e 5.7, consequentemente um efeito moda (*fad*) mais persistente nas *net firms*.

Neste contexto é interessante analisar a evolução das empresas por amostra e por grupos (I&D_ B2B e Pub_ B2C).

Figura 6.3: "Evolução do número de empresas com lucros por amostra e por grupo: I&D_B2B e Pub_ B2C"

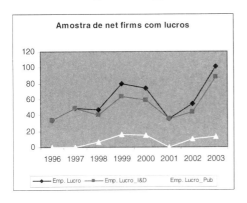

Comparando o grupo com lucros nas amostras de *net firms* e *non net firms*, observamos um incremento acentuado de 2002 para 2003 no grupo B2B_I&D na amostra das *net firms*, constatação a que havíamos já chegado no quadro 4.2, quando observamos que o número de empresas a reportar lucros havia duplicado de 2002 para 2003. A figura 6.3 confirma que esse acréscimo se registou no grupo B2B_I&D[183]. Com efeito, de acordo com os dados de Demers e Lev (2001), o impacto do *crash* foi mais acentuado no grupo B2C (que na nossa terminologia corresponde ao grupo Pub_ B2B), confirmando que estas empresas registavam uma maior sobreavaliação. Kaplan (2002) foi ainda mais céptico, argumentando que muitas destas empresas não passavam de meros catálogos *on-line*. Efectivamente, em 2003 o número destas empresas na nossa amostra restringe--se a 23. Saliente-se ainda, que para este grupo não foi possível estimar o modelo 5.7 para o grupo com lucros, por insuficiência de observações.

Com referência ao grupo com lucros na amostra de *non net firms*, os resultados foram surpreendentes, pois o grupo com lucros registou uma quebra acentuada no ano de *crash* (2000), tendo estabilizado no período posterior. No período de 2001 a 2003 a redução de empresas no grupo I&D, parece ser compensado por um incremento de empresas no grupo Publicidade. O acréscimo de investimento em "Publicidade" visa

---

[183] De referir que no anexo 5.1, podemos já constatar uma recuperação acentuada para o rácio MVE/BVE na amostra de *net firms*, passando a média e mediana deste rácio de 2,2 e 1,78 em 2002 para 5 e 3 respectivamente em 2003.

a promoção da imagem de marca, quer da empresa quer dos seus produtos. Veja-se que no modelo 5.7, a variável "publicidade" assumiu para este grupo um coeficiente negativo e estatisticamente significativo de 1%, evidenciando que o mercado avalia esta variável para este grupo, já como um custo.

Figura 6.4: "Evolução do número de empresas com prejuízos por amostra e por grupo: I&D_B2B e Pub_ B2C"

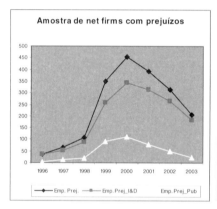 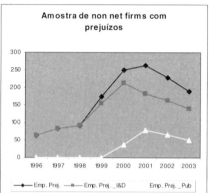

Para o grupo com prejuízos registam-se resultados exactamente opostos. É a amostra de *net firms* que regista um maior decréscimo do número de empresas. Porém em ambas as amostras o grupo mais expressivo continua a ser o grupo I&D.

6.3. Testes de Especificação

6.3.1 *Introdução*

Os resultados obtidos sugerem que o efeito "valorização positiva dos prejuízos" parece ter sido um efeito mais acentuado no universo das *net firms*. Este efeito não pode ser dissociado do efeito "*dot.com bubble*" que caracterizou este grupo de empresas. Penman (2001), Core, Guay e Buskirk (2003), Jorion e Talmor (2006) observam que determinadas indústrias apresentam temporariamente características pouco usuais, pelo que extrair conclusões sobre a relação entre o valor de mercado dos capitais próprios destas empresas e as variáveis financeiras tradicionais é algo prematuro. Francis e Schipper (1999) acrescentam ainda que em períodos de forte volatilidade da variável a explicar, no nosso estudo a capitalização bolsista, pode justificar o decréscimo do poder explicativo do modelo (ou gerar resultados pouco usuais), apesar de as relações estatísticas entre as variáveis se manterem válidas.

De facto, para ambas as amostras e grupos (empresas com lucros e prejuízos), aquando da estimação das regressões anuais, o teste Ramsey registou resultados estatisticamente significativos com significância de 1% e 5%, o que revela desde logo potenciais incorrecções na especificação do modelo[184].

Neste contexto, e inspirando-nos em Francis e Schipper (1999) e Core, Guay e Buskirk (2003), com o objectivo de analisar o padrão de evolução do R^2 ajustado, em particular o impacto da existência de relações não lineares (o que justifica a introdução da variável tempo ao quadrado)[185] e da volatilidade (medida pelo coeficiente de *variação* de Pearson[186]), estimamos a regressão:

---

[184] O teste de Ramsey é um teste mais geral para erros de especificação (por exemplo: omissão de variáveis relevantes, forma funcional do modelo incorrecta, correlação entre as variáveis X e ε, devido entre outros factores a erros de medição de X), o que induz a que o vector ε não seja nulo. De acordo com este teste a hipótese nula e alternativa são definidas como:

$$H_0: \varepsilon \sim N(0, \sigma^2 I);$$
$$H_a: \varepsilon \sim N(0, \sigma^2 I) \text{ e } \varepsilon \neq 0.$$

O teste baseia-se assim na regressão: $Y = X\beta + Z\alpha + \alpha$. Para averiguar da existência de potenciais erros de especificação, o objectivo consiste em testar se $\alpha=0$. Ramsey sugeriu que Z deveria conter potências dos valores preditos da variável dependente. Assim, usando-se uma terceira e quarta potência têm-se: $Z = \left[\hat{y}^2, \hat{y}^3, \hat{y}^4\right]$ (Johnston e Dinardo, 2001:135; Manual do Eviews, 2004; versão 5.0:570-571). Dada a grande discussão sobre a arbitrariedade dos resultados a obter em função do número de termos utilizados (Curto, 2002), optamos por utilizar o termo até à terceira ordem.

[185] Por exemplo, Hayn (1995) sustentava já a existência de relações não lineares entre as variáveis "preços" e "resultados", quando esta última atinge variações extremas. Também Burgstahler e Dichev (1997) justificavam a existência de uma relação convexa entre as variáveis "MVE" e "BVE" sempre que a variável resultados registe níveis pouco satisfatórios. McCallig (2004), e tendo já como referência o quadro teórico do modelo OM, associam a relação não linear entre as variáveis "MVE" e "BVE" ao efeito *conservatism accounting*.

$$AdjR^2 = \alpha + \beta_1(t) + \beta_2(t^2) + \beta_3 CV(^{MVE}\!/_{BVE}) \quad (6.1)$$

Quadro 6.11: Regressão do R^2 ajustado em função do tempo e do coeficiente de variação de Pearson

	β_1	β_2	β_3
Net Firms:			
Amostra com Lucros	-0.0587***	0.0044***	0.1141***
	(-14.327)	(8.6135)	(10.2478)
Amostra com Prejuízos	-0.1423***	0.0134***	0.1855***
	(-8.061)	(7.3542)	(13.3397)
Non Net Firms:			
Amostra com Lucros	-0.1259*	0.0155*	0.1696*
	(-2.5363)	(2.5844)	(2.844)
Amostra com Prejuízos	-0.1275***	0.0115***	0.0567
	(-5.3335)	(3.6276)	(0.4548)

O R^2 ajustado foi calculado com base no modelo 5.3:

$$MVE = \alpha_0 + \alpha_1(BVE) + \alpha_2(Res\_IExt) + \varepsilon$$

para cada subgrupo de amostra. As variáveis vêm definidas no quadro 4.7. O coeficiente de variação de Pearson obtém-se pelo quociente entre o desvio padrão do rácio MVE/BVE e a respectiva média. A variável t^2, tem por objectivo, captar eventuais relações não lineares entre as variáveis. As estatística do t foram calculadas com base no desvio padrão corrigido pelo método Newey-West (1987), com um lag de 3, dada a presença de autocorrelação. Entre parêntesis reporta-se o valor da estatística t. (***), (**) e (*) corresponde a um nível de significância de 1%, 5% e 10% respectivamente.

Os resultados são conclusivos. O modelo revela um decréscimo do poder explicativo ao longo do tempo para ambas as amostras e grupos (β_1 é negativo e estatisticamente significativo). Dada a significância estatística do coeficiente β_2 concluímos da existência de potenciais relações não lineares entre as variáveis, efeito muito acentuado em particular no grupo com prejuízos (a significância estatística do coeficiente é de 1%). Acerca do impacto da volatilidade medida pelo coeficiente β_3, e tal como esperado, o seu efeito é muito mais acentuado na amostra das *net firms*. Podemos pois concluir que a forte volatilidade que este grupo de empresas registou, justifica em parte, o efeito mais acentuado "da valorização positiva dos prejuízos" (Francis e Schipper, 1999).

Neste contexto, Jorion e Talmor (2006) sugerem mesmo que os factores explicativos da capitalização bolsista de um dado período podem

---

[186] O coeficiente de variação de Pearson obtém-se pelo quociente entre o desvio padrão da variável X e a média da respectiva variável.

diferir de forma significativa de período para período, em particular quando se está perante um sector emergente, como é o caso da Internet. Core, Guay e Buskirk (2003) acrescentam ainda, que potencialmente o valor de mercado dos capitais próprios destas empresas durante este período possui uma maior variância que não está correlacionada com as variáveis explicativas incluídas no modelo, sugerindo o impacto de outras variáveis relevantes em termos de conteúdo informativo excluídas do modelo (variáveis omissas).

Assim, e dado que: i) omitimos do modelo de OM a variável v_t – outra informação; ii) que o modelo de OM é definido para uma empresa específica, logo e de acordo com Lo e Lys (2001), pode não haver consistência nos parâmetros para toda a amostra e iii) em todos os modelos a constante revelou-se estatisticamente significativa, o que indicia desde logo a existência de outros factores relevantes na avaliação destas empresas por parte do mercado [por exemplo, Basu (1997) argumenta que o valor positivo da constante reflecte os proveitos (*good news*) de eventos ocorridos no passado, mas que só agora, dada a sua efectivação e capacidade de serem medidos com objectividade são reconhecidos[187]] vamos submeter os dados a uma análise segundo uma estrutura de dados de painel. O objectivo é garantir mais uma vez a robustez dos resultados e conclusões a extrair.

6.3.2 *Análise Sgundo uma Estrutura em Dados de Painel*

De acordo com Figueiredo e Hill (2003), os dados de painel correspondem a um conjunto de observações recolhidas sobre as mesmas unidades seccionais, ao longo de vários períodos de tempo regulares, tipicamente, mas não obrigatoriamente anuais[188]. Esta junção de dados

---

[187] Com efeito, este é um dos argumentos apresentados por Basu (1997) para sustentar que os resultados futuros estão protegidos das más notícias, isto é, são mais persistentes, pois os prejuízos e em obediência ao princípio da prudência têm de ser de imediato reconhecidos.

[188] Um painel diz-se equilibrado se dispusermos do mesmo número de observações ao longo do tempo para cada unidade seccional, isto é, nxT, com n=1, 2 ...N e t=1, 2 ....T. Como casos extremos, se n=1 estamos perante uma série temporal, se por sua vez t=1, temos uma estrutura de dados seccionais (*cross section*).

seccionais e longitudinais permite-nos captar a heterogeneidade entre as unidades seccionais, empresas na presente investigação, ao longo do tempo (anual), na medida em que utiliza em simultâneo as dinâmicas inter-temporais e a especificidade de cada indivíduo, controlando de forma eficiente o efeito de variáveis omissas.

No presente estudo o controlo das dinâmicas inter-temporais e das especificidades de cada indivíduo são particularmente relevantes. O período em análise (NEP) foi dominado pelo efeito *"dot.com bubble"* (1.º trimestre de 2000). Por outro lado, a especificidade de cada unidade seccional também é muito relevante. Como constatamos nos quadros 4.2 e 4.3, o efeito "empresa pioneira" foi dominante na estratégia de F&A que caracterizou o sector da Internet, em sintonia com a estratégia *"winner-takes-all"*, tal como modelizada por Noe e Park (2006). Por outro lado, e dado o reduzido número de observações, não nos foi possível subdividir a amostra pelos onze subsectores propostos pela Morgan & Stanley e, assim captar de forma mais eficiente a heterogeneidade dos modelos de negócio que caracterizam as *net firms*.

Com efeito, Hsiao (2003:142) define um modelo econométrico como uma simplificação de fenómenos reais onde há muitos factores que afectam a variável em estudo (na presente investigação a capitalização bolsista), mas não são explicitamente incluídas como variáveis explicativas. Assim, podemos reespecificar o modelo 5.3 do seguinte modo:

$$MVE_{it} = \alpha + \sum_{k=1}^{K} \beta_{kit} X_{kit} + \delta_i + \gamma_t + \mu_{it} \quad \textbf{(6.2)}$$

em que X é a matriz dos regressores, δ_i a componente do desvio do indivíduo, γ_t a componente do desvio temporal e μ_{it} a componente combinada do desvio indivíduo e tempo, com i=1, 2, ...N e t = 1996 a 2003.

Atendendo a que um dos nossos objectivos consiste em analisar como o mercado avalia ao longo do tempo os principais determinantes do valor, no contexto dos modelos de OM e de FOM, vamos permitir que os coeficientes (β_{kit}) variem ao longo do tempo, no pressuposto segundo Zellner, Hong e Min (1991) que os $\hat{\beta}_t$ para cada período de tempo são idênticos para as várias unidades seccionais.[189]

---

[189] Quanto T tende para o infinito, o método SURE – *Seemingly Unrelated Regression Equation* é aplicado com sucesso, pois consegue abarcar a heterogeneidade

Assim, para a estimação do modelo (6.2) optamos pelo método dos efeitos fixos quer ao nível das unidades seccionais (γ_i), quer ao nível do período tempo (δ_t). A opção por esta metodologia justifica-se pelo facto de: i) aquando da análise dos quadros 4.3 e 4.4, isto é, das diferenças entre as médias e medianas para as duas amostras e grupos ao longo dos vários anos, as mesmas serem estatisticamente significativas; ii) recorrer ao teste Haussman (1978) e como refere Kang (1985) revela-se de pouca utilidade, quando se pretende testar em simultâneo a adequabilidade do modelo de efeitos fixos e efeitos aleatórios, considerando quer o efeito indivíduo quer o efeito tempo e iii) por questões computacionais não é possível estimar o modelo 6.2 considerando ambos os efeitos (indivíduo e tempo) com painéis não equilibrados[190]. Todavia, como referem Johnston e Dinardo (2001), forçar os painéis a serem equilibrados pode tornar o painel pouco representativo, pelo que a nossa opção foi trabalhar com um painel não equilibrado.

Com efeito, quando T é finito e N é grande, optar pelo modelo de efeitos fixos ou modelo de efeitos aleatórios é uma questão difícil de tratar, pois quando temos um número reduzido de observações para as diferentes unidades seccionais ao longo do tempo, é excepcionalmente importante fazer o melhor uso da informação que dispomos ao longo do tempo para uma estimativa mais eficiente (Hsiao, 2003).

Assim, são vários os argumentos teóricos a favor da adopção do modelo de efeitos fixos[191]. Pyndick e Rubinield (1998:257) argumentam que este método possui a particularidade de nos permitir considerar a heterogeneidade individual e temporal, não exigindo a validade do pressuposto de que os efeitos (indivíduo e tempo) não estão correlacionados

---

individual e simultaneamente captar sem restrições a interdependência entre os indivíduos. Todavia, numa situação de N grande e T pequeno (caso da presente investigação), é impraticável a aplicação deste método, pois tal gera uma perda significativa de graus de liberdade, criando problemas de ineficiência ou mesmo impossibilidade na estimação dos parâmetros que são demasiados [n(k+1)+N(N+1)/2].

[190] Esta é também uma das limitações da aplicação da metodologia sugerida por Kang (1985), para testar qual o modelo mais adequado: se o modelo de efeitos fixos se o modelo de efeitos aleatórios.

[191] Johnston e Dinardo (2001:424) criticam mesmo a designação entre modelo de efeitos fixos e modelo de efeitos aleatórios, sob o argumento que a diferença entre os dois modelos não está no facto dos efeitos indivíduo e tempo serem fixos ou não, mas no facto de estarem ou não correlacionados com as variáveis explicativas (X).

com as variáveis explicativas. Johnston e Dinardo (2001:438) por sua vez, sustentam que a grande vantagem dos efeitos fixos deriva do facto de contornar variâncias omissas. Estes autores acrescentam que o facto de os efeitos aleatórios "passarem" o teste de Haussman (1978) tal não significa que tudo vá bem. O que acontece é que os estimadores pelos dois efeitos não são muito diferentes. Este comportamento das estimativas indicia que não há variação nas alterações das variáveis explicativas (X), para proporcionar resultados suficientemente precisos entre os dois conjuntos de estimativas. Os autores acrescentam assim, que o modelo dos efeitos fixos é preferível ao modelo dos efeitos aleatórios, a menos que possamos medir todos os efeitos invariantes no tempo, possivelmente correlacionados com os outros regressores. Verbeek (2003:344) acrescenta ainda que o modelo dos efeitos fixos é mais robusto a modelos incorrectamente especificados[192], pois reduz de forma significativa o efeito de variáveis omissas. Tal é possível através do método das projecções ortogonais que elimina o efeito do indivíduo e o efeito tempo, via remoção da média do indivíduo ($\bar{y}_{i.}$) e a média ao longo do tempo ($\bar{y}_{.t}$). Assim, a grande vantagem deste método resulta do facto de "deitar fora" parte da variância que contamina os estimadores de efeitos fixos $\hat{\beta}_{FE}$, quer as estimativas dos efeitos aleatórios $\hat{\beta}_{RE}$.

Com efeito, atendendo ao modelo 6.2 se:

$$\text{Cov } (\delta_i, X_{it}) \neq 0;$$
$$\text{Cov } (\gamma_t, X_{it}) \neq 0;$$

não se verifica a condição de ortogonalidade, o que viola o pressuposto de X_{it} ser independente[193].

Neste contexto, δ_i e γ_t passam a ser tratados como parâmetros desconhecidos a estimar. Porém, no caso dos dados de painel não podemos

---

[192] Recorde-se que os resultados obtidos para o teste Ramsey foram sistematicamente significativos do ponto de vista estatístico.

[193] Saliente-se que apesar de no método dos efeitos aleatórios, os efeitos indivíduo e tempo não estarem correlacionados com as variáveis explicativas, o método dos mínimos ordinários (OLS) não é um método de estimação adequado, pois atribui uma ponderação idêntica a todas as observações. Todavia, trabalhar com T observações sobre n indivíduos é diferente de ter nxT observações, pois duas observações sobre o mesmo indivíduo são mais iguais do que duas observações sobre indivíduos diferentes. Neste contexto, revela-se mais adequado adoptar o método *Feasible Generalised Least Squares* (FGLS).

ter estimativas adicionais para estes parâmetros, pois estes vão crescendo há mesma taxa da dimensão da amostra. Para ultrapassar esta limitação, recorremos à transformação *"Within"* de Wallace e Hussain (1969), isto é, recorremos às projecções ortogonais[194]. Na prática os termos δ_i e γ_t, termos invariantes vão desaparecer com as transformações ortogonais (ou via primeiras diferenças ou desvios com referência à média). O perigo, como referem Johnston e Dinardo (2001:435), resulta do facto de todos os efeitos invariantes no tempo sofrerem o mesmo tratamento, mas por outro lado, reduz-se de forma significativa o requisito para se satisfazer a condição de ortogonalidade.

Quanto ao efeito do "atrito selectivo", isto é, uma unidade seccional poder ser removida do painel num período e incluída no período seguinte, não constitui um problema relevante na construção da nossa amostra, pois uma unidade seccional só é eliminada da amostra se esta optou: por um processo de F&A, liquidou, deixou de ser cotada, faliu (ver quadros 4.2 e 4.3), pelo que o processo de eliminação a ocorrer é definitivo ao longo de todo o período. Por outro lado, e como referido no ponto 4.4, aquando da identificação dos *outliers*, sempre que uma empresa foi identificada como *outlier* (12 na amostra das *net firms* e 11 na amostra das *non net firms*), as mesmas foram removidas de todo o período em análise.

Antes de procedermos à análise dos resultados, e com vista a estimar o modelo 6.2, tivemos necessidade de introduzir uma variável *dummy*, que assume o valor 1 se a empresa reporta lucros, zero caso contrário, com o objectivo de reflectir o conteúdo informativo assimétrico da variável resultados, consoante a empresa reporte lucros ou prejuízos. Note-se que subdividir a amostra em empresas com lucros e empresas com prejuízos, como procedemos quando adoptamos a metodologia de Fama e MacBeth (1973), induziria no efeito de atrito selectivo. Com efeito, dada empresa pode reportar lucros num determinado ano e prejuízos noutro ou vice-versa, o que implicaria a remoção da(s) empresa(s) em dado(s) período(s) e inclusão noutro(s), correndo o risco de o painel deixar de ser representativo.

---

[194] Para uma análise do método das projecções ortogonais consultar Johnston e Dinardo (2001:425), que desenvolve este método considerando apenas o efeito indivíduo. Baltagi (2000) expande este método considerando em simultâneo os dois efeitos, o efeito indivíduo e efeito tempo, mas para painéis equilibrados. Daves (2002) estende a análise a painéis não equilibrados.

De salientar ainda, e antes de procedermos à análise e discussão dos resultados, que em todos os modelos se optou tal como sugerido por Arellano (1987) e Wooldridge (2002), como método de correcção dos desvios padrão pelo método "*white period*"[195]. Como refere Wooldridge (2002), o método "*white period*" é um método robusto quer na presença de heterocedasticidade, quer na presença de correlação em série. Acrescenta mesmo, que a heterocedasticidade pode constituir um problema, mas a correlação em série pode ser ainda mais grave. Houve ainda necessidade de se proceder à correcção dos graus de liberdade. Com efeito, o erro padrão correcto corresponde a $\sigma_n^2 [X'M_D X]^{-1}$ (Johnston e Dinardo, 2001:432; Veerbeck, 2003:347)[196]. Mas o Eviews calcula $\sigma_{computador}^2 \frac{\mu_w' \mu_w}{nT-k}$ (μ_w identifica os resíduos com base nos estimadores "*within*" – dentro). Assim, accionando a opção "*degree of freedom*" foi-nos possível corrigir os graus de liberdade do seguinte modo: $\sigma_n^2 = \frac{nT-k}{nt-n-k} * \sigma_{computador}^2$ [197].

6.3.3 *Resultados*

No quadro seguinte apresentamos os resultados do modelo 5.3, admitindo agora uma estrutura de dado de painel (modelo 6.2), em que se considera quer os efeitos fixos ao nível do indivíduo (empresas) quer ao nível do tempo (anos), permitindo ainda que os coeficientes (β) variem ao longo do período em análise (NEP) para a variável "resultados antes de *items* extraordinários", no pressuposto, e mais uma vez citando Zellner, Hong e Min (1991), que os $\hat{\beta}_t$ para cada período são idênticos para as várias unidades seccionais – empresas.

Analisando os resultados obtidos no quadro 6.12 e procedendo a uma análise comparativa com os resultados obtidos nos quadros 6.5 e 6.6, verificamos que a variável "BVE" continua a ser uma variável relevante

---

[195] Para uma análise mais detalhada deste método consultar Wooldridge (2002: 148-153:275).

[196] A matriz M_D é uma matriz produtora de resíduos. Esta interpretação representa a aplicação do teorema Frish-Waugh-Lovell (Johnston e Dinardo, 2001:427).

[197] Aspectos como raízes unitárias, cointegrações não constituem problemas relevantes na nossa análise, dado T ser suficientemente pequeno (8 anos), comparativamente ao número de unidades seccionais em ambas as amostras.

para efeitos de avaliação, permanecendo o seu coeficiente positivo e estatisticamente significativo para um nível de significância de 1%. Esta significância estatística confirma, e na linha dos modelos de OM e de FOM, a adequabilidade desta variável enquanto *proxy* para os resultados futuros esperados a partir do "*stock*" de activos detidos pela empresa.

Centrando a análise no comportamento da variável "resultados (Res_IExt)" por ano e para a amostra de *net firms*, os resultados obtidos estão em sintonia com os obtidos por Collins, Pincus e Xie (1999), isto é, o fenómeno da valorização positiva dos prejuízos desaparece ao longo do tempo. Com efeito, o coeficiente é negativo para os períodos de 1998 e 1999, resultado que facilmente se explica, pois corresponde ao período da "*dot.com bubble*". No período posterior o coeficiente da variável reverte o sinal, passa a positivo tal como sustentado por Collins, Pincus e Xie (1999). Recorde-se que no quadro 6.5, apesar de a variável resultados perder significância estatística, o coeficiente permanecia negativo.

Com referência à amostra de *non net firms* os resultados são similares, revelando-se apenas surpreendente o resultado obtido para a variável Res_IExt no ano de 2003, em que o coeficiente assume um sinal negativo e estatisticamente significativo. Uma potencial explicação para este facto pode resultar do facto de para esta amostra e no grupo com prejuízos, a redução do número de empresas no período *pos-crash* ser menos acentuado que na amostra de *net firms*. A redução da amostra de *net firms* é de 247 empresas (redução de 453 em 2000 para 206 empresas em 2003), enquanto na amostra de *non net firms* a redução é de 250 para 190 considerando o mesmo período.

Quanto à variável "Res_IExt*D", e tal como esperado, reportando a empresa lucros, estes passam a constituir o principal factor determinante do valor da empresa (MM, 1966). Tal como acontecia no quadro 6.6 este resultado é mais significativo na amostra de *non net firms*, em que a variável resultados assume sempre uma significância estatística de 1%.

Relativamente à amostra das *net firms*, a variável resultados (positivos) só ganha significância estatística após o ano de 2000. De salientar que para o ano de 1999 assume mesmo um coeficiente negativo, resultado que associamos ao fenómeno da "*dot.com bubble*". De referir ainda que a perda de significância estatística (para apenas 10%) no ano de 2003, poderá ser explicada pelo facto de para este ano se assistir a uma duplicação do número de empresas no grupo com lucros comparativamente a 2002 (o aumento foi de 54 empresas em 2002 para 101 em

Quadro 6.12: "Modelo de regressão do "MVE" sobre as variáveis "BVE" e "resultados antes de *items* extraordinários", usando o método de estimação dos efeitos fixos quer para a unidade seccional (empresa), quer para o período de tempo (anos), permitindo que os coeficientes da variável "resultados antes de items extraordinários" variem ao longo do período da Nova Economia"

Variáveis Independentes	Amostra de *net firms* Coeficiente (estatística – t)	Amostra de *non net firms* Coeficiente (estatística – t)
Constante	4,8923*** (202,06)	4,3843*** (123,81)
BVE	0,0003*** (2,8205)	0,0018*** (6,1987)
Res_IExt_1996	0,0077 (0,9452)	-0,0156** (-2,0840)
Res_IExt_1997	-0,0002 (-0.0709)	-0,0028 (-0,9108)
Res_IExt_1998	-0,0021* (-1,8107)	0,0049* (1,7306)
Res_IExt_1999	-0,0005 (-0,7092)	-0,0026 (-1,2575)
Res_IExt_2000	0,0005** (2,0799)	0,0009 (1,3474)
Res_IExt_2001	0,0003** (2,3528)	0,0020*** (3,5612)
Res_IExt_2002	0,0003 (1,4486)	0,0018** (2,0962)
Res_IExt_2003	0,0020 (1,2678)	-0,0038** (-2,2795)
(Res_IExt)*D_1996	-0,0018 (-0,1234)	0,0331** (2,9015)
(Res_IExt)*D_1997	0,0057 (1,0494)	0,0164*** (2,6548)
(Res_IExt)*D_1998	-0,0099 (-1,4839)	0,0092** (2,0015)
(Res_IExt)*D_1999	-0,0049* (-1,8428)	0,0159** (2,9901)
(Res_IExt)*D_2000	0,0064*** (3,1371)	0,0233*** (5,4043)
(Res_IExt)*D_2001	0,0132*** (2,5486)	0,0300*** (8,6149)
(Res_IExt)*D_2002	0,016*** (3,1628)	0,0211*** (3,8699)
(Res_IExt)*D_2003	0,0054* (1,7698)	0,0216*** (5,4033)
Adj. R^2	77,28%	70,31%
N.º Observações	2399	2459

Modelo estimado:

$$MVE_{it} = \alpha_0 + \alpha_1 BVE_{it} + \alpha_{2t}(Res\_IExt)_{it} + \alpha_{3t}(Res\_IExt*D)_{it} + e_{it}$$

em que MVE representa o valor de mercado dos capitais próprios da empresa, BVE o valor contabilístico dos capitais próprios, Res_IExt os resultados antes de *items* extraordinários e D uma variável *dummy* que assume o valor 1 sempre que a empresa reporte lucros e zero caso contrário. Dentro de parêntesis apresenta-se a estatística t. (***),(**) e (*) corresponde a um nível de significância de 1%, 5% e 10% respectivamente.

2003), sem que o valor da variável resultados (valor da mediana) registe aumentos significativos (o valor da mediana passa de 10,87 milhões de dólares em 2002 para 10,32 milhões de dólares em 2003 – ver quadro 5.3, painel B).

De realçar ainda que o acréscimo do poder explicativo do modelo 5.3 segundo a metodologia de dados de painel é muito expressiva, em clara sintonia com os resultados obtidos por Barth, Beaver e Landsman (1998:24). Estes autores obtêm um R^2 ajustado de 90%, quando analisam o poder explicativo das variáveis "BVE" e "resultados" por sector, em função da saúde financeira da empresa, medida pelo *rating* da empresa atribuído pela Standard & Poor's, considerando igualmente efeitos fixos para o período e permitindo que os coeficientes variem entre indústrias[198].

Procedendo agora a uma análise similar dos modelos 5.6 e 5.7, para além da variável *dummy* D, que continua a assumir o valor 1 se a empresa reporta lucros, zero caso contrário, introduzimos ainda as variáveis *dummies* D_B2B e D_B2C. O objectivo, e mais uma vez para evitar o efeito do atrito selectivo, é isolar o grupo que investe massivamente em I&D, que designamos por I&D_B2B face ao grupo *Business-to-Consumer* (Pub_B2C) onde predomina o investimento em publicidade. Assim a variável D_B2B assume o valor 1 se o investimento em I&D for superior ao investimento em Publicidade, zero caso contrário. A variável D_Pub é definida de modo similar (ver ponto 5.3 sobre critérios de subdivisão das amostras). Os resultados surgem nos quadros 6.13 e 6.14.

---

[198] Estes autores no mesmo estudo, e adoptando igualmente a metodologia em dados depainel com efeitos fixos para o tempo, obtêm um R^2 ajustado para a indústria farmacêutica de 93%, 72% para o sector financeiro e 82% para a indústria transformadora.

Quadro 6.13: "Modelo de regressão do "MVE" sobre as variáveis "BVE", "resultados antes de *items* extraordinários ajustados do investimento em I&D" e "I&D", usando o método de estimação dos efeitos fixos quer para a unidade seccional (empresa), quer para o período de tempo (anos), permitindo que os coeficientes da variável "I&D" variem ao longo do período da Nova Economia"

Variáveis Independentes	Amostra de *net firms* Coeficiente (estatística – t)	Amostra de *non net firms* Coeficiente (estatística – t)
Constante	4,8485*** (209,66)	4,3546*** (111,07)
BVE	0,0003** (2,3969)	0,0016*** (5,2912)
Res_I&D	0,0004** (2,1761)	0,0015** (3,2244)
(Res_I&D)*D	0,0062*** (2,9504)	0,0173*** (5,8568)
(I&D*D_B2B)_1996	-0,0246 (-1,1092)	0,0256*** (3,8474)
(I&D*D_B2B)_1997	-0,0048 (-0,5469)	0,0061 (0,5189)
(I&D*D_B2B)_1998	0,0060* (1,8627)	-0,0027 (-0,3886)
(I&D*D_B2B)_1999	0,0056 (1,2818)	0,0165** (2,4308)
(I&D*D_B2B)_2000	0,0027* (1,681)	0,0148*** (4,1217)
(I&D*D_B2B)_2001	0,0033** (2,4597)	0,0051 (1,416)
(I&D*D_B2B)_2002	0,0027*** (2,5957)	0,0012 (0,465)
(I&D*D_B2B)_2003	0,0020 (1,565)	0,0073** (2,0525)
(I&D*D_B2B*D)_1996	0,0217 (0,7836)	-0,0386*** (-5,0546)
(I&D*D_B2B*D)_1997	0,0038 (0,3871)	-0,024* (-1,8534)
(I&D*D_B2B*D)_1998	-0,0202*** (-3,4172)	-0,0117 (-1,445)
(I&D*D_B2B*D)_1999	-0,0119* (-1,8344)	-0,0248** (-2,7559)
(I&D*D_B2B*D)_2000	0,0048 (0,531)	-0,0197*** (-2,8775)
(I&D*D_B2B*D)_2001	0,0064 (0,9736)	-0,0136*** (-2,6439)
(I&D*D_B2B*D)_2002	0,0061 (1,2563)	-0,0189*** (-3,3678)
(I&D*D_B2B*D)_2003	-0,0024 (-0,6211)	-0,0253*** (-4,4285)
Adj. R^2	77,2	70,23
N.º Observações	2399	2459

Modelo estimado:

$$MVE_{it} = \alpha_0 + \alpha_1 BVE_{it} + \alpha_2 (\text{Res}\_I\&D)_{it} + \alpha_3 \left[(\text{Res}\_I\&D)*D\right] + \alpha_{4t}(I\&D*D\_B2B)_{it} + \alpha_{5t}\left[(I\&D*D\_B2B*D)\right]_{it} + e_{it}$$

em que MVE representa o valor de mercado dos capitais próprios da empresa, BVE o valor contabilístico dos capitais próprios, Res_I&D os resultados ajustados do investimento em I&D, I&D o montante investido em investigação e desenvolvimento, D uma variável *dummy* que assume o valor 1 sempre que a empresa registe lucros e zero caso contrário e a variável D_B2B assume o valor 1 se o investimento da empresa em I&D exceder o investimento em Publicidade. Dentro de parênteses apresenta-se a estatística do t.
(***), (**) e (*) corresponde a um nível de significância de 1%, 5% e 10% respectivamente.

Comparando os resultados obtidos no quadro 6.13 com os resultados obtidos nos quadros 6.7 e 6.8, estes são globalmente equivalentes. A variável "capitais próprios" assume um coeficiente positivo e estatisticamente significativo, constituindo como já havíamos documentado aquando da análise dos quadros 6.7 e 6.8, uma *proxy* para os resultados futuros da empresa.

Acerca da variável resultados ajustada do investimento em I&D, os resultados do quadro 6.13 são mais robustos para ambas as amostras e com referência ao grupo com prejuízos (Res_I&D), pois a variável assume agora um coeficiente positivo e estatisticamente significativo após o ajustamento do investimento em I&D. No quadro 6.7 para a amostra de *net firms* com prejuízos, o coeficiente desta variável apesar de não estatisticamente significativo, mesmo após o ajustamento do investimento em I&D permanecia negativo.

Com referência à evolução da variável investimento em "I&D" ao longo do tempo, verificamos que após o ano de 2000, e para a amostra de *net firms*, a variável "I&D*D_B2B", isto é, o grupo que investe massivamente em I&D reporta coeficientes positivos e estatisticamente significativos, confirmando que o mercado valoriza esta variável para este grupo como um activo. Com referência à amostra de *non net firms*, os resultados são algo surpreendentes, pois no quadro 6.8 a variável "I&D" surge valorizada como um activo, no quadro 6.13, curiosamente, perde alguma relevância estatística nos anos de 2001 e 2002. No ano de 2003 volta a assumir uma significância estatística de 1%. De referir mais uma vez que dada a indisponibilidade dos dados desta variável para muitas empresas, e com o objectivo de preservar a dimensão da amostra, atribuíu-se o valor nulo, pelo que os valores tendem a vir subestimados.

Relativamente ao grupo a reportar lucros ("I&D*D B2B*D") confirma-se a assimetria na avaliação da rubrica "I&D" por parte do mercado à semelhança do que acontecia nos quadros 6.7 e 6.8. Com efeito, para este grupo e na amostra *non net firms* pós 1999, a variável assume um coeficiente negativo, logo interpretada como um custo e sistematicamente negativa. Na amostra das *net firms*, os resultados são menos expressivos do ponto de vista estatístico, pois a variável para este grupo quando positiva nunca assume significância estatística. No ano de 2003, o coeficiente inverte já o sinal, permanecendo todavia sem significância estatística, confirmando que o mercado continua a ver ainda este sector como um sector emergente.

Em síntese, confirma-se: i) a relevância da variável "capitais próprios" enquanto *proxy* para o *stock* de activos existentes, a partir dos quais serão gerados os resultados futuros (expressão 1.25); ii) a variável resultados após o ajustamento do investimento em I&D no grupo com prejuízos assume relevância estatística e iii) persiste a assimetria na valiação da variável I&D, isto é, registando a empresa prejuízos, o mercado vê os prejuízos como consequência do *conservatism accounting*, dada a imposição dos GAAP em contabilizar todo o investimento em I&D como custo. Todavia, quanto maior o investimento nesta rubrica, maior a probabilidade de existirem em carteira oportunidades de crescimento, logo maior as expectativas sobre o potencial de crescimento das empresas. Nas empresas com lucros, logo numa fase de crescimento estável, e na linha dos resultados de Souginannis (1994) e Lev e Sougiannis (1996), a variável resultados parece reflectir já os benefícios dos investimentos efectuados no passado, pelo que é maior a significância estatística do efeito indirecto.

Para o grupo cujo investimento se concentra na rubrica "Publicidade" (recorde que a variável D_B2C assume o valor 1 se o investimento em publicidade exceder o investimento em I&D), os resultados para ambas as amostras são similares. A variável "capitais próprios" e a variável "resultados ajustada do investimento em Publicidade" assumem um coeficiente positivo e estatisticamente significativo. Quanto ao comportamento da variável "Publicidade" ao longo do tempo, os resultados apesar de pouco expressivos do ponto de vista estatístico, apontam à semelhança dos resultados obtidos nos quadros 6.9 e 6.10 para uma assimetria na avaliação desta variável pelo mercado, consoante a empresa reporte prejuízos (Pub*D_B2C) ou lucros ("Pub*D_B2C*D).

Quadro 6.14: "Modelo de regressão do "MVE" sobre as variáveis "BVE", "resultados antes de *items* extraordinários ajustados do investimento em Publicidade" e "Publicidade", usando o método de estimação dos efeitos fixos quer para a unidade seccional (empresa), quer para o período de tempo (anos), permitindo que os coeficientes da variável "Publicidade" variem ao longo do período da Nova Economia"

Variáveis Independentes	Amostra de *net firms* Coeficiente (estatística – t)	Amostra de *non net firms* Coeficiente (estatística – t)
Constante	4,8743*** (205,15)	4,3866*** (131,04)
BVE	0,0003*** (2,6283)	0,002*** (8,3627)
Res_Pub	0,0003** (2.296)	0,0019*** (3,7685)
(Res_Pub)*D	0,0067*** (4.1632)	0,0151*** (5,8256)
(Pub*D_B2C)_1996	-0,2159*** (-3,7009)	0,4237 (1,0546)
(Pub*D_B2C)_1997	-0,0704** (-2,2736)	0,0255 (0,3929)
(Pub*D_B2C)_1998	0,0161 (0,9747)	0,0039 (0,0645)
(Pub*D_B2C)_1999	0,0124 (1,2335)	0,0421** (2,8323)
(Pub*D_B2C)_2000	-0,0086** (-2,0311)	-0,0075 (-0,7033)
(Pub*D_B2C)_2001	0,0093** (3,1534)	0,0249 (1,0746)
(Pub*D_B2C)_2002	0,0117*** (3,1302)	0,025* (1,9007)
(Pub*D_B2C)_2003	0,0126*** (8,3532)	0,0486*** (4,2923)
(Pub*D_D2C*D)_1996	-1,3904*** (-2,9498)	-0,4582 (-1,1676)
(Pub*D_D2C*D)_1997	-0,0607* (-1,6967)	-0,0158 (-0,2804)
(Pub*D_D2C*D)_1998	-0,0509*** (-2,9163)	0,0347 (0,5327)
(Pub*D_D2C*D)_1999	-0,0192 (-1,2199)	-0,0341 (-1,0031)
(Pub*D_D2C*D)_2000	0,0081 (1,5298)	0,0026 (0,1047)
(Pub*D_D2C*D)_2001	0,0008 (0,1429)	-0,0123 (-0,3925)
(Pub*D_D2C*D)_2002	-0,0091 (-1,3327)	0,0188 (0,7139)
(Pub*D_D2C*D)_2003	-0,0204*** (-4,2824)	-0,0657*** (-5,5977)
Adj. R^2	77,31%	70,02%
N.º Observações	2399	2459

Modelo estimado:

$$MVE_{it} = \alpha_0 + \alpha_1 BVE_{it} + \alpha_2 (Res\_Pub)_{it} + \alpha_3 \left[(Res\_Pub)*D\right]_{it} + \alpha_{4t}(Pub*D\_B2C)_{it} + \alpha_{5t}\left[(PUB*D\_B2C*D)\right]_{it} + e_{it}$$

em que MVE representa o valor de mercado dos capitais próprios da empresa, BVE o valor contabilístico dos capitais próprios, Res_Pub os resultados ajustados do investimento em Publicidade, Publicidade o montante investido em publicidade, D uma variável *dummy* que assume o valor 1 sempre que a empresa registe lucros e zero caso contrário e a variável D_B2C assume o valor 1 se o investimento da empresa em Publicidade exceder o investimento em I&D. Dentro de parêntesis surge a estatística t.
(***),(**) e (*) corresponde a um nível de significância de 1%, 5% e 10% respectivamente.

CONCLUSÕES

O objectivo central da presente investigação consistiu em analisar a aparente anomalia entre o registo de prejuízos e o elevado valor de mercado dos capitais próprios registado por empresas em sectores emergentes. Este estudo foi conduzido no quadro do mercado de capitais norte-americano, e de um conjunto específico de empresas da nova economia – as *net firms*. Apesar de este efeito não ser totalmente novo, por exemplo Kothari e Zimmerman, (1995:176) haviam já identificado este fenómeno, não proporcionaram contudo nenhuma explicação para o mesmo. Assim, face à magnitude que este fenómeno ganha na década de 90, a nossa investigação diferencia-se dos principais estudos sobre este universo de empresas (ver quadro 4.1), pelo facto de:

i) Sustentarmos esta aparente anomalia no efeito *conservatism accounting*, isto é, no facto de a informação reportada pelas demonstrações financeiras subavaliar as oportunidades de crescimentos detidas por estas empresas. Por exemplo, Trueman, Wong e Zhang (2000, 2001), Hand (2001b), Martínez e Clemente (2002), Rajgopal, Venkatachalan e Kotha (2003), inspirados no trabalho de Amir e Lev (1996), que pela primeira vez introduziram nos modelos de avaliação de empresas variáveis não financeiras, procuram demonstrar que o fraco poder explicativo das variáveis financeiras é em parte compensado pela inclusão das variáveis *web traffic*, que por captarem melhor a cadeia de valor destas empresas, facilitam a previsão da rendibilidade futura, em especial o volume de vendas;

ii) Ao centrarmos a análise numa perspectiva de ciclo de vida, atendendo ao período analisado (oito anos), bem como à metodologia adoptada (metodologia de Fama e MacBeth), pretendemos realçar a relevância ao longo do tempo dos principais determinantes do valor para estas empresas. Loughran e Ritter (2003) e Ljungqvist e Wilhelm (2003), em sintonia com a literatura vigente, demonstram que os IPO, tendem a registar um efeito *cluster* no tempo. Knauff e Goot (2002) e Bartov, Mohanram e Seethmaraju (2002) confirmam este efeito neste universo de empresas, ao analisarem o *pricing*, isto é, o acto de fixar o preço para estes títulos serem lançados no mercado primário. Neste contexto, é relevante conduzir uma análise de médio prazo. Por exemplo, Demers e Lev (2001), Keating, Lys e Magee (2003) identificam como objectivo das suas investigações analisar potenciais causas do *crash* da *dot.com bubble* (Abril de 2000), analisando por conseguinte um período específico no tempo;

iii) Ao associarmos, e na linha de Myers (1977), e dado o perfil de investimento que caracteriza este tipo de empresas, que uma "fatia" significativa do seu valor está afecto às expectativas de uma maior probabilidade de existência em carteira de oportunidades de crescimento, consequentemente maior é o risco deste tipo de títulos. Neste sentido, complementamos os estudos de Ducharme, Rajgopal e Sefcki (2001) e Rajgopal, Venkatachaln e Kotha (2002) que documentam a persistência de rendibilidades supranormais associadas a estes títulos. Ofek e Richardson (2002, 2003) justificam estas rendibilidades supranormais como constituindo um prémio face ao maior nível de risco que lhes é inerente.

Com efeito, os resultados obtidos podem ser considerados robustos, face à representatividade da amostra, ao período analisado (oito anos), ao rigor no controlo do efeito sobrevivência (*survivor bias effect*), à inclusão das empresas com capitais próprios negativos (contra a prática corrente dos estudos empíricos) e à confrontação dos resultados com uma amostra de controlo (*match sample*).

Assim, e como principais conclusões evidenciamos:

i) As empresas criadas durante o período da Nova Economia, *net firms* e outras, são maioritariamente de base tecnológica, e possuem um perfil de investimento concentrado em activos intangíveis, pois o aumento das "vendas" tende a ser acompanhado por um acréscimo do investimento em "I&D" e "Publicidade", mesmo com o aumento da idade da empresa, o que justifica que o grupo com prejuízos seja o mais numeroso e persistente.

Efectivamente, é este grupo que investe mais agressivamente em intangíveis, em proporção do seu volume de vendas. Estes resultados confirmam que os prejuízos em empresas em fase de *start-up*/crescimento, em particular de base tecnológica, são consequência do efeito de *conservatism accounting*, tal como modelizado pelo modelo de FOM, pois contabilisticamente e em obediência aos princípios GAAP, estes investimentos são considerados como custos do exercício em que ocorrem;

ii) Quando avaliamos em que medida o efeito de "*conservatism accounting*" afecta a relação entre o valor de mercado dos capitais próprios destas empresas e os resultados – prejuízos, concluímos que o mercado avalia positivamente as variáveis "I&D" e "Publicidade" no grupo com prejuízos, em ambas as amostras, confirmando a *investment opportunity hypothesis*. Os investidores parecem assim não fixar a sua atenção na variável resultados, enquanto variável agregada, associando um maior volume de investimento nas rubricas "I&D" e "Publicidade" à probabilidade de existência em carteira de maiores oportunidades de crescimento. Este resultado confirma o efeito de clientela, documentado por Chan, Lakonishok e Sougiannis (2001), característico deste tipo de empresa. A persistência do investimento nestas rubricas ao longo do período em análise (oito anos), revela a confiança dos gestores nos projectos em carteira (Oswald, 2008). No grupo com lucros, estas variáveis são valorizadas negativamente, isto é, como custos, predominando o efeito indirecto, isto é, a variável resultados reflecte já o efeito dos investimentos efectuados no passado (Sougiannis, 1994). Assim, e tal como previsto por MM (1966), os resultados passam a constituir o principal determinante do valor destas empresas, pois a significância estatística desta variável aumenta com a sua persistência;

iii) Quanto à relevância estatística do fenómeno da "valorização positiva dos prejuízos", os resultados obtidos confirmando um maior impacto para as *net firms*. Este resultado pode ser justificado pelos seguintes factos:
 – O grupo das *net firms* inclui um maior número de empresas com elevados prejuízos. Mesmo após o ajustamento da variável resultados ao investimento em "I&D" e "Publicidade", o

seu valor permanece negativo, o que evidencia um efeito de "*conservatism accounting*" mais severo nesta amostra. Este resultado indicia a necessidade de se incluírem outras variáveis para as oportunidades de crescimento, como é o caso de *proxies* para o capital humano;
– Este grupo contém uma maior percentagem de empresas de base tecnológica e;
– O nível de volatilidade é mais elevado, em particular no subgrupo com prejuízos, em consequência da forte incerteza que tende a caracterizar os investimentos em activos intangíveis em sectores emergentes (Kothari *et al.*, 2002);

iv) No entanto, os resultados de Collins, Pincus e Xie (1999), que sustentam que o fenómeno da valorização dos prejuízos se deve à omissão da variável "capitais próprios" do modelo de avaliação são parcialmente confirmados. Efectivamente, após a introdução da variável "capitais próprios" no modelo de avaliação, o fenómeno da valorização positiva dos prejuízos desaparece na amostra das *non net firms,* persistindo, mas sem significância estatística na amostra das *net firms*. A relevância da inclusão desta variável nos modelos de avaliação é inquestionável, pois e, para o grupo com prejuízos em ambas as amostras, o modelo regista um acréscimo de poder explicativo muito significativo. Este resultado permite-nos, na linha dos modelos de OM e de FOM, ver na variável "capitais próprios" uma *proxy* para os resultados futuros normais, dado o reduzido conteúdo informativo da variável resultados quando a empresa apresenta prejuízos. Neste contexto, a teoria da opção de abandono, que associa uma maior probabilidade de liquidação da empresa à persistência dos prejuízos, parece pouco adequada. Comprovamos assim, que as empresas com prejuízos não podem ser tratadas de forma homogénea, em particular quando as mesmas são consequência do exercício de elevadas oportunidades de crescimento. Deste modo, o registo de prejuízos pode não ser indicativo de um processo de destruição de valor;

v) Realçamos ainda que a variável BVE assume-se como um instrumento que permite minorar os custos de agência, em particular com os credores, pois identifica-se como *proxy* para os "*recognized assets*".

Em síntese, este estudo incidiu sobre a relação entre a capitalização bolsista e a rendibilidade (negativa) das empresas da "nova economia", particularmente das *net firms*. Apesar de não inteiramente novo, este fenómeno virá seguramente a repetir-se ainda que com características específicas. Assim face aos resultados obtidos, realçamos como principais contributos da presente investigação que:

　i) O aumento do investimento na década de 90, e na linha de McCallig (2004) e Joos e Plesko (2004), surge associado a uma alteração do perfil de empresas a operar no mercado: empresas de pequena dimensão, maioritariamente de base tecnológica, a registarem prejuízos de maior magnitude e por períodos mais longos;

　ii) O registo de prejuízos, e na linha dos resultados por Lev, Sarath e Sougiannis (2005), pode não ser indicativo de um processo de destruição de valor, em clara oposição à teoria da opção de abandono;

　iii) Consequentemente o conteúdo informativo dos prejuízos não é irrelevante para efeitos de avaliação, se os mesmos surgirem associados, em particular na fase de *star-up*/crescimento ao exercício de elevadas oportunidades de crescimento;

　iv) Face ao carácter assimétrico por parte do mercado na avaliação das variáveis I&D e Publicidade, e consequentemente à variação da relevância estatística da variável resultados ao longo do tempo, concluímos que o sector da Internet é ainda um sector emergente, surgindo associado a novas oportunidades de negócio, pelo que é erróneo tratar de forma homogénea todas as empresas a reportar prejuízos, pois tal pode conduzir a conclusões empíricas erróneas;

　v) Empresas em *stress* financeiro, em particular de base tecnológica, tendem a optar por processos de F&A como estratégia de reestruturação em detrimento da falência, o que implicaria uma maior destruição de valor.

Estes resultados permitem assim produzir recomendação com relevância para a economia real, os analistas financeiros e as autoridades reguladoras:

　i) Os agentes (gestores) devem definir estratégias que permitam gerar fluxos de caixa futuros elevados e apropriar rendas económicas, evitando as armadilhas dos fenómenos de moda e as situações de miopia de capital. Como especificado pelos modelos de OM e de FOM, as rendibilidades supranormais tendem a convergir rapidamente para a média do sector, devido à actuação da concorrência.

ii) Os analistas financeiros devem basear-se no potencial de geração de lucros e do seu crescimento, a fim de evitar situações de sobreavaliação e de geração de bolhas financeiras.

iii) As entidades reguladoras deverão rever as regras de reporte e publicação da informação financeira, para que os investidores disponham de um quadro de informação mais amplo e em tempo mais oportuno, para tomarem as suas decisões de investimento. Uma supervisão atenta constitui um elemento de confiança ao funcionamento dos mercados.

Este trabalho suscita também um conjunto de pistas para futura investigação:

i) É importante estender o período de análise, no sentido de uma melhor a avaliação da interactividade entre o efeito do ciclo de vida e do valor criado pelos investimentos contínuos em "I&D" e "Publicidade"[199].

ii) Outra extensão da presente investigação, seria um estudo comparativo com os sectores tradicionais, no sentido de analisar potenciais diferenças e analogias.

iii) As características do termo aleatório do modelo de OM deixam ao investigador a liberdade de definir a forma funcional do modelo a estimar, a qual depende dos pressupostos acerca das relações entre as variáveis dependentes, independentes e o termo aleatório. Atendendo aos resultados do teste Ramsey sistematicamente significativos, evidenciando uma potencial incorrecta especificação do modelo e, aos resultados obtidos no quadro 6.11, que revelam uma eventual existência de relações não lineares entre as variáveis, outra potencial extensão da presente investigação seria assumirmos que o termo aleatório em vez de aditivo é multiplicativo. Neste contexto, a transformação de Box-Cox revelar-se-ia adequada.

---

[199] Resultados disponíveis se solicitados ao autor.

iv) Atendendo à sugestão de Ohlson (2000), e tendo disponível as previsões dos analistas sobre os resultados futuros, seria interessante utilizar esta variável enquanto *proxy* para a variável v_t. Deste modo seria possível validar se os resultados supranormais seguem um processo autoregressivo de primeira ordem AR(1), pois à medida que se dissemina a aplicação destes modelos de avaliação, os resultados empíricos nem sempre corroboram os pressupostos teóricos do modelo. Por exemplo, Callen e Morel (2001) sustentam que os resultados supranormais tendem a seguir um processo autoregressivo de segunda ordem [AR(2)] e não de primeira ordem [AR(1)], tal como previsto pelos modelos de OM e de FOM.

Do ponto de vista de modelização, são igualmente extensos os desafios. Desde logo é necessário uma extensão dos modelos de OM e de FOM aos princípios de MM (1958 e 1961), que assumem como quadro teórico de referência um mercado de capitais perfeito e preferências (*beliefs*) homogéneas dos investidores e incorporar efeitos tais como: a assimetria de informação, custos de transacção e de falência, os custos de agência e o efeito dos impostos. Por outro lado, são extensas as evidências teóricas e empíricas de relações não lineares entre as variáveis: "capitalização bolsista", "capitais próprios" e "resultados", em particular quando esta variável atinge variações extremas. Por exemplo, Yee (2000) e Zhang (2000) verificam que sempre que a empresa ajusta a sua política de investimento ao nível de resultados obtidos, tal gera uma relação não linear entre o valor de mercado dos capitais próprios e os resultados da empresa. Ye e Fin (1999) demonstram que quando a taxa de rendibilidade supranormal dos capitais próprios (e não os resultados supranormais) segue um processo autoregressivo de primeira ordem e a empresa não paga dividendos (assumem por conseguinte que a empresa esta ainda numa fase de *start-up*/crescimento), então o valor da empresa é função não linear dos capitais próprios e dos resultados. Burgstahler e Dichev (1997) concluem ainda da existência de uma relação convexa entre o valor de mercado dos capitais próprios e os resultados da empresa, sempre que estes atinjam níveis pouco satisfatórios.

Assim, determinar o valor da empresa em função de variáveis contabilístico-financeiras, num quadro de relações não lineares apresenta um elevado potencial para futuras investigações. Bernard (1995:735) observava:

> *"The Ohlson model represents the base of a branch (for) capital market research ...Ohlson (1995) e Feltham e Ohlson (1995) return to "step one" and attempt to build a more solid foundation for further work. Our challenge is clear".*

A determinação das fontes do valor da empresa é uma preocupação central das finanças empresariais que está longe de estar esgotada, mesmo nos sectores tradicionais, com maior estabilidade e menos contestáveis. Ao analisar o sector mais dinâmico dos últimos anos, esperamos ter contribuído para o esclarecimento desta questão, introduzindo um quadro teórico de análise pouco utilizado pela comunidade científica portuguesa, para suscitar novas dúvidas e para incentivar o prosseguimento do seu estudo.

ANEXOS

ANEXO 1.1: Dedução do modelo de Ohlson

I) Dedução do modelo de Ohlson (OM) (1995) – Expressão 1.7

Ohlson (1995) define a função avaliação como sendo:

$$P_t = bv_t + \alpha_1 x_t^a + \alpha_2 v_t.$$

Assumindo os parâmetros α_1 e α_2 as seguintes expressões:

$$\alpha_1 = \frac{w}{R_f - w} \text{ e,}$$

$$\alpha_2 = \frac{R_f}{(R_f - w)(R_f - \gamma)}.$$

A dedução desta fórmula obtém-se considerando:

i) A matriz $P = R_f^{-1} \begin{bmatrix} w & 1 \\ 0 & \gamma \end{bmatrix}$;

ii) Expressando a dinâmica de informação como:

$$[x_{t+1}^a, v_{t+1}] = R_f P [x_t^a, v_t] + [\varepsilon_{1,t+1}, \varepsilon_{2,t+1}] \text{ e,}$$

iii) Sabendo que a soma do valor actual dos resultados supranormais futuros corresponde a:

$$R_f^{-\tau} E_t(x_{t+\tau}^a) = [1,0] P^\tau [x_t^a, v_t].$$

Então, recorrendo ao *RIV – Residual Income Valuation Model* podemos definir:

$$P_t - bv_t = \sum_{\tau=1}^{\infty} R_f^{-\tau} E_t(x_{t+\tau}^a) = [1,0]\ [P + P^2 + ...]\ [x_t^a, v_t].$$

A série de matrizes P+P²+... é convergente, pois a raiz quadrada da característica da matriz é inferior à unidade. Daqui pode concluir-se que:

$$[1,0]\ P\ [I - P]^{-1} = [\alpha_1, \alpha_2], \text{ou seja}$$

$$[1,0] \left[R_f^{-1} \begin{bmatrix} w & 1 \\ 0 & \gamma \end{bmatrix} \right] \left[\begin{bmatrix} 1 & 0 \\ 0 & 1 \end{bmatrix} - R_f^{-1} \begin{bmatrix} w & 1 \\ 0 & \gamma \end{bmatrix} \right]^{-1} = [\alpha_1, \alpha_2]$$

$$\begin{bmatrix} R_f^{-1} w & R_f^{-1} \end{bmatrix} \begin{bmatrix} 1 - R_f^{-1} w & -R_f^{-1} \\ 0 & 1 - R_f^{-1} \gamma \end{bmatrix}^{-1} = [\alpha_1, \alpha_2]$$

$$\begin{bmatrix} R_f^{-1} w & R_f^{-1} \end{bmatrix} \begin{bmatrix} \dfrac{1}{1 - R_f^{-1} w} & \dfrac{R_f^{-1}}{(1 - R_f^{-1} w)(1 - R_f^{-1} \gamma)} \\ 0 & \dfrac{1}{1 - R_f^{-1} \gamma} \end{bmatrix} = [\alpha_1, \alpha_2]$$

$$\left[\dfrac{R_f^{-1} w}{1 - R_f^{-1} w} \quad \dfrac{R_f^{-1} w R_f^{-1}}{(1 - R_f^{-1} w)(1 - R_f^{-1} \gamma)} + \dfrac{R_f^{-1}}{1 - R_f^{-1} \gamma} \right] = [\alpha_1, \alpha_2]$$

$$\begin{cases} \alpha_1 = \dfrac{R_f^{-1} w}{1 - R_f^{-1} w} = \dfrac{R_f^{-1} w}{R_f^{-1}(R_f - w)} = \dfrac{w}{R_f - w} \\ \alpha_2 = \dfrac{R_f^{-1} w R_f^{-1}}{(1 - R_f^{-1} w)(1 - R_f^{-1} \gamma)} + \dfrac{R_f^{-1}}{1 - R_f^{-1} \gamma} = \dfrac{R_f^{-1} w R_f^{-1}}{R_f^{-1}(R_f - w) R_f^{-1}(R_f - \gamma)} + \dfrac{R_f^{-1}}{R_f^{-1}(R_f - \gamma)} \end{cases}$$

$$\begin{cases} \alpha_1 = \dfrac{w}{R_f - w} \\ \alpha_2 = \dfrac{w}{(R_f - w)(R_f - \gamma)} + \dfrac{R_f - w}{(R_f - w)(R_f - \gamma)} = \dfrac{R_f}{(R_f - w)(R_f - \gamma)} \end{cases}.$$

II) Dedução do modelo de Ohlson (OM) (1995) – Expressão 1.8

Assuma-se a função de avaliação (expressão 1.7):

$$P_t = bv_t + \alpha_1 x_t^a + \alpha_2 v_t, \text{ substituindo } x_t^a, \text{ obtém-se:}$$

$$P_t = bv_t + \alpha_1 \left[x_t - (R_f - 1) bv_{t-1} \right] + \alpha_2 v_t.$$

Aplicando o princípio CSR:

$$P_t = bv_t + \alpha_1 x_t - \alpha_1 (R_f - 1)(bv_t - x_t + d_t) + \alpha_2 v_t \Leftrightarrow$$

$$P_t = bv_t + \alpha_1 x_t - \alpha_1 (R_f - 1) bv_t + \alpha_1 (R_f - 1) x_t - \alpha_1 (R_f - 1) d_t + \alpha_2 v_t \Leftrightarrow,$$

$$P_t = bv_t \left[1 - \alpha_1 (R_f - 1) \right] + \alpha_2 v_t + \alpha_1 x_t + \alpha_1 (R_f - 1) x_t - \alpha_1 (R_f - 1) d_t \text{ como } \kappa = \alpha_1 (R_f - 1) \text{ então}$$

$$P_t = bv_t (1 - k) + \alpha_2 v_t + \alpha_1 \left[x_t + (R_f - 1) x_t - (R_f - 1) d_t \right],$$

$$P_t = (1-k) bv_t + \alpha_2 v_t + \alpha_1 R_f x_t - \alpha_1 (R_f - 1) d_t, \text{ sendo } \varphi = \frac{R_f}{R_f - 1}, \text{ vem:}$$

$$P_t = \kappa (\varphi x_t - d_t) + (1 - \kappa) bv_t + \alpha_2 v_t.$$

ANEXO 1.2: Dedução da proposição 1 do modelo de Feltham e Ohlson

i) Expressão 1.31a:

$$P_t = fa_t + \sum_{\tau=1}^{\infty} R_f^{-\tau} E_t(c_{t+\tau})$$

Considerando a relação FAR [$fa_t = fa_{t-1} + i_t - (d_t - c_t)$] e dada a definição de i_t [$i_t = (R_f - 1)fa_{t-1}$], os dividendos podem ser definidos como:

$$d_t = fa_{t-1} + i_t + c_t - fa_t = fa_{t-1} + (R_f - 1)fa_{t-1} + c_t - fa_t = R_f\, fa_{t-1} + c_t - fa_t$$

Para qualquer sequência das variáveis c_t e fa_t ($\{c_{t+\tau}, fa_{t+\tau}\}_{\tau\geq 1}$), é possível inferir sobre a sequência dos dividendos ($\{d_{t+\tau}\}_{\tau\geq 1}$). Assim,

$$P_t = \sum_{\tau=1}^{\infty} R_f^{-\tau} E_t(d_{t+\tau}) = \sum_{\tau=1}^{\infty} R_f^{-\tau} E_t\left[R_f\, fa_{t+1-\tau} + c_{t+\tau} - fa_{t+\tau}\right] = \underbrace{fa_t + \sum_{\tau=1}^{\infty} R_f^{-\tau} E_t(c_{t+\tau})}_{P_t},$$

pois $R_f^{-\tau} E_t(fa_{t+\tau}) \to 0$ com $\tau \to \infty$.

ii) Expressão 1.31b:

$$P_t = bv_t + \sum_{\tau=1}^{\infty} R_f^{-\tau} E_t(x_{t+\tau}^a)$$

Esta expressão corresponde ao RIV, cuja dedução já foi demonstrada na expressão 1.5.

iii) Expressão 1.31c:

$$P_t = bv_t + \sum_{\tau=1}^{\infty} R_f^{-\tau} E_t(ox_{t+\tau}^a)$$

Considerando agora a distinção entre actividades não operacionais e operacionais, $ox_t^a = ox_t - (R_f - 1)oa_{t-1}$, corresponde ao resultado operacional supranormal (adopta-se esta designação por analogia à utilizada para x_t^a), e através da relação OAR obtemos:

$oa_t = oa_{t-1} + ox_t - c_t$, substituindo ox_t vem:

$$c_t = oa_{t-1} + [ox_t^a + (R_f - 1)oa_{t-1}] - oa_t \Leftrightarrow$$
$$c_t = ox_t^a + R_f oa_{t-1} - oa_t.$$

Para quaisquer sequência das variáveis ($\{ox_{t+\tau}^a, oa_{t+\tau-1}\}_{\tau \geq 1}$), determina-se que:

$$\sum_{\tau=1}^{\infty} R_f^{-\tau} E_t(c_{t+\tau}) = \sum_{\tau=1}^{\infty} R_f^{-\tau} E_t\left(ox_{t+\tau}^a + R_f oa_{t-1+\tau} - oa_{t+\tau}\right) = oa_t + \sum_{\tau=1}^{\infty} R_f^{-\tau} E_t\left(ox_{t+\tau}^a\right),$$

pois $R_f^{-\tau} E_t(oa_{t+\tau}) \to 0$ com $\tau \to \infty$.

Adicionando a ambos os membros fa_t, e atendendo à expressão derivada em 1.31a, obtemos:

$$P_t = \sum_{\tau=1}^{\infty} R_f^{-\tau} E_t(d_{t+\tau}) = (oa_t + fa_t) + \sum_{\tau=1}^{\infty} ox_{t+\tau}^a = bv_t + \sum_{\tau=1}^{\infty} ox_{t+\tau}^a.$$

ANEXO 1.3: Dedução do modelo de Feltham e Ohlson

Dada a definição de goodwill:
$$g_t = P_t - bv_t$$

Multiplicando ambos os membros por R_f e segundo Ohlson (1991) vem:
$$R_f g_t = E_t \left[g_{t+1} + ox_{t+1}^a \right].$$

Assumindo para g_t uma função linear:
$$P_t - bv_t = g_t = \alpha_1 ox_t^a + \alpha_2 oa_t + \beta \bullet v_t$$

vem

$$R_f g_t = R_f \left[\alpha_1 ox_t^a + \alpha_2 oa_t + \beta \bullet v_t \right] = E_t \left[\alpha_1 ox_{t+1}^a + \alpha_2 oa_t + \beta \bullet v_t + ox_{t+1}^a \right] \Leftrightarrow$$

$$R_f \alpha_1 ox_t^a + R_f \alpha_2 oa_t + R_f \beta \bullet v_t = E_t \left[(\alpha_1 + 1) ox_{t+1}^a + \alpha_2 oa_{t+1} + \beta v_{t+1} \right].$$

Atendendo à estrutura da dinâmica de informação (LIM – *Linear information model*):

$$R_f \alpha_1 ox_t^a + R_f \alpha_2 oa_t + R_f \beta_1 v_{1t} + R_f \beta_2 v_{2t} = (\alpha_1 + 1) E_t (ox_{t+1}^a) + \alpha_2 E_t (oa_{t+1}) + \beta E_t (v_{t+1})$$

Substituindo os valores esperados segundo a dinâmica de informação (LIM):

$$R_f \alpha_1 ox_t^a + R_f \alpha_2 oa_t + R_f \beta_1 v_{1t} + R_f \beta_2 v_{2t} =$$
$$(\alpha_1 + 1)(w_{11} ox_t^a + w_{12} oa_t + v_{1t}) + \alpha_2 (w_{22} oa_t + v_{2t}) + \beta_1 \gamma_1 v_{1t} + \beta_2 \gamma_2 v_{2t}$$

Resolvendo esta equação com base no princípio de que a probabilidade é 1, então:

$$\begin{cases} R_f \alpha_1 = (\alpha_1 + 1) w_{11} \\ R_f \alpha_2 = (\alpha_1 + 1) w_{12} + \alpha_2 w_{22} \\ R_f \beta_1 = (\alpha_1 + 1) + \beta_1 \gamma_1 \\ R_f \beta_2 = \alpha_2 + \beta_2 \gamma_2 \end{cases} \Leftrightarrow \begin{cases} R_f \alpha_1 = \alpha_1 w_{11} + w_{11} \\ R_f \alpha_2 - \alpha_2 w_{22} = (\alpha_1 + 1) w_{12} \\ R_f \beta_1 - \beta_1 \gamma_1 = (\alpha_1 + 1) \\ R_f \beta_2 - \beta_2 \gamma_2 = \alpha_2 \end{cases} \Leftrightarrow <$$

$$\begin{cases} \alpha_1(R_f - w_{11}) = w_{11} \\ \alpha_2(R_f - w_{22}) = (\alpha_1 + 1)w_{12} \\ \beta_1(R_f - \gamma_1) = (\alpha_1 + 1) \\ \beta_2(R_f - \gamma_2) = \alpha_2 \end{cases} \Leftrightarrow \begin{cases} \alpha_1 = \dfrac{w_{11}}{R_f - w_{11}} \\ \alpha_2(R_f - w_{22}) = (\dfrac{w_{11}}{R_f - w_{11}} + 1)w_{12} \\ \beta_1(R_f - \gamma_1) = \dfrac{w_{11}}{R_f - w_{11}} + 1 \\ \beta_2(R_f - \gamma_2) = \alpha_2 \end{cases} \Leftrightarrow$$

$$\begin{cases} \alpha_1 = \dfrac{w_{11}}{R_f - w_{11}} \\ \alpha_2(R_f - w_{22}) = (\dfrac{w_{11} + R_f - w_{11}}{R_f - w_{11}})w_{12} \\ \beta_1(R_f - \gamma_1) = \dfrac{w_{11} + R_f - w_{11}}{R_f - w_{11}} \\ \beta_2 = \dfrac{\alpha_2}{R_f - \gamma_2} \end{cases} \Leftrightarrow \begin{cases} \alpha_1 = \dfrac{w_{11}}{R_f - w_{11}} \\ \alpha_2 = \dfrac{R_f w_{12}}{(R_f - w_{11})(R_f - w_{22})} \\ \beta_1 = \dfrac{R_f}{(R_f - w_{11})(R_f - \gamma_1)} \\ \beta_2 = \dfrac{\alpha_2}{R_f - \gamma_2} \end{cases}.$$

ANEXO 4.1: "Repartição das *net firms* por sector de actividade (SIC)"

SIC	Descritivo	N.º empresas
1040	Gold and Silver Ores	1
2721	Periodicals: Publishing & Printing	1
2741	Miscellaneous Publishing	1
2750	Commercial Printing	5
2834	Pharmaceutical Preparations	1
2844	Perfumes, Cosmetics & Other Toilet Preparations	1
3089	Plastics Products, NEC	1
3541	Machine Tools, Metal Cutting Types	1
3571	Electronic Equipment	1
3576	Computer Communication Equipment	17
3577	Computer Peripheral Equipment, NEC	2
3578	Calculating & Accounting Machines (No Electronic Computers)	1
3651	Household Audio & Video Equipment	1
3661	Telephone & Telegraph Apparatus	13
3663	Radio & Tv Broadcasting & Communications Equipment	10
3669	Communication Equipment, NEC	2
3670	Electronic Components & Accessories	1
3674	Semiconductors & Related Devices	7
3690	Miscellaneous Electrical Machinery, Equipment & Supplies	1
3714	Motor Vehicle Parts & Accessories	1
3825	Instruments For Meas & Testing of Electricity & Elec Signals	1
3990	Miscellaneous Manufacturing Industries	1
4700	Transportation Services	6
4812	Radiotelephone Communications	3
4813	Telephone Communications (No Radiotelephone)	24
4822	Telegraph & Other Message Communications	3
4832	Radio Broadcasting Stations	2
4899	Communications Services, NEC	7
4955		1
5045	Wholesale-Computers & Peripheral Equipment & Software	3
5065	Wholesale-Electronic Parts & Equipment, NEC	1
5122	Wholesale-Drugs, Proprietaries & Druggists´ Sundries	2
5400	Retail-Food Stores	1
5735	Retail-Record & Pre-recorded Tape Stores	1
5812	Retail-Eating Places	1
5912	Retail-Drug Stores and Proprietary Stores	1
5940	Retail-Miscellaneous Shopping Goods Stores	1
5961	Retail-Catalog & Mail-Order Houses	31
5990	Retail-Retail Stores, NEC	3
6035	Savings Institutions, Federally Chartered	1
6036	Savings Institutions, Not Federally Chartered	1
6162	Mortgage Bankers & Loan Correspondents	2
6163	Loan Brokers	1
6211	Security Brokers, Dealers & Flotation Companies	7
6282	Investment Advice	1
6411	Insurance Agents, Brokers & Services	4
6531	Real Estate Agents & Managers (For Others)	1
6794	Patent Owners & Lessors	1
7310	Services-Advertising	7
7311	Services-Advertising Agencies	1
7320	Services-Consumer Credit Reporting, Collection Agencies	1
7330	Services-Mailing, Reproduction, Commercial Art & Photography	2

SIC	Descritivo	N.º empresas
7331	Services-Direct Mail Advertising Services	5
7361	Services-Employment Agencies	1
7370	Services-Computer Programming, Data Processing, etc.	183
7371	Services-Computer Programming Services	8
7372	Services-Pre-packaged Software	160
7373	Services-Computer Integrated Systems Design	34
7374	Services-Computer Processing & Data Preparation	2
7377	Services-Computer Rental & Leasing	2
7380	Services-Miscellaneous Business Services	1
7385	Services-Telephone Interconnect Systems	1
7389	Services-Business Services, NEC	13
7812	Services-Motion Picture & Video Tape Production	1
7841	Services-Video Tape Rental	1
7990	Services-Miscellaneous Amusement & recreation	2
8200	Services-Educational Services	1
8600	Services-Membership Organizations	1
8700	Services-Engineering, Accounting, Research, Management	1
8711	Services-Engineering Services	1
8721		1
8741	Services-Management Services	1
8742	Services-Management Consulting	9
9995	Non-Operating Establishments	1
	Total	**622**

FONTE: http://www.sec.gov/info/edgar/siccodes.htm.

ANEXO 4.2: "Repartição das *non net firms* por sector de actividade (SIC)"

SIC	Descritivo	N.º empresas
100	Agricultural Production-Crops	1
1220		1
1311	Crude Petroleum & Natural Gas	2
1382	Oil & Gas Field Exploration Services	1
1520	General Bldg Contractors – Residential	1
1600	Heavy Construction Other Than Bldg Const – Contractors	1
1700	Construction – Special Trade Contractors	1
2020	Dairy Products	1
2040	Grain Mill Products	2
2084		1
2086	Bottled & Canned Soft Drinks & Carbonated Waters	1
2090	Miscellaneous Food Preparation & Kindred Products	1
2253	Knit Outerwear Mills	1
2330	Women's, Misses', and Juniors Outwear	1
2340	Women's, Misses', Children's & Infants' Undergarments	1
2390	Miscellaneous Fabricated Textile Products	1
2522	Office Furniture (No Wood)	1
2650	Paperboard Containers & Boxes	1
2741	Miscellaneous Publishing	2
2810	Industrial Inorganic Chemicals	1
2833	Medical Chemicals & Botanical Products	2
2834	Pharmaceutical Preparations	22
2835	In Vitro & In Vivo Diagnostic Substances	8
2836	Biological Products (No Diagnostic Substances)	17
2844	Perfumes, Cosmetics & Other Toilet Preparations	1
2870	Agricultural Chemicals	1
2890	Miscellaneous Chemical Products	1
3089	Plastics Products, NEC	1
3140	Footwear (No Rubber)	1
3270	Concrete, Gypsum &plaster Products	1
3290	Abrasive, Asbestos & Misc Non-metallic Mineral Products	1
3312	Steel Works, Blast Furnaces & Rolling Mills (Coke Ovens)	1
3350	Rolling Drawing & Extruding of Nonferrous Metals	2
3440	Fabricated Structural Metal Products	1
3452	Bolts, Nuts, Screws, Rivets & Washers	1
3510	Engines & Turbines	1
3533	Oil & Gas Field Machinery & Equipment	1
3540	Metalwork Machinery & Equipment	1
3541	Machine Tools, Metal Cutting Types	1
3559	Special Industry Machinery, NEC	8
3570	Computer & Office Equipment	1
3571	Electronic Equipment	1
3572	Computer Storage Devices	2
3576	Computer Communication Equipment	6
3577	Computer Peripheral Equipment, NEC	8
3578	Calculating & Accounting Machines (No Electronic Computers)	2
3620	Electrical Industrial Apparatus	1
3621	Motors & Generators	2
3651	Household Audio & Video Equipment	2
3652	Phonographs Records & Pre-recorded Audio Tapes & Disks	1
3661	Telephone & Telegraph Apparatus	10
3663	Radio & Tv Broadcasting & Communications Equipment	8
3669	Communications Equipment, NEC	2

SIC	Descritivo	N.º empresas
3670	Electronic Components & Accessories	1
3672	Printed Circuit Boards	4
3674	Semiconductors & Related Devices	33
3679	Electronic Components, NEC	3
3690	Miscellaneous Electrical Machinery, Equipment & Supplies	1
3714	Motor Vehicle Parts & Accessories	2
3716	Motor Homes	1
3823	Industrial Instruments For Measurement, Display, and Control	3
3825	Instruments For Meas & Testing of Electricity & Elec Signals	5
3826	Laboratory Analytical Instruments	8
3827	Optical Instruments & Lenses	3
3829	Measuring & Controlling Devices, NEC	5
3841	Surgical & Medical Instruments & Apparatus	3
3842	Orthopedic, Prosthetic & Surgical Appliances & Supplies	5
3844	X-Ray Apparatus & Tubes & Related irradiation Apparatus	2
3845	Electromedical & Electrotherapeutics Apparatus	10
3861	Photographic Equipment & Supplies	3
3873	Watches, Clocks, Clockwork Operated Devices/Parts	1
3942	Dolls & Stuffed Toys	1
3944	Games, Toys & Children's Vehicles (No Dolls & Bicycles)	1
3949	Sporting & Athletic Goods, NEC	2
3990	Miscellaneous Manufacturing Industries	2
4213	Trucking (No Local)	4
4400	Water Transportation	1
4512	Air Transportation, Scheduled	2
4731	Arrangement of Transportation of Freight & Cargo	2
4812	Radiotelephone Communications	9
4813	Telephone Communications (No Radiotelephone)	18
4832	Radio Broadcasting Stations	9
4833	Television Broadcasting Stations	3
4841	Cable & Other Pay Television Services	9
4899	Communications Services, NEC	6
4924	Natural Gas Distribution	1
4953	Refuse Systems	3
4955		1
5010	Wholesale-Motor Vehicles & Motor Vehicle Parts & Supplies	1
5020	Wholesale-Furniture & Home Furnishings	1
5045	Wholesale-Computers & Peripheral Equipment & Software	3
5047	Wholesale-Medical, Dental & Hospital Equipment & Supplies	1
5063	Wholesale Electrical Apparatus & Equipment, Wiring Supplies	1
5065	Wholesale-Electronic Parts & Equipment, NEC	1
5072	Wholesale-Hardware	1
5080	Wholesale-Machinery, Equipment & Supplies	2
5122	Wholesale-Drugs, Proprietaries & Druggists' Sundries	2
5171	Wholesale-Petroleum Bulk Stations & Terminals	1
5180	Wholesale-Beer, Wine & Destilled Alcoholic Beverages	1
5190	Wholesale-Miscellaneous Nondurable Goods	1
5311	Retail-Department Stores	1
5331	Retail-Variety Stores	1
5500	Retail-Auto Dealers & Gasoline Stations	1
5621	Retail-Women's Clothing Stores	2
5651	Retail-Family Clothing Stores	1
5700	Retail-Home Furniture, Furnishing & Equipment Stores	1
5731	Retail-Radio, Tv & Consumer Electronics Stores	1

SIC	Descritivo	N.º empresas
5735	Retail-Record & Prerecorded Tape Stores	1
5812	Retail-Eating Places	10
5900	Retail-Miscellaneous Retail	2
5940	Retail-Miscellaneous Shopping Goods Stores	1
5944	Retail-Jewelry Stores	1
5945	Retail-Hobby, Toy & Games Shops	1
5961	Retail-Catalog & Mail-Order Houses	4
5990	Retail-Retail Stores, NEC	1
6020		25
6035	Savings Institutions, Federally Chartered	6
6099	Functions Related to Depositary Banking, NEC	1
6141	Personal Credit Institutions	2
6153	Short-Term Business Credit Institutions	2
6162	Mortgage Bankers & Loan Correspondents	1
6163	Loan Brokers	1
6200	Security & Commodity Brokers, Dealers, Exchanges Services	1
6211	Security Brokers, Dealers & Flotation Companies	1
6282	Investment Advice	1
6331	Fire, Marine & Casualty Insurance	1
6351	Surety Insurance	1
6411	Insurance Agents, Brokers & Services	4
6513	Operators of Apartment Buildings	1
6726		1
6794	Patent Owners & Lessors	2
6798	Real Estate Investment Trusts	2
7310	Services-Advertising	3
7331	Services-Direct Mail Advertising Services	1
7359	Services-Equipment Rental & Leasing, NEC	1
7361	Services-Employment Agencies	2
7363	Services-Help Supply Services	1
7370	Services-Computer Programming, Data Processing, etc.	4
7371	Services-Computer Programming Services	2
7372	Services-Pre-packaged Software	68
7373	Services-Computer Integrated Systems Design	14
7374	Services-Computer Processing & Data Preparation	1
7380	Services-Miscellaneous Business Services	1
7389	Services-Business Services, NEC	2
7819	Services-Allied To Motion Picture Production	1
7830	Services-Motion Picture Theatres	1
8011	Services-Office & Clinics of Doctors of Medicine	1
8071	Services-Medical Laboratories	1
8200	Services-Educational Services	4
8351	Services-Child Day Care Services	1
8700	Services-Engineering, Accounting, Research, Management	1
8711	Services-Engineering Services	1
8721		1
8731	Services-Commercial Physical & Biological Research	13
8734	Services-Testing Laboratories	1
8741	Services-Management Services	3
8742	Services-Management Consulting	4
9995	Non-Operating Establishments	1
	Total	**541**

FONTE: http://www.sec.gov/info/edgar/siccodes.htm.

ANEXO 5.1: "Distribuição das variáveis para o período de 1996 a 2003 (dados de painel)[1] para ambas as amostras"

Descritivo[2]	Idade	Vendas	AT	Res_IExt	PT	PMLP	I&D	(Pub)	BVE	MVE/BVE	PT/AT	I&D/Vendas	Pub/Vendas
Painel A: *Net firms*													
Média	4,377	144,61	165,20	-74,59	175,96	52,18	14,42	4,82	257,21	-1212,53[3]	0,477	0,525	0,111
Mediana	4	45,09	30,80	-15,97	21,56	0,191	4,70	0,023	80,95	2,122	0,268	0,147	0,001
Máximo	14	13892,6	31185,0	447,18	24130,92	6497,0	1049,0	321,4	21586,1	44177,4	105,15	127,07	28,57
Mínimo	0	-2,624	3,034	-4961,30	0	0	-106,9	-0,695	-1203,7	-2906589	0	-2,958	-0,12
Desvio Padrão	1,575	498,64	1425,664	293,49	1023,31	276,75	43,78	17,42	826,61	60004,31	2,50	4,124	0,702
Skewness	1,899	19,05	12,66	-9,16	15,16	12,15	13,19	7,71	12,79	-48,40	35,88	24,348	29,89
Kurtosis	9,453	492,21	202,13	107,15	277,20	209,64	250,56	86,94	250,03	2343,89	1407,5	680,25	1162,04
Painel B: *Non Net Firms*													
Média	4,786	166,63	236,19	-17,67	208,64	109,82	11,54	3,31	139,69	4,089	0,45	1,574	0,058
Mediana	4	61,11	108,73	-0,936	29,20	1,35	1,7	0	63,82	1,962	0,36	0,038	0
Máximo	13	4819,00	24961,8	276,05	22292,0	18671	279,98	5271,0	4039,5	7057,3	4,864	1109,9	60,09
Mínimo	1	0,019	0,235	-2251,0	0	0	0	0	-515,6	-3544,2	0	0	0
Desvio Padrão	2,039	340,64	1145,64	96,70	1014,29	782,35	24,74	107,39	283,33	162,66	0,367	24,837	1,359
Skewness	1,126	6,27	15,371	-11,16	16,86	18,27	4,83	48,95	6,467	29,46	2,9	39,29	38,07
Kurtosis	4,260	58,54	289,58	191,95	334,02	385,71	36,42	2401,7	60,297	1560,34	22,74	1686,9	1608,1
Painel C[4]	1996	1997	1998	1999	2000	2001	2002	2003					
MVE/BVE:													
Net firms	5,5429	6,3347	8,0811	16,7029	2,2142	2,6427	2,1797	5,0096					
Non Net Firms	3,3978	4,4736	2,4717	6,4004	3,4067	2,7650	1,7677	3,0010					

[1] De acordo com Figueiredo e Hill (2003:162), dados de painel correspondem a um conjunto de observações recolhidas sobre as mesmas unidades seccionais ao longo de vários períodos de tempo regulares (tipicamente, mas não obrigatoriamente, dados anuais). No presente trabalho as observações foram recolhidas numa base anual. As unidades seccionais são empresas.
[2] Ver quadro 4.7 sobre a definição das variáveis. As variáveis vêm expressas em milhares de dólares, excepto os rácios.
[3] O comportamento deste rácio reflecte o facto de incluirmos na amostra empresas com capitais próprios negativos (BVE<0). Assim empresas com capitais próprios negativos e capitalizações bolsistas elevadas, conduz a uma média negativa para este rácio, efeito muito mais acentuado na amostra de *net firms*, comparativamente às *non net firms*.
[4] No painel C, adoptamos o procedimento sugerido por Chan, Lakonishok e Sougianis (2001) para cálculo da média do rácio MVE/BVE para ambas as amostras.

ANEXO 5.2: "Output do teste CUSUM para a variável "resultados" na amostra de *net firms*"

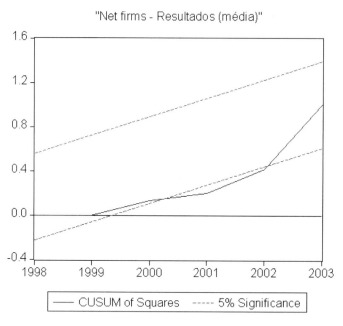

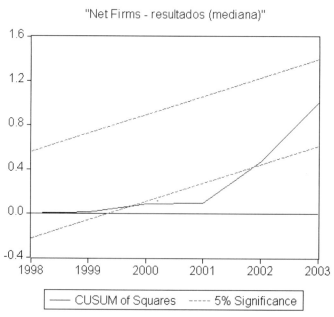

ANEXO 5.3: "Output do teste CUSUM para o rácio "MVE/BVE na amostra de *net firms*"

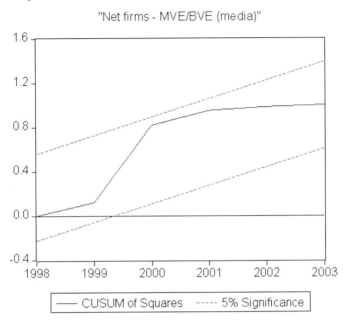

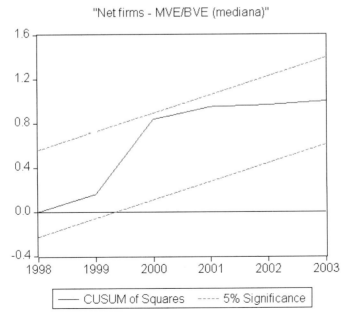

ANEXO 5.4: "Output do teste CUSUM para a variável "resultados" na amostra de *non net firms*"

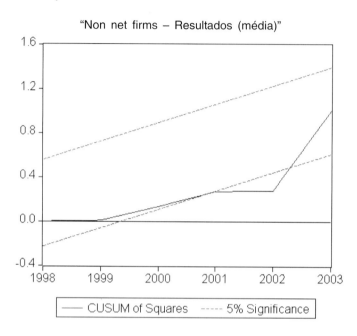

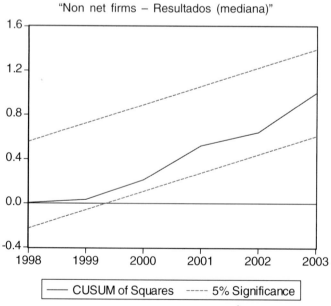

ANEXO 5.5: "Output do teste CUSUM para o rácio "MVE/BVE na amostra de *non net firms*"

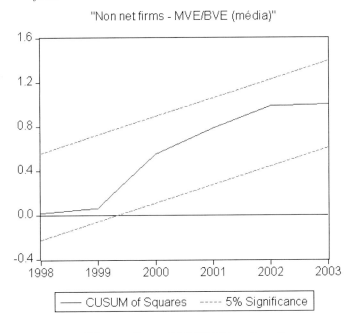

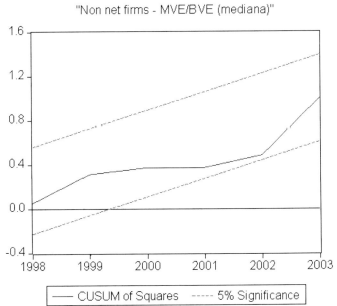

ANEXO 5.6: "Percentagem de empresas (com prejuízos) cujo rácio "I&D/Vendas"excede a unidade"

Amostras	1996	1997	1998	1999	2000	2001	2002	2003
Non Net firms:	62	82	92	174	250	262	229	190
N.º Emp. c/ rácio I&D/Vendas>1	9	14	14	25	54	53	47	34
% emp. c/ *I&D/Vendas>1*	14.52%	17.07%	15.22%	33.78%	21.60%	20.23%	20.52%	17.89%
Net firms:	37	66	107	350	453	392	313	206
N.º Emp. c/ rácio I&D/Vendas>1	6	10	10	26	32	27	20	13
% emp. c/ *I&D/Vendas>1*	16.22%	15.15%	9.35%	7.43%	7.06%	6.89%	6.39%	6.31%

BIBLIOGRAFIA

ABAD, C.; CARCÍA-BORBOLLA, A.; LAFFARGA, F.; LARÁN, M. e PINERO, J. (1999) "Relevancia de la Información Consolidade: un Estudio Empírico", *Análisis Financiero*, 77, 6-19;

ABDEL-KHALIK, A. R. (1975) "Advertising Effectiveness and Accounting Policy", *Accounting Review*, 50, 657-670;

ABOODY, D. e LEV, B. (2000) "Information Asymmetry, R&D, and Insiders Gains", *Journal of Finance*, 55, (6), 2747-2766;

AHARONY, J. e DOTAN, A. (1994) "Regular Dividends Announcements and Future Unexpected Earnings: An Empirical Analysis", *Financial Review*, 29, 125-151;

AHMED, A. S; MORTON, R. M. e SCHAEFER, T. F. (2000) "Accounting Conservatism and the Valuation of Accounting Numbers: Evidence on the Feltham-Ohlson (1996) Model", *Journal of Auditing and Finance*, 15, (3), 271-292;

ALTMAN, E. I. (1968) "Financial Ratios, Discriminant Analysis and the Prediction of Corporate Bankruptcy", *Journal of Finance*, Setembro, 589-609;

AMIR, L. e LEV, B. (1996) "Value-relevance of Nonfinancial Information: The Wireless Communications Industry", *Journal of Accounting and Economics*, 22, (1-3), 3-30;

ANTHONY, J. H. e RAMESH, K. (1992) "Association between Accounting Performance Measures and Stock Prices", *Journal of Accounting and Economics*, 15, 203-227;

ANTHONY, R. e GOVINDARAJAN, V. (1998) *"Management Control Systems"*, 9.ª Edição, New York: Irwin McGraw-Hill;

ARELLANO, M. (1987) "Computing Robust Standard Errors for Within-Groups Estimators", *Oxford Bulletin of Economics and Statistics*, 49, 431-434;

ASQUITH, P. e MULLINS, D. (1983) "The Impact of Initiating Dividends Payment on Shareholders´ Wealth", *Journal of Business*, Janeiro, 77-96;

BALL, R. e BROWN, P. (1968) "An Empirical Evaluation of Accounting Income Numbers", *Journal of Accounting Research,* Outubro, 159-1478;

BALL, R. e WATTS, R. L. (1972) "Some Time Properties of Accounting Income", *Journal f Finance*, 27, 663-682;

BALLAS, A. (2000) The information Content of the Components of Earnings: Cross Sectional Evidence from Ohlson Model", *Working Paper,* Athens University (hppt://ssrn.com/abstract=55180);

BALTAGI, B. (2000) *"Econometric Analysis of Panel Data*", John Wiley & Sons;

BARRETO, I. (1996) *"Manual de Finanças – A moderna Teoria de A a Z*", Biblioteca de Gestão, Exame;

BARTH, M. e KALLAPUR, S. (1996) "The Effect of Cross-Sectional Scale Differences on Regression Results in Empirical Accounting Research", *Contemporary Accounting Review,* 13, 527-567;

BARTH, M.; BEAVER, W. e LANDSMAN, W. (1998) "Relative Valuation Roles of Equity Book Value and Net Income as a Function of Financial Health", *Journal of Accounting and Economics,* 25, 1-34;

BARTH, M.; BEAVER, W. e LANDSMAN, W. (2001) "The Relevance of Value Relevance Research for Financial Accounting Standard Setting: Another View*", Journal of Accounting and Economics,* 39, 77-104;

BARTH, M.; CRAM, D. e NELSON, K. (2001) "Accruals and the Prediction of Future Cash-Flows", *Accounting Review,* Janeiro, 27-58;

BARTOV, E.; MOHANRAM, P e SEETHAMRAJU, C. (2002) "Valuation of Internet Stocks – An IPO Perspective", *Journal of Accounting Research*", 40, (2), 321-346;

BASU, S. (1997) "The Conservatism Principle and the Asymmetric Timeliness of Earnings", *Journal of Accounting and Economics,* 24, 3-37;

BEAVER, W. H. (1968) "Market Prices, Financial Ratios and the Prediction of Failure", *Journal of Accounting Research,* 6, 179-192;

BEAVER, W. H. (2002) "Perspectives on Recent Capital Research", *Accounting Review,* 77, (2), 453-474;

BEAVER, W. H.; LAMBERT, H. e MORSE, D. (1980) "The Information Content of Security Prices", *Journal of Accounting and Economics,* 2, 3-28;

BEAVER, W.H. e RYAN, S.G. (2000) "Biases and Lags in Book Value and their Effects on the Ability of the Book-to-Market Ratio to Predict Book Return on Equity", *Journal of Accounting Research,* 38, (1), 127-148;

BENARTZI, S.; MICHAELY, R. e THALER, R. (1997) "Do Changes in Dividends Signal the Future or the Past", *Journal of Finance,* 52, 1007-1034;

BEN-ZION, U. (1978) "The Investment Aspect of Nonproduction Expenditures: An Empirical Test", *Journal of Economics and Business,* 30, 224-229;

BERGER, P. G.; OFEK, E. e SWARY, I. (1996) "Investor Valuation of the Abandonment Option", *Journal of Financial Economics,* 42, 257-287;

BERNARD, V. L. (1995) "The Feltham-Ohlson Framework: Implications for Empiricists", *Contemporary Accounting Research,* 11, (2), 733-747;

BLACK, F. e SCHOLES, M. (1973) "The Pricing of Options and Corporate Liabilities", *Journal of Political Economy,* 181, 637-654;

BLANCHARD, O. e WATSON, M. (1982) "Bubbles, Rational Expectations and Financial Markets", P. Watchel, ed. *Crises in the Economic e Financial Structure*, Lexington Books, Lexington;

BOWEN, R. M.; DAVIS, A. K. e RAJGOPAL, S. (2002) "Determinants of Revenues-Reporting Practices for Internet Firms", *Contemporary Accounting Research*, 19, (4), 523-562;

BREALEY, R. A. e MYERS, S.(2003) *"Princípios de Finanças Empresariais"*, McGraw-Hill, 7.ª Edição;

BRENNAN, M. (1971) "A Note On Dividend Irrelevance and the Gordon Valuation Model", *Journal of Finance*, Dezembro, 1115-1122;

BROWN, L. D. (1996) "Influential Accounting Articles, Individuals, Ph.D. Granting Institutions and Faculties: A Citation Analysis", *Accounting Organizations & Society*, 21, 723-754;

BUBLITZ, B. e ETTREDGE, M. (1989) "The Information in Discretion Outlays: Advertising, Research and Development", *Accounting Review*, 64, 108-124;

BURGSTAHLER, D. C. e DICHEV, I. (1997) "Earnings, Adaptation and Equity Value", *Accounting Review*, 72, (2), 187-215;

CALLEN, J. e MOREL, M. (2001) "Linear Accounting Valuation When Abnormal Earnings are AR(2)", *Review of Quantitative Finance and Accounting*, 16, (3), 191-203;

CHAMBERS, D. J. (1997) "The Information Content of Negative Earnings and its Relation with Initial-Loss Persistence", *Working Paper*, University of Illinois at Urbana-Champaign (http://ssrn.com /abstract=15048);

CHAMBERS, D.; JENNINGS, R. e THOMPSON, R. B. (2002) "Excess Returns to R&D Intensive Firms", *Review of Accounting Studies*, 7, 133-158;

CHAN, L.; LAKONISHOK, J. e SOUGIANNIS, T. (2001) "The Stock Market Valuation of Research and Development Expenditures", *Journal of Finance*, 56, (6), 2431-456;

CHAN, S. H.; MARTIN, J. D. e KENSINGER, J. W. (1990) "Corporate Research and Development Expenditures and Share Value", *Journal of Financial Economics*, Agosto, 225-267;

CHAUVIN, K. W. e HIRSCHEY, M. (1993) "Advertising, R&D and the Market Value of the Firm", *Financial Management*, 22, (4), 128-140;

COLLINS, D. e KOTHARI, S. P. (1989) "An Analysis of the Intertemporal and Cross-Sectional Determinants of the Earnings Response Coefficients", *Journal of Accounting and Economics*, 11, 143-181;

COLLINS, D.; KOTHARI, S. P.; SHANKEN, J. e SLOAN, R. G. (1994) "Lack of Timeliness Versus Noise as Explanations for Low Contemporaneous Return-Earnings Association", *Journal of Accounting and Economics*, 18, 289-324;

COLLINS, D.; MAYDEW, E. L. e WEISS, I. S. (1997) "Changes in the Value-Relevance of Earnings and Book Values over the Past Forty Years", *Journal of Accounting and Economics*, 24, (1), 39-67;

COLLINS, D.; PINCUS, M. e XIE, H. (1999) "Equity Valuation and Negative Earnings: The Role of Book Value of Equity", *Accounting Review*, 74, (1) 29-61;

CONNOLLY, R. A. e HIRSCHEY, M. (1984) "R&D, Market Structure, and Profits: A Value-Based Approach", *Review of Economics and Statistics*, 66, (4), 682-687;

COOPER, M. J.; DIMITROV, O. e RAU, R. (2001) "A Rose.com by Any Other Name", *Journal of Finance*, 56, (6), 2371-2388;

COPELAND, T.; KOLLER, T. e MURRIN, J. (2000) *"Valuation: Measuring and Managing the Value of Companies"*, N.Y.: John Wiley & Sons, 3.ª Edição;

Core, J. E.; GUAY, W. R. e BUSKIRK, A. V. (2003) "Market Valuations in the New Economy: An Investigation of What has Changed?", *Journal of Accounting and Economics*, 34, (1 e 3), 43-67;

CURTO, J. J. D. (2002) *"Handbook"*, Aulas sobre Métodos e Estudos Empíricos em Finanças, Programa Doutoral em Gestão, Especialização em Finanças, Instituto Superior de Ciências do Trabalho e da Empresa (ISCTE);

CURTO, J. J. D. (2004) "Econometria Aplicada", *Working Paper*, Instituto das Ciências e do Trabalho e da Empresa (ISCTE);

DAMODARAN, A. (2001) *"The Dark Side of Valuation"*, Prentice Hall;

DAVIS, A. K. (2002) "The Value Relevance of Revenue for Internet Firms: Does Reporting Grossed-up or Barter Revenue Make a Difference?", *Journal of Accounting Research*, 40, (2), 445-477;

DAVIS, P. (2002) "Estimating Multi-way Error Components with Unbalanced Data Structure", *Journal of Econometrics*, 106, 67-95;

DEANGELO, H.; DEANGELO, L. e SKINNER, D. (1996) "Reversal of Fortune: Dividend Signalling and the Disappearance of Sustained Growth", *Journal of Financial Economics,* 40, 341-371;

DECHOW, P.; HUTTON, A. P. e SLOAN, R. G. (1999) "An Empirical Assessment of the Residual Income Valuation Model", *Journal of Accounting and Economics*, 26, 1-34;

DECHOW, P.; KOTHARI, S. P. e WATTS, R. (1998) "The Relation Between Earnings and Cash-Flows*"*, *Journal of Accounting and Economics*, Maio, 133-168;

DEMERS, E. e LEV, B. (2001) "A Rude Awakening: The Internet Shakeout in 2000", *Review of Accounting Studies,* 60, (2 e 3), 331-359;

DEMERS, E. e LEWELLEN, K. (2003) "The Marketing Role of IPO: Evidence from Internet Stocks", *Journal of Financial Economics*, 68, (3), 413-437;

DIAMOND, D. W. (1989) "Reputation Acquisition in Debt Markets", *Journal of Political Economy*, 89, 828-862;

DONNELLY, R. (2002) "Earnings Persistence, Losses and the Estimation of Earnings Response Coefficients", *Abacus*, 38, (1), 121-133;

DuCHARME, L. L.; RAJGOPAL, S. e SEFCKI, S. E. (2001) "Why was Internet IPO Underpricing so Severe?, *Working Paper*, University of Washington (http://ssrn.com/abstract=285986);

DUKES, R. (1976) "An Investigation of the Effects of Expensing Research and Development Costs on Security Prices", *Working Paper*, Proceedings of the Conference on Topical Research in Accounting, New York University;

EASTON, P. e SOMMER, G. (2003) "Scale and the Scale Effect in Market-Based Accounting Research", *Journal of Business Finance & Accounting*, 130, 25-56;

EASTON, P.; HARRIS, T. S. e OHLSON, J. (1992) "Accounting Earnings can Explain Most of Security Returns: The Case of Long Event Windows", *Journal of Accounting Economics*, 15, 119-142;

EDWARDS, E. O. e BELL, P. W. (1961) *"The Theory of and Measurement of Business Income"*, University of California Press;

ESPERANÇA, J. e MATIAS, F. (2005) *"Finanças Empresariais"*, Dom Quixote, Gestão & Inovação;

FAMA, E. (1976) *"Foundations of Finance"*, New York: Basic Books;

FAMA, E. e FRENCH, K. (1992) "The Cross Section of Expected Returns", *Journal of Finance*, 47, 424-465;

FAMA, E. e FRENCH, K. (1998) "Taxes, Financing Decisions, and Firm Value", *Journal of Finance*, 53, (3), 819-842;

FAMA, E. e FRENCH, K. (2002) "The Equity Premium", *Journal of Finance*, 57, 637-659;

FAMA, E. e MACBETH, J. (1973) "Risk, Return, and Equilibrium: Empirical Tests", *Journal of Political Economy*, 81, 607-636;

FARIA, A. R.; GONÇALVES, C.; PEREIRA, F.; REIS, H.; MENDONÇA, M. e CORREIA, P. (2001) "A Contabilidade e o Ensino da Língua Inglesa", *Revista da Câmara dos Técnicos Oficias de Contas (TOC)*, 8, 26-42;

FELTHAM, G. e OHLSON, J. (1995) *"Valuation and Clean Surplus Accounting for Operating and Financial Activities"*, *Contemporary Accounting Research*, 11, (2), 689-731;

FELTHAM, G. e OHLSON, J. (1996) "Uncertainty Resolution and the Theory of Depreciation Measurement", *Journal of Accounting Research*, 34, (2), 209-234;

FELTHAM, G. e OHLSON, J. (1999) "Residual Earnings Valuation with Risk and Stochastic Interest Rates", *Accounting Review*, 74, 165-183;

FERREIRA, L. e SARMENTO, M. (2004) "Que modelos adoptam os Revisores Oficiais de Contas na Avaliação de Empresas e de Participações Sociais?", *Revisores e Empresas*, Ano 6, 25, 19-31;

FIGUEIREDO, M. e HILL, M. M. (2003) "Dados em Painel: Painéis Genuínos vs Pseudo Painéis Vantagens e Limitações", in *Métodos Quantitativos, 3*, Edições Sílabo;

FRANCIS, J. e SCHIPPER, K. (1999) "Have Financial Statements Loss Their Relevance?", *Journal of Accounting Research*, 37, (2), 319-352;

FRAZEN, L. A. (2000) *"The Nature of Losses and Value Relevance of Earnings and Book Values"*, Dissertação de Doutoramento apresentada na Universidade de Washington, UMI Dissertations;

FROOT, K. e OBSTFELD, M. (1991) "Intrinsic Bubbles: The case of Stock Prices", *American Economic Review*, 81, (5), 1189-1217;

GALBRAITH, S. K. (1955) *"The Great Crash"*, Houghton Miflin;

GARMAN, M. e KLASS, M. (1980) "On the Estimation of Security Price Volatilities from Historical Data", *Journal of Business*, 53, (1), 67-78;

GINER, B. e REVERTE, C. (1999) "The Value Relevance of Earnings Desegregation Provided in the Spanish Profit and Loss Account", *European Accounting Review*, 8, (4), 609-629;

GORDON, M. e SHAPIRO, E. (1956) "Capital Equipment Analysis: The Required Rate of Profit*", Management Science*, 3, 102-110;

GORDON, R. (2000) "Does the "New Economy" Measure up to the Great Inventions of the Past?", *Journal of Economic Perspectives*, 14, (4), 49-74;

GOUVEIA, L.; LAMEIRAS, T. e CARDOSO, R. (2000) *"Glossário de Contabilidade Inglês-Português"*, ISCA – Instituto Superior de Contabilidade e Administração de Aveiro, 1.ª Edição;

GRAHAM, J. R. e HARVEY, C. R. (2001) "The Theory and Practice of Corporate Finance: Evidence from the Field", *Journal of Financial Economics*, 60, (2 e 3), 187-243;

GREENE, W. H. (2000) *"Econometric Analysis"*, Prentice Hall, 4.ª Edição;

GUIMARÃES, J. F. C. (2004) "A Contabilidade – Utilidade para a Gestão (Decisão)", *Revisores e Empresas*, 25, 44-50;

GUJARATI, D. N. (2002) *"Basic Econometrics"*, McGraw-HILL, 4.ª Edição;

HALL, B. H. (1993) "The Stock Market's Valuation of R&D Investment During the 1980´s", *American Economic Review*, 83, (2), 259-264;

HALL, B. H. e HALL, R. E. (1993) "The Value and Performance of U.S. Corporations*", Brookings Papers on Economic Activity"*, 1, 1-34;

HAND, J. R. M. (2001a) "Evidence on the Winner-Takes-all Business Model: The Profitability Returns-to-scale of Expenditures on Intangibles made by U.S. Internet Firms, 1995-2001", *Working Paper*, Kenan-Flager Business School, Chapel Hill;

HAND, J. R. M. (2001b) "The Role of Book Income, Web Traffic, and Supply and Demand in the Pricing of US Internet Stocks", *European Finance Review*, 5, (3), 295-317;

HAND, J. R. M. (2003) "Profit, Losses and Non-Linear Pricing of Internet Stocks" In *Intangibles: An Oxford Management Reader,* Edited by J.R.M. Hand and Baruch Lev, Oxford Press University;

HATANAKA, M. e WALLACE, T. D. (1980) "Multicollinearity and the Estimation of Low-Order Moments in Stable Lag Distributions", In *Evaluation of Econometric Models*, edited by J. Kmenta and T.D. Wallace, New York: Academic Press, 323-389;

HAUSMAN, J. A. (1978) "Specification Tests in Econometrics", *Econometrica,* 46, 251-1271;

HAYN, C. (1995) "The Information Content of Losses", *Journal of Accounting and Economics*, 20, (2), 125-153;

HEALY, P. e PALEPU, K. (1988) "Earnings Information Conveyed by Dividend Initiations and Omissions", *Journal of Financial Economics*, 21, 149-175;

HENDERSHOTT, R. J. (2001) "Net Value: Wealth Creation (and Destruction) During the Internet Boom", *Working Paper*, Leavey School of Business, Finance Department, Santa Clara University;

HIRSCHEY, M. (1982) "Intangible Capital Aspects of Advertising and R&D Expenditures", *Journal of Industrial Econo*mics, 34, (4), 375-390;

HOLTHAUSEN, R. W. e WATTS, R. L. (2001) "The Relevance of the Value-Relevance Literature for Financial Accounting Standard Setting", *Journal of Accounting and Economics*, 31, 3-75;

HSIAO, C. (2003) *"Analysis of Panel Data"*, Cambridge University Press, 2ª Edição;

HUGONNIER, J.; MORELLEC, E. e SUNDARESAN, S. M. (2005) "Irreversible Investment in General Equilibrium", *Working Paper* apresentado na 18th Australian Finance and Banking Conference – University of New South Wales;

IKENBERRY, D.; LAKONISHOK, J. e VERMAELEN, T. (1995) "Market Underreaction to Open Market Shares Repurchases", *Journal of Financial Economics*, 39, 181-208;

IRWIN, G. R. e MCCONNELL, J. J. (1997) "To Live or Let Die? An Empirical Analysis of Piecemeal Voluntary Corporate Liquidations", *Journal of Corporate Finance*, 3, 325-354;

JENSEN, M. (1986) "Agency Costs of Free Cash Flow, Corporate Finance and Takeovers", *American Economic Review*, 76, (2), 383-393;

JENSEN, M. (1993) "The Modern Industrial Revolution, Exit, and the Failure of Internal Control Systems", *Journal of Finance*, 48, 831-880;

JENSEN, M. e MECKLING, W. (1976) "Theory of the Firm: Managerial Behaviour, Agency Costs and Ownership Structure", *Journal of Financial Economics*, 3, (4), 305-360;

JENSEN, M. e RUBACK, R. (1983) "The Market for Corporate Control: The Scientific Evidence", *Journal of Financial Economics*, 11, 5-50;

JOHNSTON, J. e DINARDO, J. (2001) "*Métodos Econométricos*", McGrawHill, 4.ª Edição;

JOOS, P. R. e PLESKO, G. A. (2004) "Valuing Loss Firms", *MIT Sloan Working Paper 4491-04*, (http://ssrn.com/abstract=562043);

JORION, P. e TALMOR, E. (2006) "Value Relevance and Non Financial Information in Emerging Industries: The Changing Role of Web Traffic Data", *Working Paper*, University of California – Irvine e London Business School (http://ssrn.com/abstract=258869);

KANG, S. (1985) "A Note on the Equivalence of Specification Tests in the Two-Factor Multivariance Components Models", *Journal of Econometrics*, 28, 193-203;

KAPLAN, S. N. (2002) "Valuation of New Economy Firms", *Working Paper*, University of Chicago;

KAPLAN, S. N. e RUBACK, R. S. (1995) "The Valuation of Cash Flows: An Empirical Analysis", *Journal of Finance*, 50, (4), 1059-1093;

KEATING, E. K.; LYS, T. Z. e MAGEE, R. P. (2003) "Internet Downturn: Finding Valuation Factors in Spring 2000", *Journal of Accounting and Economics*, 34, (1-3), 189-326;

KETELL, B. (2002) "*Valuation of Internet and Technology Stocks*", Butterworth – Heinemann: Elsevier Science;

KNAUFF, P. e GOOT, T. van der (2001) "The Relevance of Reported Financial Information for Valuing European IPO", *EFMA Lugano Meetings* (http://ssrn.com/abstract=263176);

KORMENDI, R. e LIPE, R. C. (1987) "Earnings Innovations, Earnings Persistence and Stock Returns", *Journal of Business*, 60, 323-345;

KOTHA, S. (1998) "Competing on the Internet: How Amazon.com is Rewriting the Rules of Competition", *Advances in Strategic Management*, 15, 239-265;

KOTHARI, S. P. (2001) "Capital Markets Research in Accounting", *Journal of Accounting and Economics*, 31, (1 e 3), 105-231;

KOTHARI, S. P. e ZIMMERMAN, J. L. (1995) "Price and Return Models", *Journal of Accounting and Economics*, 20, 155-192;

KOTHARI, S. P.; LAGUERRE, T. E. e LEONE, A. J. (2002) "Capitalization versus Expensing: Evidence on the Uncertainty of Future Earnings from Capital Expenditures versus R&D Outlays", *Review of Accounting Studies*, 7 (4), 355-382;

KOTHARI, S. P.; LYS, T.; SMITH, C. W. e WATTS, R. L. (1989) "Auditor Liability and Information Disclosure", *Journal of Accounting, Auditing and Finance*, 4, 307-339;

KOZBERG, A. R. (2002) "*The Usefulness of Accounting and Non-Financial Information in Explain Revenues and Valuations for Internet Firms*", Dissertação de Doutoramento apresentada na Universidade de New York – Graduate School of Business Administration, UMI Dissertations;

LAKINISHOK, J.; SHLEIFER, A. e VISHNY, R. W. (1994) "Contrarian Investment, Extrapolation, and Risk", *Journal of Finance*, 49, 1541-1578;

LAKONISHOK, J. e LEE, I. *(2001)* "Are insiders´ Traders Informative", *Review of Financial Studies*, 14, 79-111;

LEE, P. M. (2001) "What's in a name.com? The Effects of ".com" Name Changes on Stock Prices and Trading Activity", *Strategic Management Journal*, 22, 793-804;

LEV, B. (2001) *"Intangibles: Management, and Reporting"*, Washington, DC: The Brookings Institution;

LEV, B.; SARATH, B. e SOUGIANNIS, T. (2005) "R&D Reporting Bias and Their Consequences", *Contemporary Accouting Research*, 22, 4, 977-1026;

LEV, B. e SOUGIANNIS, T. (1996) "The Capitalization, Amortization, and Value--Relevance of R&D", *Journal of Accounting and Economics*, 21, (1), 107-138;

LEWELLEN, J. (2003) "Discussion of "The Internet Downturn: Finding Valuation Factors In Spring 2000", *Journal of Accounting and Economics*, 1-3, 237-247;

LIU, Q. e SONG, F. (2001) "The Rise and Fall of Internet Stocks: Should Analysts be Blamed?, *Working Paper*, School of Economics and Finance, University of Hong Kong;

LJUNG, G. M. e BOX, G. P. E. (1978) "On a Measure of Lack of Fit in Time Series Models", *Biometrica*, 66, 66-72;

LJUNGQVIST, A. e WILHELM, W. J. (2003) "IPO Pricing in the Dot.Com Bubble", *Journal of Finance*, 58, (2), 723-752;

LO, K. e LYS, T. (2001) "The Ohlson Model: Contribution to Valuation Theory, Limitations, and Empirical Applications", *Journal of Accounting, Auditing & Finance,* 15, (3), 337-367;

LOUGHRAN, T. e RITTER, J. (1995) "The New Issue Puzzle", *Journal of Finance*, 50, (1), 23-51;

LOUGHRAN, T. e RITTER, J. (2003) "Why Has IPO Underprincing Changed over Time", *Working Paper* Presented at AFA – American Finance Association 2003, Washington Meeting;

MALKIEL, B. G. (1963) "Equity Yields, Growth, and the Structure of Shares Prices", *American Economic Review*, 53, (5), 1004-1031;

MANUAL COMPUTAST (2004) *"Manual da Base de Dados"*, Standard & Poor´s Research Insight", Compustart North America;

MANUAL EVIEWS (2004) *"Eviews 5 User´s Guide"*, Quantitative Micro Software;

MAO, J. C. T. (1966) "The Valuation of Growth Stocks: The Investment Opportunities Approach", *Journal of Finance*, 21, (1), 95-102;

MARTÍNEZ, F. G. e CLEMENTE, I. M. (2002) "The Added Value of Non-Financial Information in Internet Firms Pricing", *Working Paper*, Polytechnic University of Valência – Department of Economics and Social Sciences (http://ssrn.com/abstract=328781);

McCallig, J. (2004) "Revenue Investment, Accounting Conservatism and the Valuation of Loss Making Firms", *Paper presented at 14th Annual Conference on Financial Economics and Accounting (FEA)* (http://ssrn.com/abstract=488105);

McCrae, M. e Nilsson, H. (2001) "The Explanatory and Predictive Power of Different Specifications of the Ohlson (1995) Valuation Models", *European Accounting Review*, 10, (2), 315-341;

Miguel, A. (1998) *"Avaliação de Acções: Óptica dos Fluxos Monetários e Valor Económico Acrescentado"*, Dissertação de Mestrado apresentada no Instituto das Ciências do Trabalho e da Empresa (ISCTE);

Miller, M. e Modigliani, F. (1961):"Dividend Policy, Growth and the Valuation of Shares", *Journal of Business*, 34, (4), 411-433;

Modigliani, F. e Miller, M. (1958):"The Cost of Capital, Corporate Finance and the Theory of Investment", *American Economic Review*, 48, (3), 261-297;

Modigliani, F. e Miller, M. (1966) "Some Estimates of the Cost of Capital to the Electric Utility Industry 1954-1957", *American Economic Review*, 56, (3), 333-391;

Moore, M. (2002) *"Intangible Asset Valuation Using the Feltham-Ohlson Framework and Real Option Analysis: Theory and Empirical Evidence"*, Tese de Doutoramento apresentada na Graduate School-Newark Rutgers – The State University of New Jersey, UMI Dissertations;

Morgan & Stanley (1999) "The Internet Company Handbook", Junho de 1999;

Morgan & Stanley (2000) "The B2B Internet Report", Abril 2000;

Morgan & Stanley (2001) "The Technology IPO Yearbook", 7.ª Edição;

Morgan & Stanley (2002) "The Technology IPO Yearbook", 8.ª Edição;

Morgenstern, O. (1963) "On *the Accuracy of Economic Observations"*, Princeton: Princeton University Press, 2.ª Edição;

Myers, J. N. (1999) "Implementing Residual Income Valuation with Linear Information Dynamics", *Accounting Review*, 74, (1), 1-28;

Myers, S. (1977): "Determinants of Corporate Borrowing", *Journal of Financial Economics*, 5, 147-175;

Myers, S. C. e Majd, S. (1990) "Abandonment Value and Project Life", *Advances* in *Futures and Options Research*, 4, 1-21;

Neves, J. C. (2006) *"Análise Financeira – Ténicas Fundamentais"*, Texto Editora – Textos de Gestão, 17.ª Edição;

Neves, J. C. (2002) *"Avaliação de Empresas e Negócios"*, McGraw-Hill;

Newey, W. e West, K. (1987) "A simple, Positive Semi-Definite Heteroscedasticity and Autocorrelation Consistent Covariance Matrix", *Econometrica*, 55, 703-708;

Noe, T. e Parker, G. (2006) "Winner Take all: Competition, Strategy, and the Structure of Returns in the Internet Economy", *Working Paper*, Massachusetts Institute of Technology (MIT) and Tulane University, New Orleans (http://ssrn.com/abstract=250371);

OFEK, E. e RICHARDSON, M. (2002) "The Valuation and Market Rationality of Internet Stock Prices", *Oxford Review of Economic Policy*, 18, (3), 265-287;

OFEK, E. e RICHARDSON, M. (2003) "Dot.Com Mania: the Rise and fall of Internet Stocks Prices", *Journal of Finance*, 58, (3), 1113-1138;

OHLSO, J. e SHROFF, P. K. (1992) "Changes versus Levels in Earnings as Explanatory Variables Returns: Some Theoretical Considerations", *Journal of Accounting Research*, 30, 210-226;

OHLSON, J. (1991) "The Theory of Value and Earnings, and an Introduction to the Ball-Brow Analysis", *Contemporary Accounting Research*, 8, (1), 1-19;

OHLSON, J. (1995) "Earnings, Book Values, and Dividends in Equity Valuation", *Contemporary Accounting Review*, 11, (2), 661-687;

OHLSON, J. (2000) "Earnings, Book Values, and Dividends in Equity Valuation: An Empirical Perspective", *Contemporary Accounting Review*, 18, (1), 107-120;

OHLSON, J. e PENMAN, S. (1992) "Disaggregated Accounting Data as Explanatory Variables for Returns", *Journal of Accounting Auditing and Finance*, 7, 553-573;

OPLER, T. e TITMAN, S. (1995) "Financial Distress and Capital Structure Choice", *Working Paper*, Boston College;

OTTOO, R. E. (2000) "*Valuation of Corporate Growth Opportunities – A Real Option Approach*", Garland Publishing, Inc;

OSWALD, D. (2008) "The Determinats and Value Relevance of the Choice of Accoutning for Research and Development Expenditures in the United Kingdom", *Journal of Business Finance & Accounting*, 35,1, 1-24;

PABLO, V. V. e ARACELI, M. E. (2005) "Are Losses-Value-Relevant?, *Working Paper*, EAA – European Accounting Association, University of Alicante;

PEASNELL, K. V. (1982) "Some Formal Connections Between Economic Values and Yields and Accounting Numbers", *Journal of Business Finance & Accounting*, 9, 361-381;

PELES, Y. (1971) "Rates Amortization of Advertising Expenditures", *Journal of Political Economy*, 79, 1032-1058;

PENMAN, S. H. (1991) "An Evaluation of Accounting Rate-of-Return", *Journal of Accounting, Auditing & Finance,* Primavera, 233-255;

PENMAN, S. H. (1998) "Combining Earnings and Book Value in Equity Valuation", *Contemporary Accounting Research*, 15, 291-324;

PENMAN, S. H. (2001) "Discussion of "Basic to Basics: Forecasting the Revenues of Internet Firms" and "A Rude Awakening: Internet Shakeout in 2000", *Review of Accounting Studies*, 2 e 3, 361-364;

PENMAN, S. H. (2003) "*Financial Statement Analysis and Security Val*uation", McGraw-Hill, 2.ª Edição;
PESTANA, V. e RULAND, W. (1986) "The Merger/Bankruptcy Choice", *Accounting Review*, 61, 288-301;
PICCONI, M. (1977) "A Reconsideration of the Advertising Assets on Financial Statement", *Journal of Accounting Research*, 15, 317-326;
PINTO, J. C. C. e CURTO, J. J. D. (1999) "*Estatística para Economia e Gestão*", Edições Sílabo, 1.ª Edição;
PREINREICH, G. A. D. (1938) "Annual Survey of Economic Theory: The Theory of Depreciation", *Econometrica*, 6, 219-231;
PYNDICK, R. S. e RUBINFELD, D. L. (1998) "*Econometric Models and Economic Forecasts*", McGraw-Hill, 4.ª edição;
QUERIDO, P. (2004) "Onde Está o Dinheiro", *Revista Única*, Expressso n.º 1679, 31 de Dezembro;
QUINTAR, A. e ZISSWILLER, R. (1994) "*Teoria Financeira*", Caminho, Biblioteca de Economia e Gestão;
RAJGOPAL, S.; VENKATACHALAM, M e KOTHA, S. (2002) "Managerial Actions, Stock Returns, and Earnings: The Case of Business-to-Business Internet firms", *Journal of Accounting Research*, 40, 829, 529-556;
RAJGOPAL, S.; VENKATACHALAM, M. e KOTHA, S. (2003) "The Value Relevance of Network Advantages: The Case of E-Commerce Firms", *Journal of Accounting Research*, 41, (1), 135-162;
RAMAKRISHNAN, R. (1990) "What Matters from the Past-Price, Book Value or Earnings?", *Sufficient Statistics in Accounting*, Unpublished Memo, Columbia University;
RAMAKRISHNAN, R. e THOMAS, J. K. (1993) "Valuation of Permanent, Transitory and Price-Irrelevant Components of Reported Earnings", *Working Paper*, Columbia University, New York;
RAMSEY, V. A. e SHAPIRO, D. M. (2001) "Displaced Capital: A Study of Aerospace Plant Closing", *Journal of Political Economy*, 109, 110-118;
RAYN, S. (1995) "A Model of Accrual Measurement with Implications for Future Profitability, Risk and Market Value", *Review of Accounting Studies*, 33, 95-112;
RICHARDSON, G. e TINAIKAR, S. (2004) "Accounting Based Valuation Models: What Have We Learned?", *Accounting and Finance*, 44, (2), 223-333;
RITTER, J. (1991) "The Long-Run Performance of Initial Public Offerings", *Journal of Finance*, 46, (1), 3-27;
SCHNUSENBERG, O. e SKANTZ, T. R. (1998) "A Test of the Abandonment Hypothesis Using Voluntary Liquidating Firms and Unprofitable Surviving Firms", *Journal of Accounting and Auditing & Finance*, 13, (4), 395-415;
SCHULTZ, P. e ZAMAN, (2001) "Do the Individuals Close to Internet Firms Believe They are Overvalued", *Journal of Financial Economics*, 59, (3), 347-381;

SCHWARTZ, E. e MOON, M. (2000) "Rational Pricing of Internet Companies", *Financial Analysts Journal*, 56, (3), 62-75;

SHILLER, R. J. (2000) *"Irrational Exuberance"*, Princeton University Press;

SHLEIFER, A. e VISHNY, R. W. (1992) "Liquidation Values and Debt Capacity: A Market Equilibrium Approach", *Journal of Finance*, 47, 1343-1366;

SMITHERS, A. e WRIGHT, S. (2000) *"Valuing Wall Street: Protecting Wealth in Turbulent Markets"*, McGraw-Hill, New York;

SOUGIANNIS, T. (1994) "The Accounting Based Valuation of Corporate R&D", *Accounting Review*, 69, (1), 44-68;

SUBRAMANYAM, K. R. and WILD, J. J. (1996) "Going-Concern Status, Earnings Persistence, and Informativeness of Earnings", *Contemporary Accounting Research*, 13, (1), 251-273;

SZEWCZYK, S. H.; TSETSEKOS, G. P. e ZANTOUT, Z. (1996) "The Valuation of Corporate R&D Expenditures: Evidence from Investment Opportunities and Free Cash Flow", *Financial Management*, 25, (1), 105-110;

TALMOR, E. (2001) "Comment on "The Role of Book Income, Web Traffic, and Supply and Demand in the Pricing of U.S. Internet Stocks", *European Finance Review*, 5, 319-321;

TAN, C. E. L. (2004) "Alternative Adaptation of Distressed Firm's Resources: The Valuation Roles of Equity and Earnings", *Working Paper*, New York University (http://ssrn.com/abstract=293125);

TAYLOR, W. (1974) "A Note on Mao´s Growth Stock-Investment Opportunities Approach", *Journal of Finance*, 29, (5), 1573-1576;

TOKIC, D. (2002) *"R&D, Advertising and the Market Value of Internet Firms"*, Dissertação de Doutoramento, apresentada na Universidade do Texas, UMI Dissertations;

TRUEMAN, B; WONG, M. H. F. e ZHANG, X. (2000) "The Eyeballs Have It: Searching for the Value in Internet Stocks", *Journal of Accounting Research*, 38, Suplemento, 137-162;

TRUEMAN, B; WONG, M. H. F. e ZHANG, X. (2001) "Back to Basics: Forecasting the Revenues of Internet Firms", *Review Of Accounting Studies*, 6, 305-329;

VERBEEK, M (2003) *"Modern Econometrics"*, John Wiley & Sons, Ltd, 2ª Edição;

WALLACE, T. D e HUSSAIN, A. (1969) "The Use of Error Components Models in Combining Cross-Section and Time Series Data", *Econometrica*, 37, 55-72;

WEISS, L. W. (1969) "Advertising, Profits, and Corporate Taxes", *Review of Economics and Statistics*, 51, 421-430;

WHITE, G. I.; SONDHI, A. C. e FRIED, D. (1997) "The *analysis and use of Financial Statements"*, John Wiley & Sons, Inc, 2.ª Edição;

WHITE, H. (1980) "A Heteroscedasticity Consistent Covariance Matrix Estimator and Direct Test for Heteroscedasticity", *Econometrica*, 48, 817-838;

WILLIAMS, J. B. (1938) *"The Theory of Investment Value"*, Harvard University Press, Cambridge Mass;

WOOLDRIDGE, J. M. (2002) *"Econometric Analysis of Cross Section Panel Data"*, Cambridge, MA: The MIT Press;

WOOLDRIDGE, R. (1988) "Competitive Decline and Corporate Restructuring: Is a Myopic Stock Market to Blame?", *Journal of Applied Corporate Finance*, 1, 26-36;

WYSOCKI, P. D. (1998) "Real Options and the Informativeness of Segment Disclosures", *Working Paper*, University of Michigan;

YE, J. e FINN, M. (1999) "Nonlinear and Nonparametric Accounting-Based Equity Valuation Models", *Working Paper*, Baruch College, University of New York;

YEE, K. K. (2000) "Opportunities Knocking: Residual Income Valuation of an Adaptive Firm", *Journal of Accounting, Auditing and Finance*, 15 (3), 225-266;

YOON, P. S. e STARKS, L. (1995) "Signalling, Investment Opportunities, and Dividend Announcements", *Review of Financial Studies*, 8, 995-1018;

ZANTOUT, Z. e TSETSEKOS, G. (1994) "The Wealth Effects of Announcements of R&D Expenditures Increases", *Journal of Financial Research*, Setembro, 205-216;

ZELLNER, A.; HONG, C. e MIN, C. K. (1991) "Forecasting Turning Points in International Output Growth Rates Using Bayesian Exponentially Weighted Autoregression Time Varying Parameter and Pooling Techniques", *Journal of Econometrics*, 49, 275-304;

ZHANG, X. (2000) "Conservative Accounting and Equity Valuation", *Journal of Accounting Economics*, 29, (1), 125-149.

ÍNDICE

PREFÁCIO 9

INTRODUÇÃO 11

CAPÍTULO I – Os Modelos de Avaliação de Ohlson e Feltham e Ohlson   19
1.1 – Introdução 19
1.2 – O Modelo de Avaliação de Ohlson 21
1.3 – A Relação entre o Modelo de Ohlson e o Modelo de Gordon 29
1.4 – A Extensão do Modelo de Ohlson: O modelo de Feltham e Ohlson .. 36
1.5 – O efeito da Subavaliação dos Activos: "*Conservatism Accounting Effect*" 46

CAPÍTULO II – A Relevância do Conteúdo Informativo das Variáveis: "Resultados" e "Capitais Próprios" para Efeitos de Avaliação 57
2.1 – Introdução 57
2.2 – A Relevância do Conteúdo Informativo da Variável "Resultados" 58
2.3 – A Relevância do Conteúdo Informativo da Variável "Capitais Próprios" 70

CAPÍTULO III – O Impacto do Investimento em Activos Intangíveis no Valor de Mercado das Empresas 87
3.1 – Introdução 87
3.2 – O Impacto do Investimento em Activos Intangíveis no Valor de Mercado das Empresas 89
3.3 – O Valor das Empresas e o seu Potencial de Crescimento 97

CAPÍTULO IV – Definição do Período a Analisar, dos Critérios de Selecção das Amostras e Definição das Variáveis 113
4.1 – Introdução 113
4.2 – Definição do Período da "Nova Economia" 114
4.3 – Definição das Empresa da Nova Economia: "*Net Firms*" 115
4.4 – Critérios de Selecção das Amostras 116

4.4.1 – Empresas da Nova Economia: *"Net Firms"* 116
4.4.2 – Empresas com Data de IPO Contemporânea das *"Net Firms":* *"Non Net Firms"* 120
4.5 – Composição e Análise Comparativa das Duas Amostras: *"Net Firms"* e *"Non Net Firms"* 122
4.5.1 – Composição das Amostras: *"Net Firms"* e *"Non Net Firms"*. 122
4.5.2 – Análise comparativa: *"Net Firms"* versus *"Non Net Firms"*. 125
4.6 – Definição das Variáveis 129

CAPÍTULO V – Metodologia 135
5.1 – Introdução 135
5.2 – O Efeito Ciclo de Vida: Análise da Tendência 136
5.3 – Critérios de Subdivisão das Amostras 147
5.4 – Metodologia de Fama e MacBeth 160
5.5 – Hipóteses de Investigação 165

CAPÍTULO VI – Análise e Discussão dos Resultados 175
6.1 – Introdução 175
6.2 – Análise e Discussão de Resultados 176
    6.2.1 – Aspectos Econométricos 176
    6.2.2 – Validação Empírica das Hipóteses de Investigação 177
        6.2.2.1 – Validação Empírica da Hipótese de Investigação Número Um 177
        6.2.2.2 – Validação Empírica da Hipótese de Investigação Número Dois 180
        6.2.2.3 – Validação Empírica da Hipótese de Investigação Número Três 187
        6.2.2.4 – Validação Empírica da Hipótese de Investigação Número Quatro 194
        6.2.2.5 – Validação Empírica da Hipótese de Investigação Número Cinco 195
6.3 – Testes de Especificação 198
    6.3.1 – Introdução 198
    6.3.2 – Análise Segundo uma Estrutura em Dados de Painel 201
    6.3.3 – Resultados 206

CONCLUSÕES 215

ANEXOS 223
Anexo 1.1 – Dedução do Modelo de Ohlson 223
Anexo 1.2 – Dedução da Proposição 1 do Modelo de Feltham e Ohlson. 226

Anexo 1.3 – Dedução do Modelo de Feltham e Ohlson 228
Anexo 4.1 – Repartição das *Net Firms* por Sector de Actividade (SIC).. 230
Anexo 4.2 – Repartição das *Non Net Firms* por Sector de Actividade (SIC) 232
Anexo 5.1 – Distribuição das Variáveis para o Período de 1996 a 2003 (Dados de Painel) para Ambas as Amostras 235
Anexo 5.2 – Output do Teste CUSUM para a Variável "Resultados" na Amostra de *Net Firms* 236
Anexo 5.3 – Output do Teste CUSUM para o Rácio "MVE/BVE" na Amostra de *Net Firms* 237
Anexo 5.4 – Output do Teste CUSUM para a Variável "Resultados" na Amostra de *Non NetFirms* 238
Anexo 5.5 – Output do Teste CUSUM para o Rácio "MVE/BVE" na Amostra de *Non Net firms* 239
Anexo 5.6 – Percentagem de Emresas (com prejuízos) cujo rácio "I&D/ /Vendas" excede a Unidade 240

BIBLIOGRAFIA 241

ÍNDICE DE FIGURAS

Figura 1.1	A relação entre os múltiplos P/B e PER e a rendibilidade supranormal futura (FE^a) e corrente (CE^a)	52
Figura 2.1	A relação entre o valor dos capitais próprios da empresa e os resultados, dada a opção de liquidação detida pelos accionistas	64
Figura 2.2A	Relação entre as variáveis resultados líquidos e rendibilidade, segundo o princípio da prudência	68
Figura 2.2B	Relação entre as variáveis resultados líquidos e rendibilidade, dada a existência da opção liquidação	68
Figura 3.1	O impacto do investimento corrente em activos intangíveis (I&D e Publicidade) na rendibilidade futura, atendendo ao efeito de *networking* potenciado pela Internet	105
Figura 4.1	Identificação dos *outliers*	119
Figura 5.1	Análise da tendência	139
Figura 5.2	Evolução dos índices: NASDAQ, S&P500 e *Internet Stock List* (ISDEX)	152
Figura 6.1	Evolução do número de empresas por amostra em função do valor registado para a variável resultados	179
Figura 6.2	Relação entre os coeficientes estimados depois de controlado o efeito da variável BVE (modelo 5.3) e sem o controlo desta variável (modelo 5.5)	185
Figura 6.3	Evolução do número de empresas com lucros por amostra e por grupo: "I&D_ B2B" e "Pub_ B2C"	197
Figura 6.4	Evolução do número de empresas com prejuízos por amostra e por grupo: "I&D_ B2B e Pub_ B2C"	198

ÍNDICE DE QUADROS

Quadro 2.1	Síntese dos factores justificativos da fraca correlação entre a variável resultados (positivos) e a movimentação dos preços/cotações	62
Quadro 2.2	Quadro resumo dos vários estudos sobre o conteúdo informativo das variáveis: "Resultados" e "Capitais próprios", para efeitos de avaliação	83
Quadro 3.1	Relação (estatística) entre o valor de mercado dos capitais próprios (MVE) e os investimentos em activos intangíveis: I&D e Publicidade	96
Quadro 4.1	Dimensão das amostras de *net firms*: sistematização de outras investigações	117
Quadro 4.2	Composição da amostra de *net firms*	123
Quadro 4.3	Composição da amostra de *non net firms*	124
Quadro 4.4	Repartição dos IPO por mercado e por ano	125
Quadro 4.5	Repartição *das net firms* e *non net firms* por sector de actividade	128
Quadro 4.6	Número de empresas cotadas por mercado	129
Quadro 4.7	Definição das variáveis	131
Quadro 5.1	Análise da tendência para a amostra de *net firms*	142
Quadro 5.2	Análise da tendência para a amostra de *non net firms*	146
Quadro 5.3	Diferenças entre médias/medianas na amostra de *net firms*	150
Quadro 5.4	Diferenças entre médias/medianas na amostra de *non net firms*	155
Quadro 6.1	Regressões anuais para a amostra de *net firms* (Modelo 5.5) .	177
Quadro 6.2	Regressões anuais para a amostra de *non net firms* (Modelo 5.5)	178
Quadro 6.3	Matriz de correlações – Amostra de *net firms*	181
Quadro 6.4	Matriz de correlações – Amostra de *non net firms*	182
Quadro 6.5	Regressões anuais para a amostra de *net firms* (Modelo 5.3) ...	183
Quadro 6.6	Regressões anuais para a amostra de *non net firms* (Modelo 5.3)	184
Quadro 6.7	Regressões anuais para a amostra de *net firms* (Modelo 5.6) ...	189

Quadro 6.8 Regressões anuais para a amostra de *non net firms* (Modelo 5.6) 191
Quadro 6.9 Regressões anuais para a amostra de *net firms* (Modelo 5.7) ... 192
Quadro 6.10 Regressões anuais para a amostra de *non net firms* (Modelo 5.7) 193
Quadro 6.11 Regressão do R^2 ajustado em função do tempo e do coeficiente de variação de Pearson 200
Quadro 6.12 Modelo de regressão do "MVE" sobre as variáveis "BVE" e os "resultados antes de *items* extraordinários", usando o método de estimação dos efeitos fixos quer para a unidade seccional (empresa), quer para o período de tempo (anos), permitindo que os coeficientes da variável "resultados antes de *items* extraordinários" variem ao longo do período da Nova Economia 208
Quadro 6.13 Modelo de regressão do "MVE" sobre as variáveis "BVE", "resultados antes de *items* extraordinários ajustados do investimento em I&D"e "I&D", usando o método de estimação dos efeitos fixos quer para a unidade seccional (empresa), quer para o período de tempo (anos), permitindo que os coeficientes da variável "I&D" variem ao longo do período da Nova Economia 210
Quadro 6.14 Modelo de regressão do "MVE" sobre as variáveis "BVE", "resultados antes de *items* extraordinários ajustados do investimento em Publicidade" e "Publicidade", usando o método de estimação dos efeitos fixos quer para a unidade seccional (empresa), quer para o período de tempo (anos), permitindo que os coeficientes da variável "Publicidade" variem ao longo do período da Nova Economia 213